高等职业教育酒店管理专业"十二五"规划教材

U0685180

客房实训教程 (第二版)

KEFANG SHIXUN JIAOCHENG

赵忠奇 主编

郑州大学出版社

郑 州

图书在版编目(CIP)数据

客房实训教程/赵忠奇主编. —郑州:郑州大学
出版社,2015.1
(高等职业教育酒店管理专业"十二五"规划教材)
ISBN 978-7-5645-1870-7

Ⅰ.①客… Ⅱ.①赵… Ⅲ.①客房-商业服务-高等
职业教育-教材 Ⅳ.①F719.2

中国版本图书馆 CIP 数据核字 (2014) 第 113270 号

郑州大学出版社出版发行
郑州市大学路 40 号 邮政编码:450052
出版人:王 锋 发行电话:0371-66966070
全国新华书店经销
河南鸿运印刷有限公司印制
开本:710 mm×1 010 mm 1/16
印张:19.75
字数:409 千字
版次:2015 年 1 月第 1 版 印次:2015 年 1 月第 1 次印刷

书号:ISBN 978-7-5645-1870-7 定价:33.00 元
本书如有印装质量问题,由本社负责调换

高等职业教育酒店管理专业"十二五"规划教材

作者名单

■ **主　编**

　　赵忠奇

■ **副主编**

　　谭艳洁

■ **编委**(按姓氏笔画排序)

　　张超广　张彩虹　耿　娜

　　随着我国经济改革的深入发展、产业结构的调整与升级，旅游业正受到全国各地各级政府及经济组织的关注和重视，给我国旅游饭店行业的发展带来了巨大的机遇。同时，也带来了对旅游人才包括饭店人才的大量需求。旅游饭店业的迅猛发展，不仅仅是数量的增多，也包括竞争的加剧和新一轮饭店业的改革，这一切对饭店从业人员的素质要求也越来越高。

　　与世界饭店行业的先进水平相比，我国旅游饭店目前的整体发展水平仍存在不足之处，如何提高旅游饭店行业特别是客房部门的整体管理水平与服务质量，满足客人对饭店产品和客房产品不断增长的新的需求，提高饭店的竞争能力，已成为饭店行业从业人员共同关心的问题。

　　饭店业作为旅游业的重要组成部分，行业特点非常突出；经济的发展，消费者的日益成熟，要求从业人员必须具备动态适应能力。教育部《高等学校教学质量和教学改革工程》《关于加强高职高专教育人才培养工作的若干意见》以及《关于开展高职高专教学改革试点工作的意见》的有关精神，要求学生不仅要具备系统的理论知识，而且需要具有较强的实践能力和职业素养。

　　高等院校是培养高素质人才的基地，肩负着向社会输送优秀旅游人才的重任。因此，深化旅游教育教学改革，提高教学质量，就显得日益重要。面对这一形势，为了满足高校酒店管理专业客房实训教学工作的需要，满足为旅游业培育人才的需要，我们在借鉴、参阅同行著作和资料的同时，结合我国饭店业发展的实际状况编写了《客房实训教程》（第二版）一书。本教材编写的主要目的正是解决当今高校教学中教材内容与实际工作情况脱离的问题。本书可以作为高等职业教育酒店管理专业的教学教材，也可以作为酒店客房服务管理人员的培训和自学用书。本书的最大特色是：

第一，可操作性强。本书在编写中坚持实用的原则，把星级饭店实操过程重现于课本，做到理论知识言简意赅，知识够用为度，在实操环节中，做到条理清晰，操作规范，重在学生服务技能的培养。

第二，内容简洁。本教材文字简练且生动，书中没有过多文字描述，说明技能操作的步骤及服务质量标准。

第三，图文并茂，我们积极与国内知名酒店联系，得到了他们的大力支持，他们为我们拍摄照片积极提供场所。故我们能针对重要技能拍摄技术分解动作图片，使学员能模仿训练。

第四，紧扣职业技能鉴定。本教材紧紧围绕国家职业技能鉴定的内容和要求，着眼于技能操作，突出针对性、实用性。

第五，体系完整。为了培养学员发现问题、分析问题、解决问题的能力，本教材有完整的体系，每章都有学习目标、本章小结、重点概念、练习题和案例。为了扩充学员们的知识，在本书的最后还为他们准备了实训之外的知识，有客房部常用表格、客房英语单词、五星级酒店客房部岗位职责说明书和客房巡检项目记录表。

本教材由河南牧业经济学院赵忠奇老师担任主编，负责全书的大纲制订和统稿工作，河南牧业经济学院谭艳洁任副主编。编写分工如下：赵忠奇老师撰写第1、2单元，河南财政税务高等专科学校耿娜撰写第3、4单元，河南牧业经济学院谭艳洁老师撰写第5、6单元，河南牧业经济学院张超广和中州大学张彩虹撰写附录。

在本书编写过程得到了郑州瑞景中州国际饭店、宁波东港喜来登、郑州未来康年大酒店、郑州建业艾美酒店、郑州大河锦江饭店等企业的大力支持，在此表示特别感谢。

本教材编写人员在编写过程中参考了一些国内外的资料、有关著作和网站等，谨向有关作者表示感谢。

由于本书编写时间紧、实际应用性强,书中难免有疏漏和不足之处,敬请广大读者指正。

编者

2014 年 4 月

目录
Contents

目 录
Contents

第1单元 了解客房部

教学目标

通过本章的学习,了解旅游饭店客房部在饭店中的地位与工作任务,了解饭店行业客房经营的发展趋势,明确饭店客房部的机构设置、岗位职责与客房服务模式的类型的确立,掌握客房设计的原则与基本要求,熟悉客房设备用品的配备的基本要求。

随着现代社会生活水平的提高和旅游业的发展,客人对旅游饭店的住宿环境有更高的需求。旅游饭店客房部是为住宿客人提供合格客房产品的物质承担者,客房产品的质量直接关系到饭店的声誉与经济效益,因此,客房部的经营管理活动在饭店管理中具有十分重要的作用。

1.1 客房部的地位与任务

客房部是饭店的一个重要部门,客房是饭店的主要产品之一,客房服务又是饭店服务质量的重要组成部分,它们在饭店的经营管理中起着举足轻重的作用。其服务质量和管理水平的好坏,在很大程度上也代表着饭店的整体水平。

1.1.1 客房部的性质

客房是旅游饭店的重要组成部分,是饭店重要的业务部门,为客人提供客房产品。客房产品是为旅游客人在饭店住宿消费期间提供的实用价值的总和。它是服务产品与实物产品的有机结合,其中以服务为主,实物产品为辅。不同客人由于其生活习惯、消费层次、个人爱好不同,对饭店客房产品的评价也不同。

从饭店角度来讲,客房产品是饭店有形设施与无形服务的总和。良好的饭店位置、便利的交通、诱人的风景、良好的饭店客房设施、优秀的饭店服务,以及饭店气氛、饭店形象、饭店信誉等,都是客人选择饭店的重要原因。

与其他实物产品的重要区别是饭店员工的精神面貌和素质。它是构成饭店客房产品的重要组成部分。对于实物产品来说,社会和消费者主要关心实物产品本身的实用价值和质量;对于服务产品来说,由于生产过程和消费过程是同时进行的,客人的整个消费过程,也是饭店服务人员直接进行面对面服务的过程。服务人员的精神面貌和素质对客房服务质量的影响很大。

服务人员的作业行为也直接影响饭店客房产品质量。在客房产品的生产过程中,由于服务人员直接面对客人,所以人们常把饭店行业称为礼貌行业,可见礼貌礼节对饭店的影响之大。客房管理人员要经常对服务人员进行礼貌礼节的训练,使饭店真正做到"宾客至上,礼貌待人"。

1.1.2 客房产品的特点

客房产品作为特殊商品,具有自身的特点:

(1)所有权相对稳定性。饭店出租客房产品,客人所取得的只是客房和设施用品的使用权,所有权仍归饭店所有。通过使用权的不断出售,饭店收回投资,产生经济效益。

(2)生存因素、享受因素、发展因素的共同性。客房最基本的功能是为客人提供休息空间,但现代化的客房功能已经大大超越与此。现代饭店客房不仅是客人的投宿之所,而且已经成为设备舒适、装饰精美、用品齐全、环境典雅,以享受因素为主的高级消费品,并不断地随着经济的发展和社交的需要,探索和发展更多的服务内容和服务项目。

（3）生产过程和消费过程的统一性。客房产品的生产过程实际上也是客人的消费过程,表现在生产过程和消费过程的时间是统一的,生产过程和消费过程的地点是统一的。并通过服务人员的追加劳动与用品的不断补充,使客房产品新的价值不断地得到实现。

（4）客房产品的不可储存性。客房产品是世界上最难储存的商品之一,它的储存时间只有24小时。如果无人购买,房间的价值将会失去,新的时间产生的只是新的价值。要实现良好的经济效益,必须及时地将客房产品销售出去。

1.1.3　客房部的地位

1.1.3.1　客房是饭店的基础设施和主要部门

饭店一般由客房、餐饮、康乐和商品经营等服务部门组成。饭店建筑结构与投资额主要由客房数量决定。客房建筑面积一般占饭店总面积的65%～70%,另外还有前厅和会议室等客房系统占有的面积,一般在10%左右。同时,饭店的规模大小一般由客房数量来决定,客房利润也是饭店的经营利润的重要组成部分,所以,客房部是饭店的主要部门之一。

1.1.3.2　客房是向客人提供住宿的物质承担者

客房为客人提供以住宿为中心的各项服务工作,包括客房预订、前厅接待、客房服务、餐饮服务、客账服务等。为了做好这些服务工作,客房为客人设计了各种服务项目和服务程序,制定了各种服务标准和服务要求,提供各种服务用品和服务设施。客人在客房停留的时间最长,客房部为客人提供的服务最多,客房是客人的"家外之家",客房是向客人提供住宿的物质承担者。

1.1.3.3　客房是衡量饭店等级和接待能力的重要标志

我国星级饭店的评定标准对客房有一定的规定,如房间数量、房间面积、房内设施等,同时饭店的接待能力也是以客房数目来衡量的。客房数目越多,接待能力越强;客房规模的大小,常用客房的房间或床位来衡量。

1.1.3.4　客房收入是饭店收入的重要来源

客房是饭店最大的商品。饭店的收入主要来源于三部分:一是客房收入,二是餐饮收入,三是综合服务设施收入。其中,客房收入是饭店收入的重要来源。目前,根据国外饭店客房的调查,客房收入一般占饭店总收入的65%以上。而且对餐饮、商品等其他经营部门来说,客房员工人数比例较小,经营成本较低,而经营利润相对较高,可见客房利润是饭店利润的重要来源。而且通过客人入住饭店,还可以带动饭餐饮、娱乐、商品、商场等其他服务项目的消费。

1.1.3.5　客房服务是饭店服务质量的重要标志

客房是旅游者在旅游途中的家。客人住店后,除外出活动和到餐厅用餐外,在客房停留的时间最长,服务要求也最多。服务质量的好坏,客人的感受最敏锐,印

3

象最深刻。所以,客房服务是否周到,房内设施是否完好,物品配备是否齐全,对客人的消费都会产生直接的影响,成为客人评价饭店服务质量的重要因素。客房服务水平在一定程度上是饭店服务质量和管理水平的综合反映,直接关系到饭店的声誉。

1.1.3.6 客房管理是饭店管理水平和能力的体现

入住饭店的客人的消费活动离不开客房的各项服务和管理。客房部必须组织好客房员工的劳动,提供优质服务,才可能满足客人的消费需求。作为旅游者来说,入住饭店不仅要求物质享受,而且要求精神享受,希望有舒适的设备、清洁的环境、较多的服务项目和高质量、高效率的服务水准。同时,客房部员工24小时倒班工作,工作时间长;客房设备和用品繁多,管理复杂;客人的消费习惯不一,难以保证客人完全满意;客房部与饭店其他部门联系广泛;因此,客房管理是饭店管理水平和能力的体现。著名的"科罗多拉温泉"布罗德穆尔饭店的董事长兼总经理卡尔·埃托尔认为:"饭店高水平的标志就是高质量的客房管理。"

1.1.4 客房部的工作任务

客房部工作的任务主要包括以下几个方面。

1.1.4.1 科学组织好接待任务

在客房产品的营销过程中,前厅始终处于营销活动的起点,负责客房产品的销售;客房部始终处于营销活动的中间环节,负责客房投宿期间的大部分工作。客人住店期间在客房逗留的时间最长,设备和物资消耗最大。如何科学合理地组织接待服务工作,满足客人需求,提高客房出租率,降低物资消耗,加强成本控制,这是客房管理的重要内容。客房部要根据饭店计划,制订部门计划和劳动定额,落实各项规章制度,保证服务质量。

1.1.4.2 认真管理好设备用品

客房设备用品是开展客房服务工作的物质基础,管理好客房的设备用品,是客房管理的重要内容之一。客房内的各种设备用品应保持齐全、完好的使用状态,客房部要具体制定设备用品管理制度,明确各级管理人员的职责,合理使用设备用品管理制度,在满足客人使用、保证服务质量的前提下,提倡节约、减少浪费、堵塞漏洞,努力降低成本,力求最大的经济效益。

1.1.4.3 精心设计好客房布置

客房环境的布置和装修,是搞好客房服务过程的前提之一。客房装饰布置的好坏,物资用品配备的数量和合理程度,不仅直接影响客房服务质量和饭店声誉,而且决定了客房的等级标准,是客房产品价值的重要组成部分。客房产品是商品化的高级消耗品,室内环境艺术和布置装潢都必须根据客房等级和客人的需要,遵循一定的原则和方法来进行。因此,必须根据客人的需求特点和饭店等级标准,装修布置好客房,使礼遇规格和陈设布置保持协调一致性,使客房等级和客房价格相匹配。

1.1.4.4 严格整理好客房卫生

客房卫生清洁工作是保证客房服务质量的重要组成部分之一。现代饭店对客房卫生的标准越来越高,因此,客房管理必须制定卫生操作标准规程,落实检查制度,指挥监督楼层班组的工作情况,切实保证客房的清洁卫生质量。

1.1.4.5 监督保证客房服务质量

对客房服务过程的管理,是保证客房服务质量的一个重要环节。要加强对楼面班组的组织和领导,严格按规章制度办事;加强同有关部门的联系,及时传递信息;分析客人的类型,研究客人的心理,随时掌握客人的心态和要求,从中发现带有普遍性的问题和客人的需求变化规律,抓住客房服务过程中的内在联系和基本环节,不断提高服务质量,提供最佳服务。

1.1.4.6 管理好员工队伍建设

客房部所属的人员较多,加强对员工队伍的管理和建设,是确保客房服务工作顺利开展和不断提高服务质量的关键之一。

(1)提高员工的政治素质。教育员工树立正确的世界观和人生观,全心全意为客人服务,坚持社会主义精神文明,自觉抵制资产阶级腐朽思想的影响和侵蚀,维护国家和民族的尊严。教育员工树立正确的专业思想,热爱本职工作,激发员工的工作积极性。教育员工树立高尚的职业道德,在工作中尽忠职守,廉洁奉公,一心一意为客人着想,不损害消费者的利益。教育员工要有严格的组织观念和法制观念,自觉遵守饭店的规章制度,严守国家法律和外事纪律,保守国家机密。

(2)提高员工的业务素质。业务素质是提高饭店工作效率和服务质量的基本条件,它要求员工具备相应的外语会话能力,掌握业务操作技能,懂得服务工作中的礼貌礼节知识。客房部一方面要抓好员工的文化科技知识的学习,提高员工的文化水平和文化修养;另一方面要进行业务技能培训,提高员工的业务操作技能和技巧。

(3)认真执行奖惩制度。要发挥激励职能的功能,定期表彰和奖励服务质量高、服务技能精,完成任务好,协作风格高的优秀员工。平时要注意对员工的思想状况及业务水平进行认真考察,根据每个人的特长合理安排工作。注意培养和选拔人才,形成一支骨干队伍,在各项工作中发挥骨干作用。

1.1.4.7 抓好安全保卫工作

从整个饭店讲,饭店的安全保卫工作由保安部负责,但客房工作比较复杂,容易出现各种安全问题,客房部的安全工作应由客房部和保安部积极配合,共同负责。

1.1.5 客房管理的基本原则

客房管理应树立全面质量管理观念,全面质量管理应贯穿在客房服务活动的一切环节之中。

1.1.5.1 抓好客房服务活动的设计

客房服务活动的设计应在调查研究的基础上,了解客人对客房服务设施和服务内容、服务环节、服务程序的各种需求,认真分析研究,提出最优方案,并在实施中修正。客房服务活动的设计包括客房设施的设计及客房服务活动的设计,具体内容为:

(1)客房服务设施的设计:包括客房的面积、空间、布置和装饰、设备和用具的配备与放置标准等。

(2)客房服务活动的设计:包括服务人员的仪表仪容、礼貌礼节的要求,各种服务程序的设计,客房清洁整理的程序设计等。

1.1.5.2 抓好客房服务管理的设计

客房服务管理的设计是客房服务质量管理的中心环节。客房的服务质量能否达到设计目标,在很大程度上取决于服务活动过程中的管理环节。

首先,要制定客房服务质量检查标准,抓好服务质量检查工作,把好服务质量关。要让各类人员熟悉和了解客房服务的各项设计要求和检查标准,并在实际工作中自觉遵守和执行。

其次,抓好检查后的处理工作。管理人员要善于运用检查的结果来分析和研究影响质量的因素,从中了解客房服务质量的状况,找出影响服务质量的因素,及时采取措施,保证服务质量的稳定和提高。

1.1.5.3 抓好客房辅助服务的设计

客房的辅助服务是指为保证客房一线服务的顺利进行而提供物资供应、设备维修等的二线服务部门和服务环节。这些部门和环节的工作与客房的服务质量有直接关系。因此,提高客房辅助服务的工作质量,是保证客房优质服务的重要条件之一。

对客房服务来说,保证房内所有设备和用具完好、齐全,是搞好客房服务必备的基础条件;同样,保证服务用品和工具的供给,也是服务人员进行客房服务工作的必备的基础条件。这些工作已超出了客房部所管辖的范围,但作为饭店的管理人员,在对客房服务进行全面质量管理时,必须通盘考虑,采取措施,保证客房服务质量。(图 1-1 ~ 图 1-3)

图 1-1　待出租的标准房

图 1-2　待出租房的洗手间

图1-3 洗面台

1.2 客房管理系统和组织机构

饭店是一个综合性很强的服务性企业组织。客房必须建立合理的管理系统，在明确管理关系的基础上设计组织结构，这样才能适应客房管理的需要，达到预期目的客房管理目标。

1.2.1 客房部设置机构的原则

客房管理的组织机构是客房管理系统的体现，是提高客房管理效率的组织保证。因此，建立客房组织机构必须遵循以下几种原则。

1.2.1.1 层次分明，职权制度化

饭店客房管理是一种系统管理，在这个组织系统中，要做到：逐级授权、分层管理，职责和权限要制度化。这包括两个方面：一要因需设岗。各部门、各班组、各个环节要根据客人入住活动的规律和实际需要而设置岗位。制度形成之后，不能随意改变。二要明确管理职责和管理权限，使职责和权限保持协调一致。有职无责会助长瞎指挥、滥用权力的官僚主义；有责无权或权限太小又会影响管理人员的工作积极性。只有层次分明、职权制度化，才能人尽其才，提高工作效率。

1.2.1.2 幅度合理，指挥统一化

根据费约尔的组织管理理论，确定好管理幅度。其目的是为了更好地提高指

挥和管理的实效。这就要求部门、班组在执行经济责任制的过程中,必须具有相对的独立性,给下级机构一定的权限,实现责权利的统一。禁止多头领导员工,以杜绝部门内出现各唱各的调,各吹各的号,相互扯皮,互相推诿的现象。

1.2.1.3 渠道畅通,管理工作效率化

管理的效率取决于信息传递的速度。管理者主要是通过信息交流来控制服务质量和物质补充。国外有一句精辟的话:管理的艺术在于驾驭信息。饭店客房管理是一种微观经济管理,以执行信息为主,对信息的传递速度和质量要求迅速准确,否则,一个有几百间、上千间客房的现代化饭店,管理者对每时每刻的客房出租率状况心中无数,必然造成大量客房闲置或旺季时的应接不暇,造成永远无法挽回的经济损失,影响客房商品的信誉。

1.2.2 客房服务的三种模式

由于旅游饭店的体制不一、目标客源市场不同,饭店采用了不同的服务模式,目前,中国旅游饭店中的客房服务接待模式主要有以下几种形式。

1.2.2.1 楼层服务台的设立模式

楼层服务台是中国旅游饭店特有的客房服务形式,作为一种传统的接待服务形式,楼层服务台有其弊端也有特有的优势。

(1)楼层服务台的优点。

1)亲切感。这是楼层服务台最突出的优点,也是最应体现和代表"中国特色"的服务方式。楼层值台服务员能与客人进行较多的面对面的接触,有利于与客人的服务交流和感情交流,有较强烈的人情味,更容易使客人产生"宾至如归"的感觉。

2)安全、方便。由于每个楼层均有服务人员值班,因此对楼层的不安全因素能及时发现、汇报、处理;同时,客人一旦有疑难问题需要帮助,一出房门就能找到服务员,极大地方便了入住客人。目前,在以接待内宾和会议客人为主的饭店里,甚至在一些豪华饭店里,楼层服务台仍受到客人们的欢迎。

3)客房销售。楼层服务台能及时准确地掌握客人入住、退房等客房租用情况,有利于前台的客房销售工作。

4)查房速度。能及时、快速地查房,减少退房客人结账的等候时间。

(2)楼层服务台的缺点。

1)劳动力成本过高。楼层服务台随时保证有人在岗,需要24小时值班。因此,要占用大量人力,给客房带来较高的劳动力成本,在劳动力成本日益昂贵的今天,许多饭店淘汰这种服务模式的最主要原因即在于此。

2)管理点分散,服务质量较难控制。分布在每个楼层的服务台势必造成管理幅度的加大,涉及每个台班上的每个服务员的素质水平又有差异,一旦某个服务人

员出现失误,将直接影响到整个饭店的声誉。

3)易使客人产生被监视的感觉。生活在现代社会的人们,尤其是一些西方客人对自身的各种权利非常重视,特别是个人的隐私权。因此,出入客房的客人更希望有一种自由、宽松的入住环境,再加上有些客房的值台人员缺乏灵活性和艺术性,易使客人产生不快,甚至感觉出入客房区域受到了监视。

1.2.2.2　客房服务中心的设立

随着国外饭店管理集团的大量进入,同时也考虑到尽量减少对客人的干扰,降低饭店经营成本,近几年兴建的许多饭店采用了客房服务中心的形式。即客人住宿期间的服务要求由客房服务中心统一协调服务。服务中心实行 24 小时值班制,设两部以上的值班电话,值班人员接到客人要求提供服务的电话后,通过饭店内部的呼叫系统,通知距离客人较近的服务员上门为客人服务。

作为从国外引进的一种服务形式,服务中心在实际的运转中也有利弊,研究其利弊,对提高客房管理水平,进一步完善这种形式,使之更适合中国旅游饭店的客房管理工作,具有重要意义。

(1)客房服务中心的优点。

首先,从对客服务的角度来看,客房服务中心最突出的优点就是给客人营造了一个相对自由、宽松的入住环境;同时,使客房楼面经常保持安静,减少了对客人的过多干扰。另外,由于客人的服务要求由专门的服务人员上门服务,能让客人感到关心和照顾,符合当今饭店服务行业"需要时服务员就出现,不需要时就给客人多一些私人空间"的趋势。

其次,从客房管理工作的角度来看,采用客房服务中心的形式加强了对客服务工作的统一指挥,提高了工作效率,强化了服务人员的时效观念。服务信息的传递渠道畅通,人力、物力得到合理分配,有利于形成专业化的客房管理队伍。尤为重要的是,采用客房服务中心的形式,减少了人员编制,降低了劳动力成本,这在劳动力成本日益高昂的今天显得尤为重要。

(2)客房服务中心的缺点。采用客房服务中心形式同样存在一些不足。如:由于楼层不设专职服务员,给客人的亲切感较弱,弱化了服务的直接性;会议客人、团队客人的服务要求较多,客人需要不断地拨打客房服务中心的电话,客人会产生不耐烦情绪;如果有些客人出现一些急需解决的困难,服务的及时性必将受到影响。另外,采用客房服务中心的形式对楼层上的一些不安全因素无法及时发现、处理,在某种程度上影响了住客的安全感。

1.2.2.3　管家式服务模式

由于楼层服务台和客房服务中心的设立各有一定的优缺点,不能满足对客服务的需要,所以,有的客房采用了两者兼有的服务模式。既设立楼层服务台,又设立客房服务中心,可以取前两种模式的优点,又可以克服两种模式的部分缺点。白天,因为楼层事务以及对客服务工作较多,楼层服务员的工作量较为爆满,楼层服务台有专职服务员。晚上由于大多数客人休息,对客服务的工作较少,一般不安排专门值台,如果客人需要服务,由夜班服务员负责落实。夜班服务员一般在客房服务中心待命,客人需要服务,通过电话联系。有的饭店甚至把商务秘书的功能也揉进管家式服务模式之中,为客人提供更高层次的服务,很受客人欢迎。

到底选择哪种服务形式,应根据客房自身的实际情况,考虑客人的需要。比较理想的服务形式应是既体现饭店自身的经营特色,又能受到绝大多数客人的欢迎。

1.2.3 客房部组织机构图

合理的组织机构,是客房部搞好管理工作、完成接待业务的重要保证。由于各饭店的规模不同,管理体制不同,部门分工不同,其组织机构也有所区别,根据组织结构的原则及客房工作的特点,客房部组织结构应该是一个专职分工,统一指挥、层次分明、渠道畅通的有机统一体。(图1-4、图1-5)

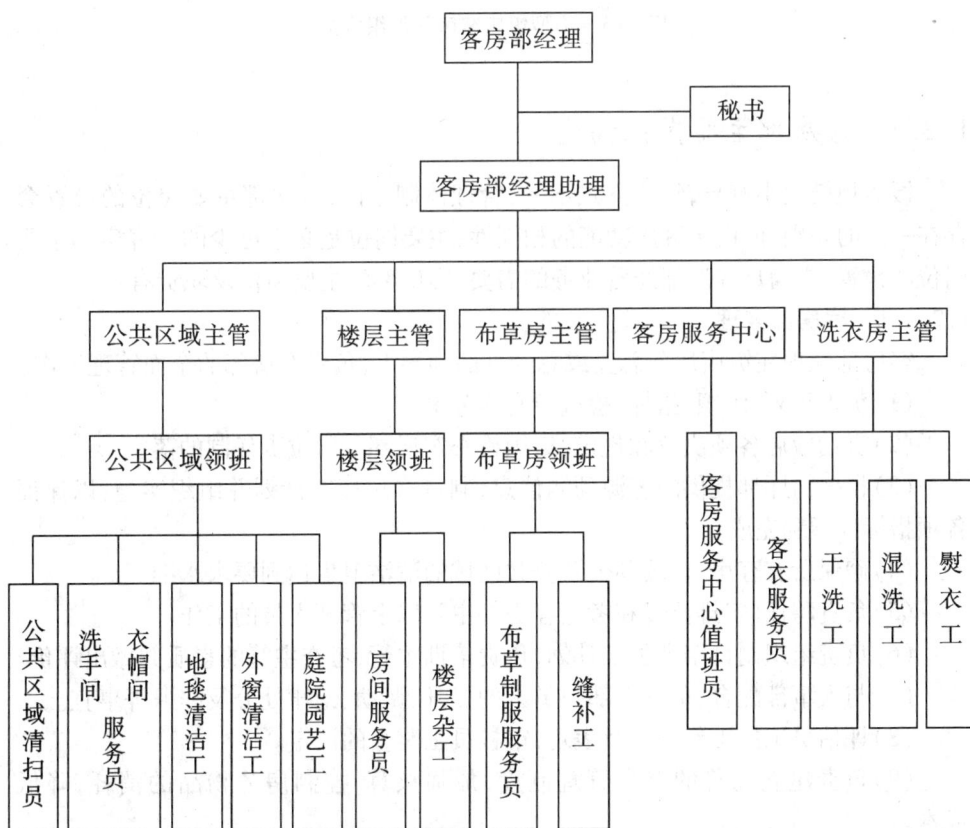

图1-4 大型饭店客房部组织机构

11

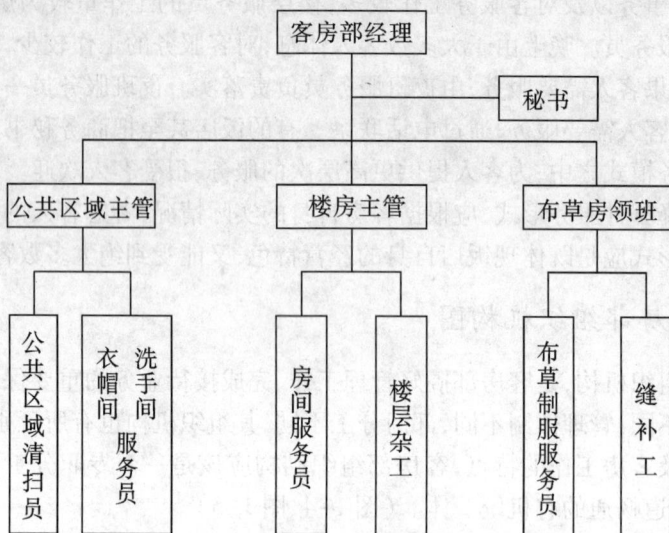

图 1-5 小型饭店客房部组织机构

1.2.4 客房部主要岗位描述

饭店规模大小有异,经营方式不一,管理体制不同,客房部主要岗位的设置会存在一定的差别,但由于客房功能的相同性,主要岗位是必不可少的。客房部主要岗位的设置,应满足客房部经营业务的需要,客房部的主要岗位及职责有:

1.2.4.1 客房部经理

客房部经理在饭店房务总监或总经理的领导下,负责客房部的全面管理工作。

(1)负责计划、组织、指挥、检查所有房务事宜。

(2)贯彻饭店各项决议和规定,组织检查客房部各岗位责任制的落实。

(3)根据前厅部提供的客源预测信息,制订客房接待计划并组织实施,以保证各项指标的顺利完成。

(4)确保所有客房、行政办公及公共区域的清洁卫生达到要求水准。

(5)负责聘任、安排监督和考查客房部主管以上管理人员的工作。

(6)负责组织制订培训员工计划,负责培训主管,考查主管的素质并做出评价。

(7)与人事部配合,负责本部门员工的提升、调动、纪律处分及辞退等事宜。

(8)评估员工的工作态度及表现,审核员工奖金的评定。

(9)负责建立完善的财产管理制度,加强核算,控制房务物品的消耗,降低成本。

(10)负责客房部与各有关部门的沟通,共同搞好宾客接待工作。

(11)参加部门经理会议及主持房务例会。

（12）负责处理客人投诉和客人的遗留物品，探访病客，拜访 VIP 和长住客。

（13）参与选购客房用品、清洁用品、员工制服布草。

（14）经常巡查本部所属区域并做好记录，以不断改善服务工作，为客人提供舒适的休息环境。

（15）负责督促检查防火安全工作，确保宾客和客房安全。

（16）编制员工班次表及年假表。

1.2.4.2　楼面服务主管

在客房部经理领导下，负责本区段的客房管理工作，属管理层。

（1）负责所属各班组客房服务员的工作安排和调配。

（2）督促落实服务人员岗位职责执行情况。每天检查区段客房、楼层布草和客房用品的使用情况，以保证有足够的布草供应。

（3）掌握客人抵离情况，负责把好迎客前客房准备及送客后客房检查工作关。

（4）负责规定区段客房设施、安全卫生、服务质量等检查工作。

（5）安排处理客人提出的各种服务要求，确保优质服务。

（6）在保证服务质量前提下，控制客房物品的消耗，堵塞漏洞，降低成本，以免浪费。

（7）定期提出设备维修，用品添置更新计划，报告设备维修保养情况，如遇紧急情况，直接报告工程部。

（8）每天填写客房检查报告，交给客房部经理，并做好交班笔记。

（9）定期召开领班例会。

（10）负责领班、客房服务员的技术培训业务考核工作。

（11）登记并上交遗留物品。

1.2.4.3　楼面服务员

在客房部楼层领班或主管领导下，负责楼面的接待服务，安全保卫及清洁卫生工作，属员工层。

（1）负责本楼面客人的迎送和值台服务工作，并向客人介绍客房及饭店服务设施。

（2）掌握本楼面客房的出租情况，填写报表，做好交接班工作，并及时向总台报告情况。

（3）负责客人委托代办的各种事项做好派送电报、信件等工作。

（4）负责楼面的安全保卫工作，发生异常情况，及时报告主管。

（5）负责楼面的清洁卫生工作。

（6）做好来访宾客的接待和登记工作。

1.2.4.4　客房清洁员

在客房部客房清洁领班的领导下，具体负责客房的清洁卫生工作。

（1）严格按照操作规程对客房进行清扫、整理、布置工作。

（2）负责清扫和保持楼层工作间和工作车的整洁。

（3）按要求领取客用供给物品并及时向客人提供补充。

（4）向领班报告清洁卫生用具,客用品的损耗情况。

（5）检查客房内的电器设备、家具、墙壁、地毯、装饰物等是否完好,如有损坏或出现故障,应立即向楼层主管报告。

（6）检查小型酒吧的酒品饮料,不足时及时补充。

（7）按要求认真填写工作报表。

（8）遇到特殊情况和险情,应立即向主管或客房办公室报告。

（9）根据客人的要求,及时提供各种服务。

（10）保持客房楼层和周围环境的安静和安全。

（11）每天工作完毕应打扫工作间及清洁用具,并在下班前准备好工作上的一切物品。

（12）当班领取的钥匙,应妥善保管,下班前将钥匙务必交到客房办公室。

（13）认真完成上级交给的其他工作。

1.2.4.5　公共卫生领班

在客房部公共卫生主管领导下,负责安排饭店公共区域的清洁卫生工作,属员工层。

（1）负责安排本区域的清洁卫生工作,制订工作计划并合理分配人员。

（2）负责监督和落实各工种的岗位责任制,检查本班员工的工作情况及个人仪容仪表。

（3）指导下属员工正确使用有关化学清洁及正确操作和保养各种清洁器具。

（4）负责本班有关清洁剂和清洁设备的领用,分配和保管;认真填写领料单,控制损耗。

（5）巡视检查本班所负责区域的卫生情况后发现问题,及时解决,以保证卫生情况处于最佳状态。

（6）负责向公共卫生主管报告和卫生情况。

1.2.4.6　公共卫生区清洁员

在公共卫生领班的领导下,具体负责员工区和公众区的清洁卫生工作。

（1）负责清扫大厅、餐厅、宴会厅、客用楼梯、电梯和洗手间等公众区并保持其整洁。

（2）清扫饭店行政办公区、员工走道、更衣室和洗手间。

（3）擦洗公众区窗及玻璃,倒公众区放置的垃圾桶、痰盂并将其清洁干净。

（4）协助搬运家具、供应品及粗重物件。

（5）清洗地毯、铜器擦洗、换窗帘,保持公众区装饰物、花草、沙发、茶几等器物的整洁。

（6）清洁饭店外围、上下车道、商场区等。

（7）在清洁过程中，发现有损毁、残缺或不正常的情况，应立即向领班报告。

（8）下班时，应将清洁机器清理干净并送回机器房或工作间。

（9）接受和完成上级分派的其他工作。

1.3 客房的种类

客房中的物料用品不仅繁多，而且每天的需要量也大。物料用品费用开支是否合理，直接影响到饭店的经济效益。加强客房设备用品管理，可以提高设备用品的使用效率，降低成本，使饭店获得良好的经济效益。

1.3.1 床的种类

床是客房中的基本设备，饭店客房常见的用床有以下几种。

（1）单人床（single bed）：客房内主要配置，为了增加客人休息的舒适度，有的饭店已把床宽增加至 1200 mm。

（2）双人床（double bed）：一般配置在单床间。

（3）大号双人床（queen bed）：又称皇后床。

（4）特大号双人床（king bed）：又称皇帝床。

（5）折叠床（afdding bed）：主要用于加床，床板有两部分组成，便于搬运。

（6）婴儿床（baby cot）：方便携带婴儿的客人使用，按国际惯例，婴儿加床免费。

此外还有沙发床（studio brd）、隐壁床（murphy bed）、水床（water bed）等。饭店使用的床是西式弹簧床，又称席梦思床。

1.3.2 客房的类型

为了满足不同客人的入住需求，饭店给客人准备了不同类型客房。从价格上看，一般分为经济间、标准间、豪华间三种类型。从房间结构上看，一般可分为单间客房和套房两种类型。

1.3.2.1 单间客房

由一间客房所构成的"客房出租单元"，称为单间客房。根据客房内床的配置状况，又可细分为下列几种：

（1）单人间（single room）：配置一张单人床。使用与从事商务旅行的单身客人居住。

（2）大床间（double room）：配置一张双人床。这种客房较适合夫妇旅行者居

住。(图1-6)

图1-6　大床间

（3）双人间（twin room）：又称双床间，配置两张单人床，这类客房在饭店中占极大部分，也称为饭店的国际标准间，较受团队客人的欢迎。也有在双床间配置两张双人床，以显示高规格客房设计和独特的经营方式。(图1-7)

图1-7　双人间（大床）

（4）三人间（triple Room）：配置三张单人床，此类客房较适合经济层次的客人享用。

1.3.2.2　套房

由两间或两间以上客房构成的"客房出租单元"称为套房，根据其使用功能和室内装修标准又可细分为下列几种：

（1）普通套房（junior room）：普通套房一般为两套间。一间为卧室，配有一张大床，并与卫生间相连，另一间为起居室。（图1-8）

图1-8　普通套房

（2）商务套房（buisness room）：此类套房是专为从事商务活动的客人而设计布置的。一间为起居与办公室，另一间为卧室。

（3）双层套房（duplex room）：也称立体套间，其布置分为起居室和卧室，两者用室内楼梯连接。（图1-9）

（4）连接套房（connecting room）：也称组合套房、连通房，是一种根据经营需要专门设计的房间形式，两间相连的客房，用隔音性能好，均安装门锁的两扇门连接，并都配有卫生间，需要时，既可以作为两间单独的客房出租，也可作为套房出租，灵活性较大。

（5）豪华套房（deluxe room）：豪华套房的特点在于注重客房装饰布置、房间气氛及用品配备，以呈现豪华气派，该套房可以为两套房布置，也可以为三套房布置，三套间中除起居室、卧室外,还有一间餐室或会议室,卧室中配备大号双人床。

（6）总统套房（presidential room）：又称特套房,一般由五间以上的房间组成,包括男主人房、女主人房、会客室、书室、餐室、起居室、随从房等。装饰布置极为讲究,造价昂贵,通常在豪华饭店才设置此类套房。（图1-10～图1-15）

图1-9 双层套房

图1-10 总统套房：会客屋

图 1-11　总统套房:主卧屋

图 1-12　总统套房:次卧屋

图 1-13　总统套房:餐厅

图 1-14　总统套房:起居屋

图 1-15　总统套房:卫生间

1.4　客房设计

客房是饭店的主体部分,是饭店向客人提供住宿、休息、工作和社交活动的基本设施,是以出租和劳务获得经济收入的特殊商品。客房设计包括客房类型的确定,客房功能空间划分,设备用品配备及装饰。

1.4.1　客房的布局

客房是客人在饭店逗留期间的生活场所,根据客人旅居生活的需要,客房应具备满足客人生活的各种功能。客房基本功能如下:

1.4.1.1　储存功能

储存空间多采用壁柜形式。壁柜一般设在卫生间对面,也有在卫生间侧面墙处设置的。壁柜可存放衣帽、箱子,壁柜深 550 ~ 600 mm 时,衣服垂直墙面挂放,可挂衣服数量较多;有的单人客房或客房等级较低的饭店客房的壁柜深度不够,以抚平性墙面挂放,可挂数量较少显得局促。壁柜宽度平均不少于 600 mm。壁柜门在小走道开启,由于外开门会有碍走道交通,设计中做成拉门较宜。随门开启而亮的壁柜灯光也是十分理想的。

1.4.1.2　书写功能

标准双人间的书写空间多设在床的对面,也有设在窗前的,这个空间里,长条形的写字台宽 500 ~ 600 mm,台面一侧较长可放置电视机。写字台的一侧面长作为固定行李架,供客人放箱子、开箱取物或整理物品。写字台也可兼做化妆台,墙面上悬挂镜子,镜子上沿离地面高度不小于 1700 mm。

1.4.1.3　起居功能

标准双人间客房的起居空间一般在窗前,这里放置安乐椅或沙发、小餐桌或茶几。饭店的等级不同,客房的起居空间也不同。套房中有独立的起居室,沙发数量增加以用于会客。

1.4.1.4　睡眠功能

睡眠是人的生理的最基本的需求,任何等级的饭店客房应该具备的基本功能。睡眠空间中最基本的家具是床,床的质量直接影响了客人睡眠的好坏。床的质量要求是床垫与底座有合适的弹性,牢度好,使用时不发出响声,可以方便移动及有优美的造型。

床头柜也是这个空间的重要家具。现代床头柜的功能已可满足客人的各种基本需要,例如电视机开关、广播选频、电灯控制,可谓应有尽有,向客人提供极为方便的服务。

1.4.1.5　盥洗功能

客房卫生间是客人的盥洗空间。卫生间是客房不可缺少的部分,也是显示饭店等级的一个重要方面。客人在卫生间通过沐浴消除一天的旅游或工作的疲劳。饭店一般均设有浴缸、坐便器与洗面盆三件设备。

1.4.2　客房设计原则

无论设计、筹建,还是经营管理饭店,均应十分重视客房。力求达到使住客全方位的满意,客房设计是否合理,直接影响到饭店经营活动的效益和对客服务质量。为了保证客房设计科学合理,应遵循以下原则:

1.4.2.1　安全、健康、舒适的原则

安全需求是客人最基本和最重要的需求,因此客房安全性是健康性和舒适性的前提。客房设计必须注重安全性,客房的安全性主要表现为防火、防盗和保持客房私密性。客房设计中对防火措施、门锁控制及保证客人不受他人干扰等方面应给予充分的重视。

客房的内外环境直接影响客人的健康,主要表现在噪音公害威胁人的听觉健康;照度不足影响人的视觉健康;而全空调的室内环境,由于新鲜空气不足,温湿度不当而损害人的健康等。因此客房设计应重视隔音、照度及空调系统的选择,满足客人对健康的需求。

客房的舒适性是饭店客房设计追求的主要目标。舒适由许多主观评价合成,不像声、光、热那样有具体的测定数据。来自不同国家、地区的客人因生活习惯不同,对客房舒适性的主观评价也不同。因此在客房空间反映的舒适感,家具与装修

创造的舒适感,现代设备提供的舒适感等方面,均需要以客源目标客人的习惯为准。

1.4.2.2　注重经济效益的原则

客房设计中应注重经济效益。要努力做到用较少的投资去达到客房设计的目标,以合理的布局方便今后的管理。在设计中必须考虑客房空间使用效率和实物使用效率。空间使用效率主要表现在客房空间的综合使用以及可变换使用两方面。综合使用指饭店客房一个空间的多功能、高效率的使用,这在经济饭店更显重要。可变换使用指客房设计中,为适应消费者的不同需要,客房的空间与内部空间及布置应有一定的可变性。例如:饭店根据市场需求分析,已确定了单人间、双人间、套房等房种结构的比例,但随着市场变化,房种结构可进行灵活的重组。双人床的标准间可变为单人间;设计连通房,既可作为两个单独的单人间出租,也可打开作为二间套、三间套,甚至更大的套间供团体消费者使用。实物使用率是指客房内实物设计应做到"物尽其用",不同使用部位、不同使用方式有不同的要求。如家具尽量减少不必要的抽屉;饰面材料宜采用不易损坏、易于清洁的材料;损耗较大的地面可选用块状耐磨的人造地毯等。

1.4.2.3　注重长远发展原则

饭店只有坚持不断发展,才能顺应市场需求,参与市场竞争。客房作为饭店的主要产品不是一成不变的,经过一定年限的使用和运转,也要进行更新改造,因此客房在设计时要有长远发展的观念。在设计和选购客房设备、设施、装潢、用品时,要充分考虑到客房产品发展需要,为客房更新换代留下空间。

另外,为了与国际接轨,客房的设计应按21世纪的客房观念来规划房间、卫生间的面积,规划家具尺寸及客房功能布局。

1.4.3　客房的装饰布置

饭店客房的装饰布置是客房服务工作重要内容之一。客房室内装饰是否合理、优雅、舒适,不仅直接影响客房服务水平,而且对提高客房出租率、取得饭店最佳效益起着十分重要的作用。客房管理者应具备一定的美学修养和客房装饰布置能力,以便管理中能发现问题,提出改进意见,不断提高客房管理水平。

1.4.3.1　实用功能与审美功能相统一

客房是客人在饭店逗留期间的休息、活动和工作场所,因此,满足客人的休息、活动和工作需要是客房的实用功能。套房以专门房间担任某种功能,而标准间只有房间和卫生间两部分,其中房间集多功能为一体。因此要使标准间房间符合不同区域布局的要求。良好气氛、高雅格调和美感的创造既能展现饭店的风格,又能满足客人的生理需求,从而取得良好的经济效益和社会声誉。

1.4.3.2　满足现代生活需求与体现民族风格和地方特色相结合

客房设备用品配备的现代化体现了饭店的档次和服务水平。客人在入住客房时考虑的因素主要有:房间宽敞明亮、通风良好、装饰材料新颖、室内色调和谐、家具宽大舒适、卫生设施齐备、电器一应俱全、安全隐私性好等。另外,旅游者希望在旅游过程中领略异域风土民情,追求新鲜感受。因此,客房装饰布置就要体现当地自然的文化特色和装饰风格。

1.4.3.3　体现客房的礼遇规格和等级

饭店客房装饰必须与饭店的等级和客房档次相符合,不宜盲目攀比。过分加大资金投入会给饭店经营造成负担,降低标准又会影响服务质量与饭店声誉,因此,饭店管理者必须考虑以适当的成本获取合理的利润。不同档次的客房在装饰布置上应有所区别。

1.4.4　卫生间的设计

卫生间是客房不可缺少的部分,也是显示饭店等级的一个重要内容。客人在卫生间通过沐浴消除一天旅游或工作的劳累,以恢复体力。

一般饭店均设有浴缸、坐便器与洗面盆三大件卫生设备。

1.4.4.1　浴缸设计

浴缸有铸铁搪瓷、铁板搪瓷、工程塑料与人造大理石等多种。以表面耐冲击、易清洁与保温性良好为最佳。浴缸尺寸有大中小三种,一般采用中型,豪华饭店常用大型浴缸。(图1-16)

大号:长1610 mm×宽800 mm×深450 mm

中号:长1500 mm×宽750 mm×深450 mm

小号:长1210 mm×宽700 mm×深450 mm

浴缸底部的防滑问题值得注意。不少制造厂为了防止客人在洗澡时滑跌,在浴缸底部采取了不同的防滑措施。有的饭店对无防滑措施的浴缸,增设了橡胶防滑垫。

近年来高级浴缸应运而生,冲浪式浴缸就是其中一种。这种浴缸四周与下部设置喷头,当喷射水流对人体肌肉冲击时,起到按摩作用。豪华饭店在豪华套房内装置"冲浪浴缸",以提高其"身价"。

1.4.4.2　坐便器设计

坐便器的尺寸一般为360 mm宽,720~760 mm长,为满足使用要求,坐便器(图1-17)前方需有450~600 mm的空间,左右需有300~320 mm的空间。豪华饭店的卫生间里一般配置四件卫生洁具(既洗面盆、浴缸、坐便器、冲洗器)。

厂家还设计了具有坐便器与冲洗器功能于一体的新颖坐便器。这种设备配有先进的电器设备,如可预热坐便器坐圈,可在便后冲洗,并可调节冲洗水温。这种新颖坐便器的价格比普通坐便器高十几倍,它将成为豪华饭店的专有设备。

图 1-16　浴缸

图 1-17　坐便器

1.4.4.3　洗面盆设计

洗面盆有瓷质、铸铁搪瓷、铁板搪瓷、人造大理石或工程塑料等多种。使用最多的是瓷质洗脸盆,它具有美观又容易清洁的优点。

洗面盆尺寸一般为 550 mm×400 mm,盆面离地为 760 mm 左右。

卫生间是梳妆的主要场所,客人常带有不少自用的化妆品,加上饭店为客人提供的各种用品,需要饭店在卫生间提供宽大的化妆台。现代饭店已把化妆台与洗脸盆相结合。(图 1-18)

卫生间一般没有外窗,全部依靠人工采光。所以特别要注意照明的光色。普通荧光灯是冷光型的,在这种光色下化妆才能使化妆色彩合适。为保证梳妆所需照明度,镜前照明应使光线从人的前方照到人的脸部。

图1-18　洗面台

1.4.4.4　盒式卫生间

1963年东京在迎接奥运会的饭店建设中,首次在新大谷饭店大面积采用盒式卫生间。1000余套预制的盒式卫生间在三个半月内施工完成,受到了日本各界的重视。

盒式卫生间采用分段(或整体)在工厂预制,然后运至工地,进行现场装配、安装,再连接各种管线。盒式卫生间可以采用金属板涂塑、工程塑料等多种建筑材料。

1.4.4.5　客房卫生间发展的动态

(1)蹲便的使用。客房卫生间多设坐便器,但因为身体接触与卫生清洁的原因,使客人有不卫生的感觉。特别是公共区域的卫生间因客人的流动性较强,使用频繁,更使客人有不安全感。饭店为适应客人的心理需求,可以将坐便器改为蹲便,或者增加蹲便。

(2)浴缸的变化。满足部分客人要求,去掉浴缸,改设淋浴,即降低了成本,减少了维修工作,又方便客人。有的饭店为了提高档次,在卫生间内设置蒸汽式浴澡罩。

(3)盥洗用品的区分。卫生间一般放置一个皂托,常常使客人在使用盥洗用品时难以区分。有的饭店就将皂托与盥洗用品一分为二,既方便客人辨认,使盥洗用品得到充分利用,又降低了客房经营成本。

(4)布巾的区分。卫生间客人使用的布巾,常因颜色一样,式样一致,而造成客人的交叉使用。有的饭店对卫生间的布巾采用不同的颜色加以区分,便于客人的区别,方便客人使用,减少了客人之间的交叉感染。

【本章小结】

客房部是饭店的重要组成部分,其经营成果的好坏直接关系到饭店的经营管理目标是否能够顺利实现。客房部机构的合理设置,是客房管理成功的基本条件,客房服务模式的确立是经营活动开展的基础,进行合理的客房设计,满足宾客旅居生活的需求是招徕客源的前提。

【重点概念】

客房部　服务模式　客房设计

练习题

1. 客房部在饭店经营活动的作用表现在哪些方面?
2. 客房服务模式的确立应考虑哪些方面的因素?
3. 客房设计中应该注意的问题是什么?
4. 客房设备用品的配备需要注意的问题是什么?

本章案例

客房的发展趋势

随着饭店业竞争的加剧,饭店越来越多地注重客人需求的满足程度以及对运转成本的控制。而对顾客需求的进一步调查发现,饭店提供的相当一部分服务和客用品并非是客人所期望得到的。因此,许多饭店开始调整饭店的对客服务项目、提供的客用品品种以及客房的硬件设施。以下是饭店业在客房服务方面的发展趋势。

一、项目丰富化

客房服务项目的设立既考虑而又不局限于档次、星级等的限定,而是充分考虑客人的需求和饭店的实际情况,使服务项目趋向于丰富化的目标。即使是同一种服务项目,也努力形成本饭店的服务特色。如一些位于环境优美的风景区的饭店,考虑到客人进出不方便,在楼层区域设立小图书室以丰富一些喜静客人的晚间生活。同是客房小酒吧服务,由于接待客人不同,有的饭店摆放零食类为主的食品,而有些饭店则摆放快餐面等可以让客人果腹的食品。这种种的不同使得客房服务项目趋于丰富和更能满足客人的需求。

二、服务个性化

标准化、程序化和规范化的服务是饭店服务质量的基本保证。但是,只有标准化,而没有个性化的服务是不完善的,是不能够真正满足客人的需求,令客人完全满意的。因此,在饭店业竞争日趋激烈的今天,个性化服务已经成为饭店之间竞争的有力措施,成为服务的大趋势。客房服务尤其如此。为提供个性化服务,取得客人的忠诚,客房通常建立完善的客史档案,并根据客人需求的变化不断调整服务的规程和标准。如提供夜床服务的饭店要能够保证为客人开他喜欢的那张床,放客人喜爱的水果、茶等物品。不再强求所有客人看同一份报纸,而是根据客史档案将客人喜爱看的放进客房。

三、设施智能化

随着高科技时代的到来,客人尤其是一些商务客人,对饭店的各种设施都提出了更高的要求,促使客房的设施向着智能化的方向发展。如客房锁钥系统使用智能 IC 卡锁钥系统,甚至是感应门锁、指纹门锁系统;客房内的自动控制系统,使用感应器控制,人进灯亮,人走灯灭等。还有先进的通信系统,可以上宽带网的接口,e 客房以及能够提供客人在饭店消费情况、预订房内用膳、订购商品、选看电影等信息的电视系统。

四、客房绿色化

在倡导可持续发展的今天,创建绿色饭店已经成为一种时尚,而客房的绿色化则是其中重要的组成部分。因此,通常在客房的房间和卫生间中放置棉织品的免洗提醒卡;减少并非大多数客人需要的客用品的品种和数量,同时提醒客人如果需要这些物品可以通知客房中心提供;在卫生间使用沐浴液、洗发液的液体分配器取代传统的一次性容器,减少一次性容器对环境造成的污染;客房小冰箱选用吸收式的环保产品;减少一次性塑料用品的使用;等等。

五、设计人文化

客房的设计更注重人的感受,趋向于人文化的发展方向。如插座的位置更加精心设计,以方便客人的使用;座椅将更加追求舒适感,至少应有方便移动的轮子,高低可以调节,以满足客人办公和休息的双重需要;照明的灯光既考虑美化环境,也兼顾阅读和工作的需要,具有足够的亮度;等等。另外,还要考虑到残疾客人的需要,在所有残疾客人可能抵达的楼层区域应有无障碍设计,可能需要使用的设施应可自助使用,无须他人帮助,这也体现着一种社会的文明。

六、类型多样化

随着饭店业的发展,一些有远见的饭店已经开始营造自己的特色,而客房的类型是其区别于其他饭店的一个重要的方面,由此,使得客房类型呈现多样化发展的趋势。如商务客房、会议客房、休闲度假客房、无烟客房、女士客房、儿童客房、残疾人客房、盲人客房、大床间、连通房等。在客房类型趋向于多样化的情况下,饭店也逐渐形成了自己的特色,并尽力使自己所特有的细分市场上的客人满意。

第2单元 楼层清洁卫生实训

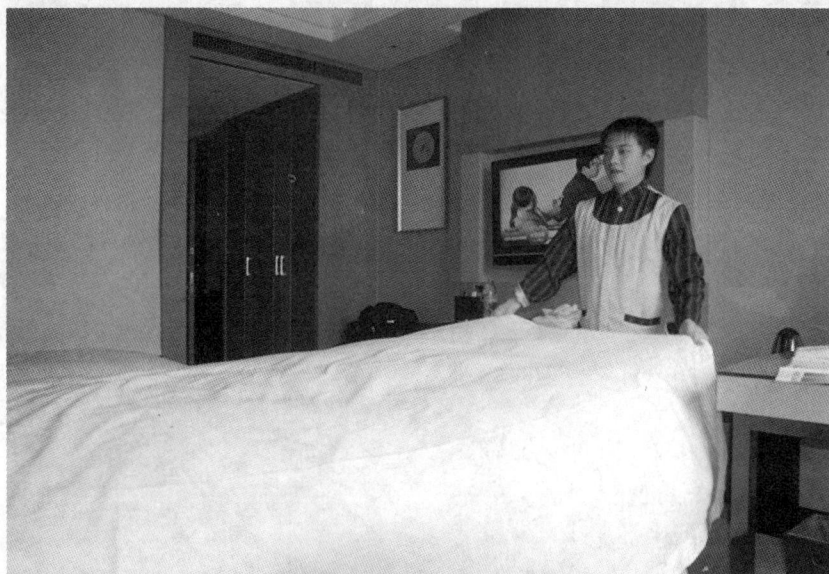

　　通过本章学习，熟悉客房部清洁卫生管理工作的基本要求；掌握各种客房状态的清洁整理工作的基本程序；熟悉客房计划卫生项目的确定、实施与管理工作。

2.1　客房清洁整理作业

2.1.1　熟悉客房的类型

为了满足不同客人的入住需求,饭店给客人准备了不同类型客房。从价格上看,一般分为经济间、标准间、豪华间三种类型。从房间结构上看,一般可分为单间客房和套房两种类型。

2.1.1.1　单间客房

由一间客房所构成的"客房出租单元",称为单间客房。根据客房内床的配置状况,又可细分为下列几种:

(1)单人间(single room):配置一张单人床。适用于从事商务旅行的单身客人居住。(图2-1)

图2-1　单人间

(2)大床间(double room):配置一张双人床。这种客房较适合夫妇旅行者居住。(图2-2)

(3)双人间(twin room):又称双床间,配置两张单人床,这类客房在饭店中占极大部分,也称为饭店的国际标准间,较受团队客人的欢迎。也有在双床间配置两张双人床,以显示高规格客房设计和独特的经营方式。(图2-3)

图 2-2　大床间

图 2-3　双人间

（4）三人间（triple toom）：配置三张单人床，此类客房较适合经济层次的客人享用。（图2-4）

图2-4　三人间

2.1.1.2　套房

由两间或两间以上客房构成的"客房出租单元"称为套房，根据其使用功能和室内装修标准又可细分为下列几种：

（1）普通套房（junior room）：普通套房一般为两套间。一间为卧室，配有一张大床，并与卫生间相连，另一间为起居室。（图2-5）

（2）商务套房（buisness room）：此类套房是专为从事商务活动的客人而设计布置的。一间为起居与办公室，另一间为卧室。（图2-6）

图 2-5　普通套房

图 2-6　商务套房

（3）双层套房（duplex room）：也称立体套间，其布置为起居室在下，卧室在上，两者用室内楼梯连接。（图 2-7）

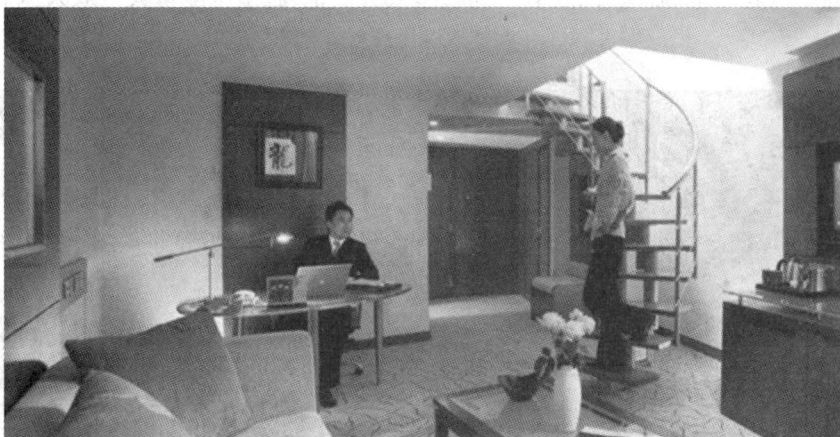

图 2-7 双层套房

（4）连接套房（connecting room）：也称组合套房、连通房，是一种根据经营需要专门设计的房间形式，两间相连的客房，用隔音性能好、均安装门锁的两扇门连接，并都配有卫生间，需要时，既可以作为两间单独的客房出租，也可作为套房出租，灵活性较大。（图 2-8）

图 2-8 连接套房

（5）豪华套房(deluxe room)：豪华套房的特点在于注重客房装饰布置、房间气氛及用品配备，以呈现豪华气派，该套房可以为两套房布置，也可以为三套房布置，三套间中除起居室、卧室外，还有一间餐室或会议室，卧室中配备大号双人床。（图2-9）

图 2-9 豪华套房

（6）总统套房(presidential room)：又称特套房，一般由五间以上的房间组成，包括男主人房、女主人房、会客室、书房、餐室、起居室、随从房等。装饰布置极为讲究，造价昂贵，通常在豪华饭店才设置此类套房。（图 2-10）

图 2-10　总统套房

2.1.2　客用品的摆放

2.1.2.1　四、五星级标准客房间用品的配置(一间)(表 2-1)

表 2-1　房间用品配置表

放置部位	备品		日耗品	
	名称	数量	名称	数量
门	"请勿打扰"牌	1 只		
	"请即打扫"牌	1 只		
	早餐牌	1 份		
壁橱	西服架	4 只	一次性拖鞋	2 双
	裤架	4 只	擦鞋纸、布或亮鞋器	2 只
	裙架	4 只	鞋篮	1 只
	浴衣	2 件	鞋样	1 双

续表 2-1

放置部位	备品		日耗品	
	名称	数量	名称	数量
写字台上	服务夹	1本		
	大烟灰缸	1个	火柴	1盒
	服务指南	1份	饭店介绍	2份
	安全须知	1份	普通信封	2张以上
	客房送餐单	1份	航空信封	2张以上
			国际信封	2张以上
			明信片	2张
服务夹内			信纸(大、中)	各3张以上
			饭店名片	2张
			传真纸	2张
			圆珠笔	1支以上
			客人意见书	2份
			价目表	1份
			针线包	1套
			标贴	2只
			行李牌	2~4个
			地图	2份
写字台旁	垃圾桶	1个	垃圾袋	1个
写字台抽屉内			礼品袋	2个
			洗衣袋	2个
			洗衣登记单	2个
电视机	电视节目单	1份		
	遥控器	1个		
小酒吧	茶具(电热水壶1个,茶杯2个)	1套	杯垫	2~4个(每杯1个)

续表 2-1

放置部位	备品		日耗品	
	名称	数量	名称	数量
小酒吧	饮料杯	2 个	小酒吧账单	2 份
	酒杯	2 个	调酒棒	1 支
	起瓶盖器	1 个	红茶	2 袋
	冷水具	1 套	绿茶	2 袋
	茶叶盒	1 个	花茶	2 袋
	咖啡盒	1 个	咖啡及相应调配物	2 套
	酒篮或酒盘	1 个	烈性酒	3～5 种
	冰桶(配冰夹)	1 套	软饮料	5～10 种
			食品	若干种
茶几	烟灰缸	1 个	火柴	1 盒
床头柜	电话指南	1 份	便笺纸	3 张以上
	"请勿在床上吸烟"卡	1 只	便笺笔	1 支
	晚安卡	1 只		
	遥控器	1 个		
	便笺夹	1 个		
床	备用毛毯或呆棉被	2 条		
	床单	6 条		
	毛毯	2 条		
	枕芯	4 个		
	枕套	4 个		
	护垫	4 片		
	床罩	4 条		

2.1.2.2 标准客房卫生间的配置(一间)(表2-2)

表2-2 卫生间用品配置表

放置部位	备品		日耗品	
	名称	数量	名称	数量
梳妆台上	漱口杯	2个	牙具(牙刷、牙膏)	2套
	面巾	2条	沐浴液	2盒
	小方巾	2块	洗发液	2盒
	烟灰缸	1个	护发素	2盒
	皂碟	1个	润肤露	2盒
			香皂	1块
			浴帽	2只
			一次性漱口杯盖	2只
			棉花球、棉签	1套
			浴盐	1瓶
			梳子	2把
			面巾纸	1盒
恭桶旁	垃圾桶	1个	垃圾袋	1个
			卷纸	1卷
			卫生袋	1个
浴缸边	大浴巾	2条	香皂	1块
	小浴巾	2条		
	地巾	1条		
	浴帘	1条		
	防滑垫	1块		

附1：某五星级饭店豪华客房的物品摆放及标准

工作子项目	工作程序	工作标准
浴袍	一男式浴袍挂于男式衣架上，一女式浴袍挂于女式衣架上，挂于双门衣柜衣杆靠门一端位置	男式浴袍挂于最左端，浴袍底端多余部分折向内侧，两件浴袍均系好腰带，外边衣袖折入衣领内，正面朝外，浴袍无污渍、无损坏、无毛边
浴袍卡	浴袍卡挂于两浴袍前方位置	浴袍卡无折皱、无划痕、正面朝外
女式衣架、男式衣架	女式衣架男式衣架各 3 个依次挂于浴袍卡前端位置。	衣架钩全部朝里，衣架全部正面朝外，衣架无间隙
雨伞卡	雨伞卡挂于挂衣杆靠窗户一侧	雨伞卡无皱折、无划痕、正面朝外，紧贴衣柜墙纸
洗衣夹	钉于衣柜靠窗户一侧的柜壁右壁位置	底边与洗衣夹间隔 3 cm，右侧边与洗衣袋夹右侧边齐平
非赠品牌	非赠品牌贴于洗衣袋夹右上方墙纸上	
洗衣单	两张洗衣单对折，一张套入另一张折缝内，放于洗衣袋夹第一层中间位置	后一张洗衣单露出"×××国际大饭店"全部 LOGO 字样，前一张露出洗衣袋夹为"水洗、干洗、净熨"一行
洗衣袋	洗衣袋叠好两个分别放于洗衣袋夹第二层和第三层中间位置	第二层的洗衣袋露出通程标志字样，第三层的洗衣袋露出"洗衣袋及 laundry Bag"字样，宽度均与洗衣单同宽。
鞋抽	手柄一端插入洗衣夹第二层最外端位置	正面朝外，顶端露出洗衣夹第一层 1/2 位置
衣刷	手柄一端插入洗衣袋夹第三层最外端位置，与鞋抽成一条直线	毛刷朝外，顶端露出毛刷位置
雨伞	手柄朝上斜靠于双门衣柜内侧前方右上角隔板上	系好雨伞带与衣柜侧墙呈 30 度角
购物袋	购物袋两个重叠摆放于双门衣柜上层隔板靠窗户位置	底边和一侧边与衣柜隔板边齐边，开口朝内。购物袋黑色拉绳多余部分全部拉如购物袋内。正面朝外，紧贴衣柜左上角

续表

工作子项目	工作程序	工作标准
保险柜	保险柜置于单门衣柜底层正中间位置	柜门内侧边与保险柜边框齐平,内置小地毯。外侧底边与保险柜顶外边距离2 cm
保险箱使用说明卡	立放于柜顶中间位置	摆放平整、美观,毛毯折叠开口朝内
皮托盘	将皮托盘摆放于云石台与电热水器插头相对应一侧位置上	前端距内壁1 cm,通程标志正面朝上,不倾歪。电热水壶手柄朝右呈45度角
冰桶、电热水壶	按左右顺序相对摆放于托盘上半部位置上	凉水壶手柄朝右呈45度角。咖啡盅平行放于托盘右下侧
凉水壶、咖啡盅	按左右顺序相对摆放于托盘下半部,咖啡、奶粉、糖各两包按前后顺序竖放于咖啡盅内	托盘店徽放于正中间位置。茶包"××"字样露出
茶包	2种不同品种茶包各两包呈扇形摆放于皮托盘内店徽处	
冰箱	冰箱摆放于冰箱柜正中间	插上电源,调至中档
饮料与小食	冰箱内饮料按吧单顺序从左到右摆放于冰箱上下两层,巧克力2块重叠平放于柜门方盒内,法矿2瓶并列放于柜门下格右边,小食叠放于左边位置	饮料英文标志朝外,外边与冰箱隔板齐边,饮料无缝隙。法矿间隔为1 cm
全身镜	挂于吧台一侧的墙壁正中间位置	平稳,不倾斜
方几	方几摆放于门对面左墙角位置	方几两边与墙角两侧边平行,间隔距离为2个拳头宽
台灯	台灯放于方几装饰花边内右上角位置,电线绕灯盏一周插上电源	灯罩接口朝内
烟盅	烟盅放于方几装饰花边内右角位置	烟盅正三角形对准台灯灯杆
单人沙发	单人沙发后背与门对面墙角一侧墙齐平,左边扶手与方几平行,间隔距离为2 cm	单人沙发放于方几一侧,吧台正前方位置
双人沙发	放于方几右另一侧紧靠门对面的墙	双人沙发两边扶手与方几一侧平行,间隔为2 cm

续表

工作子项目	工作程序	工作标准
挂画	挂画挂于对面墙正中间位置	摆放平稳,不倾斜
长几	长几摆放于双人沙发的正前方位置	长几与双人沙发和单人沙发之间的距离均为 30cm
烟盅、火柴	烟盅摆放于长几正中间位置。火柴放于烟盅右侧边缘中间	烟盅呈正三角形摆放,火柴不遮盖烟盅孔,划边朝外
落地灯	落地灯摆放于双人沙发左侧。电线绕灯座一周插上电源	灯罩接口朝内
窗帘	纱帘呈拉拢状态,厚帘拉至窗台两侧	窗帘钩均匀、遮光帘不外露,两侧均匀
圆几	圆几摆放于弧形阳台的正中间位置	圆几脚呈正三角形摆放
烟盅	烟盅摆放于圆几正中间位置	烟盅呈正三角形摆放
咖啡椅	咖啡椅 2 张均匀摆放于圆几左右两边	咖啡椅背朝床,咖啡椅扶手距离圆几 30cm
双面镜	平面镜朝外挂于卫生间门与镜面之间的墙壁上	双面镜杆、镜面与墙面呈 45 度角
花瓶	放云石台左上角上	
漱口杯、碟	漱口杯杯柄朝右,倒放于杯碟内,两套放于面盆水龙头左侧	杯碟 LOGO 朝外,放于正间位置。两套杯具放于面盆水龙头处
矿泉水	两瓶摆放于漱口杯与门框之间云石正中间位置	
皂碟、香皂	放于面盆水龙头右侧,香皂放皂碟正中间	放面盆水龙头与矿泉水正中间位置,与墙面距离一指宽。香皂标签朝外。与墙面距离一指宽,方巾须边相对,两方巾间距离一指宽。方巾折叠呈 LOGO 大小的四方形
方巾碟、方巾	方巾碟呈等腰三角形底边放于靠恭桶一侧云石台上方角上。方巾两条折叠成正方形,并列放于碟内花边以内	头与方巾碟之间正中间位置与墙面距离一指宽两碟距离一指宽

续表

工作子项目	工作程序	工作标准
"四液"	与方巾碟上方平行摆放"四液"。"四液"间距相等	从左到右依次摆放洗发水、护发素、沐浴露、润肤露。洗发水及润肤露靠墙距墙为一指宽
面巾纸	放于不锈钢卷纸架上,折成一个直角等腰三角形露出卷纸盖	折叠平整、美观
面巾	面巾2条须边相对挂于面巾架正中间位置	两面巾间距离为一指宽、店徽朝外,面巾宽度与LOGO同宽,两底边齐边
挂墙式电话	挂于云石台与恭桶中间墙上	电话线不卷曲,贴上房间号码标签
卫生袋	放于恭桶水箱盖正中间位置	"卫生袋"字样在左侧
浴巾	浴巾2条折叠成须边相对正方形并列放于浴巾架中间位置	两浴巾间距离一指宽,浴巾折叠开口朝内
防滑垫	平整挂于浴巾架底杆正中间位置	两底边齐平
HBO、凤凰卫视节目单、VOD说明立卡	液晶电视放于桌子上或挂在墙上	HBO、凤凰卫视节目单底边与电视机外侧边齐边,立卡放于露出节目单名称的位置
立式衣架	立式衣架放于卫生门门框与电视柜中间位置	立式衣架距离地角线2 cm正面朝外
梳妆桌	梳妆桌横摆于梳妆镜的正下方位置	梳妆桌超出镜面部分。左右均匀对称,与墙间隔5 cm
梳妆椅	梳妆椅放置于梳妆桌下方正中间位置	椅背紧靠梳妆桌
台灯	台灯线绕灯座一周摆放于梳妆桌右上角	开关朝外,灯罩接口朝内。台灯底座外弧线与梳妆桌右上角装饰花边齐边
上网线	线整齐放于上网线盒内,上网线盒放于台灯左侧装饰花边内	上网线盒标志朝外
服务指南	放于梳妆桌下方正中间位置	距台灯5 cm,底边紧靠装饰花边
早餐牌	两个重复放于梳妆桌左抽屉左下角	餐排紧贴抽屉左下角,开口朝外
传真纸、信纸	传真纸3张、信纸4张。传真纸重叠在下,插于文具夹右边夹格中间位置	整齐、无划痕、无折皱

续表

工作子项目	工作程序	工作标准
客房价目表、地图	客房价目表插于左侧,地图插于右侧,并列放于信纸上方夹格内	客房价目表左侧边与信纸左侧边齐边,地图右侧边与信纸右侧边齐边
信封	国内信封 3 个、国际信封 3 个。国内信封重叠在下,插于文具夹左侧第一层左边位置。	信封店徽朝上,露出"航空"字样。信封左侧边紧贴左边
地址卡	放于文具夹左侧第二层意见书右侧	卡右侧边紧贴右边
环保卡	放于文具夹左侧第三层左边	露出环保卡 1/2 的位置
多用插座	放于梳妆桌右边抽屉左下角	紧贴左下角,线绕四股用电丝捆好
圆珠笔	圆珠笔笔尖朝右,店徽朝外,放于笔盒内	露出笔盒 1 cm
针线包	针线包紧贴笔盒左侧放置	店徽朝外
床	一张 1.6×2.0 m 的床摆放于床头板布艺的正中间位置	前端紧贴床头板
床上用品	床架套好床裙,在软垫铺上保护垫,铺床单、棉被套上被套开口朝床尾与床头齐平,羽绒枕头、棉枕头各 2 个分别套上枕套放于床头中间位置	床裙需按定型线对齐,保护垫四边与床垫齐平,棉被平整左右均匀,枕头饱满。羽绒枕头、棉枕头分别重叠摆放,羽绒枕在上,棉枕头下,开口相对摆放于离床头距离 5 cm 床头正中间位置
床头柜	两个床头柜分别摆放于床的两侧	床头柜两边不超出床头板,紧贴床头板后的墙面
台灯	台灯两盏分别放于床头柜左右上角	灯线不外露,开关朝外,灯罩接缝朝内
电话	电话摆放于左床头柜右上角装饰花边内	电话调至 TONE 状态,电话线呈"1"字形绕放于电话左侧,贴上电话号码标签及房间号码标签
皮夹	放于宾控手机正下方装饰花边内,便签本底封面插入皮夹右侧夹格内,铅笔笔尖插于皮夹笔套内	店徽朝上,便签本不少于 4 页,铅笔不短于皮夹,笔尖无动用
电视遥控器	底边与皮夹底边齐平,摆放于皮夹正中间位置	正面朝上,电源按钮方向朝上
电话号码簿	放于床头柜抽屉左上角位置	封面朝上,左侧边紧贴抽屉内壁

续表

工作子项目	工作程序	工作标准
擦鞋布	两个摆放于右边床头柜底格左右下角	底边与床头柜底格外边齐平、中文朝上
宾控手机	放于床头柜装饰花边左上角	时间为标准北京时间,线不外露
行李柜	摆放于右床头柜右侧边位置	
鞋篮	鞋篮摆放于行李柜隔板外侧,紧靠行李柜靠门一侧,与行李柜隔板外边齐边	紧靠墙面距离床闲柜1拳头宽位置
拖鞋	白色店徽、黄色店徽拖鞋并列平放于鞋篮左边位置	黄色拖鞋紧贴靠门一侧,标志正面朝上,中间不留缝
空调调节器	调至冷风、打开、三档风、22摄氏度位置(冬天为暖风)	按季节变化相应调至热风
灯光	房间内廊灯、镜灯、床头灯、卫生间灯均为打开状态	

附2:残疾人客房的要求

(1)门口净宽最少要90~110厘米。

(2)房门推拉自如。

(3)大门上的锁具和其他装置高度合适。

(4)无障碍设计的安全设置。

(5)门上的窥视孔离地面90~110厘米。

(6)房内的控制装置和电灯开关离地面120~140厘米。

(7)通向浴室的门净宽度最小为10厘米。

(8)无障碍设计的洗手池和水龙头。

(9)恭桶侧有扶手。

(10)恭桶座距地面41~44厘米。

(11)浴缸有扶手,旁边备有换座提升机及其他装置。

(12)房间及卫生间配有紧急情况按钮,该按钮连通总台及客房服务中心。

(13)挂衣杆高度65厘米。

(14)晾衣绳高度65厘米。

2.2　打扫客房前的准备

2.2.1　签领客房钥匙

服务员在清扫客房前,应先签领客房工作钥匙和"客房清扫日报表"。由于饭店的硬件设施及对客服务模式的不同,服务员领取钥匙的方式有两种:

2.2.1.1　客房中心管理钥匙

客房所有工作钥匙由客房中心统一管理,客房服务员上班时到客房中心签领所辖楼层或所清扫的客房的钥匙,下班时再至客房中心签还所领钥匙。

2.2.1.2　楼层服务台管理钥匙

服务员清扫客房前,在楼层服务台登记并领取所清扫客房的钥匙,下班时将钥匙签字交还给楼层服务台值台服务员,并由其签收。

2.2.2　了解分析房态

服务员应了解分析的房态(亦称客房状况),主要有以下几种:

2.2.2.1　住客房(Occupied,简写 Occ 或 O)

(1)请勿打扰房(Do Not Disturb,简写 DND)。表示该房客人不愿被服务员或其他人员打扰。

(2)请即清扫房(Make Up Room,简写 MUR)。表示该客房的住客因会客或其他原因需要服务员立即清扫客房。

(3)外宿房(Sleep Out Room,简写 S/O)。表示该客房已被租用,但住客昨夜未归。为了防止发生逃账等意外情况,应将此种客房状况及时通知总台。

(4)无行李房(No Baggage,简写 N/B)。表示该客房的住客无行李。同样应及时把这一情况通知总台,以防逃账的发生。

(5)轻便行李房(LIght Baggage Room,简写 L/B)。表示该客房的住客行李数量很少。为了防止逃账,应及时通知总台。

(6)贵宾房(Very Important Person,简写 VIP)。表示该客房的住客是饭店的重要客人。在饭店的接待服务过程中应优先于其他客人,给予特别的关照。

(7)长住房(Long Staying Guest,简写 LSG)。即长期由客人包租的客房,又称之为"长包房"。

(8)加床房(Extm Bed,简写 EB)。表示该客房有加床服务。

2.2.2.2　走客房(Cheek Out,简写 C/O)

(1)准备退房(Expected Departure,简写 E/D)。表示该房住客应在当天中午12 时以前退房,但现在还未退房的客房。这种客房应在客人退房前先进行简单的整理,等客人退房后再作彻底的清扫。

(2)未清扫房(Vacant Dirty,简写 VD)。表示该房住客已结账并已离开客房,但还未经过清扫,服务员可以按规定进房整理。

(3)已清扫房(Vacant Clean 简写 VC)。表示该客房已清扫完毕,可以重新出租,许多饭店也称之为 OK 房。

2.2.2.3　空房(Vacan,简写 V)

空房即指昨日暂时无人租用的 OK 房。

2.2.2.4　维修房(Out Of Order,简写 OOO)

维修房亦称待修房,表示该客房因设施设备发生故障,暂时不能出租。

2.2.3　确定清扫顺序

服务员根据"客房清扫日报表"了解自己所要清扫的客房状况,并决定当天的客房清扫顺序。

客房的清扫顺序一般如下:

(1)请即打扫房。

1)客房门上挂着"请即打扫"牌或亮着"请即打扫"指示灯的客房。

2)客人口头上提出要求立即清扫的客房。

3)总台或领班指示立即清扫的客房。

(2)贵宾房。

(3)走客房。

(4)住客房。

(5)请勿打扰房。

(6)空房。

如果在同一区域有两间客房同时挂有"请即打扫"牌,服务员首先应弄清两间客房的客人是否在房内,如都不在,则可按顺序及时整理;如都在,服务员应询问客人意见,哪一间更急用,就先整理哪一间,同时要感谢另一位客人的合作;如有一间房客人在,而另一间房客人不在,则可先整理客人在的客房;如果两间客房的客人都需要马上整理,应及时通知管理人员调整人手,两间同时整理。

住客房清扫则应尽量在客人最方便的时间进行,如客人外出时。其中 VIP 房更应优先考虑。长包房的清扫时间可以事先和住客协商确定,每日定时为其清扫。请勿打扰房须待客人取消"请勿打扰"之后再进房清扫。通常,对至中午 12 时仍为"请勿打扰"的客房,应通过电话询问,以免客人发生意外。

在实际工作中,饭店可以根据各自的具体情况安排清扫顺序,如旺季,可以先清扫走客房,后清扫住客房,以加速客房的周转;淡季则可以先清扫住客房,后清扫走客房,以体现"宾客至上"的服务宗旨。

2.2.4 房务工作车的准备

房务工作车的准备工作,一般在前一天下班前做好,但在进行客房清扫前还应检查一遍,如发现物品短缺,应及时补齐(图2-10)。房务工作车准备程序一般如下:

图2-10 房务工作车

2.2.4.1 清洁工作车

在工作间将空置的工作车用半湿的抹布内外擦净后抹干,检查工作车有无损坏现象,使用是否灵活。

2.2.4.2 挂好垃圾袋和布草袋

将干净的垃圾袋和布草袋挂紧在工作车的两侧,以放置垃圾和脏布草。

2.2.4.3 配备车上物品

(1)放置干净布草。将干净的布草折叠整齐放在车架的格子中。一般上面一格和中间一格放置浴衣和卫生间的"五巾"(即大浴巾、小浴巾、小方巾、面巾、地巾),下面一格放置床单、枕套。为了减少重复劳动,"五巾"可按饭店规定折叠好,如有店徽,应把店徽朝外折叠;床单、枕套放入工作车中时应齐口朝外,以便拿取。

(2)放置客用品。将客用品(主要是低值易耗品)分类、整齐地摆放在工作车的顶架上。应注意有些用品不能混放,如香皂不能与茶叶放在一起,以免茶叶串味。每一饭店都应根据各自的实际情况,规定好不同物品的统一摆放位置。另外,摆放时最好能从工作车开口一面由低到高排列,以方便服务员拿取。

（3）准备好清洁桶。将清洁桶放在工作车底层的外侧,专用清洁桶通常分为四格,以分别摆放不同用途的清洁工具和清洁剂。常用清洁工具有:海绵、浴缸刷、恭桶刷、胶皮手套、抹布等;常用清洁剂有:多功能清洁剂、恭桶清洁剂、地毯去渍剂、消毒剂等。所有物品应整齐地放在清洁桶内。

例 某五星级饭店工作车的摆放要求

（1）工作车主要分成四部分:

1）文具和宾客用品,如香皂,洗发液,火柴等。

2）毛巾与棉织品。

3）脏棉织品袋。

4）垃圾袋。

（2）客用品应整齐地摆放在工作车顶层。牙刷、浴帽、香皂、梳子、洗衣单、酒水单、擦鞋布、针线包、火柴、拖鞋、茶叶、笔、便签、信封、信纸、传真纸及少量宣传品等,所有物品最少能够摆放15间房。

（3）最大空间放棉织品。第一层:毛巾15条,方巾15条,床单15条,枕袋30条,卫生纸15卷;第二层:床单15条,擦房毛巾10条;第三层:浴巾15条,地巾15条;

（4）工作车两头应分别放棉织品袋和垃圾袋,长帆布袋放脏棉织,短帆布袋放垃圾,放垃圾的帆布袋内应套放塑料袋。

（5）各种清洁药剂应放在垃圾袋下面并确认盖好。清洁工具箱(放置恭桶刷一把、黄、红、绿三色百洁布、清洁液、84消毒液、胶皮手套)放在垃圾袋下。

（6）为方便推车应推有转向轮的一侧,注意不要推有固定轮的一侧。

（7）推车时注意不要离墙太近,否则会损伤墙面壁纸和墙裙。

（8）打扫卫生时,工作车面向门口,方便取用物品,同时防止闲杂人员进入,确保安全。工作车停放应离墙面距离15 cm。

（9）如果该房客人想进入房间,应将车推至一边,方便客人进入。

2.2.5 吸尘器的使用和保养

2.2.5.1 认识各类吸尘器

吸尘器是饭店的主要清洁用具之一,根据用途可分为筒式吸尘器、立式吸尘器、肩背式吸尘器等。基本构造为:主机、尘袋、吸管和吸头。

（1）筒式吸尘器和立式吸尘器:主要适用于地毯清洁,特点是功力大,吸力足,可以利用毛刷、扁平吸头等不同吸头,完成不同部位的清洁(图2-11、图2-12)。

（2）肩背式吸尘器:特点是灵巧,使用时可以背在身上,以便腾出手攀扶或做其他工作。适用于清洁部位较小、较高的地方。如各类装饰物以及百叶帘。(图2-13)

图 2-11　筒式吸尘器

图 2-12　立式吸尘器

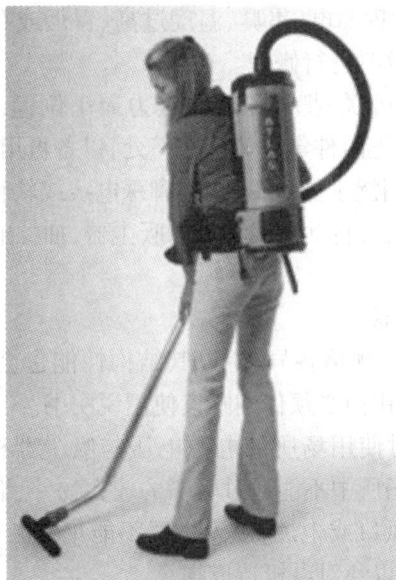

图 2-13　肩背式吸尘器

2.2.5.2　学会使用吸尘器

（1）开启机器。

1）检查并确认吸尘器设备正常及备件齐全。

2）插上电源插头,打开电源开关。

（2）吸尘作业。

1）地毯吸尘时注意地毯倒顺毛,吸尘时按从里到外的顺序边吸边退。

2）家具底部吸尘时要搬开可以移动的家具,以便把家具底下的灰尘吸干净。柜底吸尘时直接换用吸管吸尘。

3）房间边角位吸尘时,要先用刮边角位污垢的工具来铲除地毯边角位的污垢（也可用湿布清洁）,然后用吸管吸尘。

4）卫生间吸尘时,先把耙头的毛刷转换开关打开使吸尘器耙头不直接碰到地面,然后才开始操作,注意力度适中,不要吸水,以免损坏机器造成事故。

5）关机时先关吸尘器的开关,然后拔下电线插头。

6）收机时把电线按规范绕好,不可把电线扭成一团,以免绊倒宾客。

（3）使用注意事项。

1）严格按规范使用吸尘器,先拣除大件垃圾,避免使吸嘴受堵,否则电机会因没有负载而超速,以致发热烧坏。

2）有指示器装置的吸尘器,在使用中如发现指示器显示红点,则要排尘或疏通风道。

3）使用过程中,如发现漏电、焦臭、温度过高、冒烟或有异常响声等现象,应立即切断电源,停止使用,及时进行修理。

4）用完后,必须关闭开关,把旋钮旋至吸力最小位置,用手拔出电源插头（禁拉导线）,卷好电源线;并把附件集中放在一处,以备再用。

5）使用过程中不能用湿手操作;不能用脚踩电线或软管;不要用力猛拉电源线或损坏电源线,以防触电;有自动收线功能的吸尘器,抽拉电源线时,不能强行拉过极限标记。

2.2.5.3　学会保养吸尘器

（1）吸尘器型号不同、规格各异,所以其结构性能也会有较大差异,所以在使用时说明书很重要,在使用前必须仔细阅读使用说明书。

（2）使用前应该核对使用场所的电源电压与吸尘器标明的额定电压是否一致。使用前应将被清扫场所中不能通过吸嘴的较大物件、纸片等先行扫去,以免工作时被吸入管内堵塞进风口或尘道,使吸尘器不能正常工作。一般干式吸尘器不允许吸潮湿泥土或污水,以免对电机造成损坏。

（3）使用时要注意连续工作状态不宜过久,尽可能控制在一个小时内。否则持续工作会造成电机过热,如果机器没有自动降温保护则很容易就烧坏电机,影响机器使用寿命。

（4）在使用过程中,一旦发现有异物堵塞吸管,则应该马上关机检查,将异物清除再继续使用。在使用时要将软管、吸嘴和连接杆接口扣紧,特别是小件的缝隙吸嘴、地板刷等要特别注意。

（5）吸尘器内的密封胶垫如果已经老化，失去弹性，应及时更换新胶垫。尘杯和尘袋内积存有较多垃圾时，要及时清理，不一定非要等到尘满指示灯亮才来清理。以保持通风路径畅通，避免阻塞造成吸力下降、电机发热及降低吸尘器的使用寿命。

（6）吸尘器多具有自动卷线功能，并且其电源线的长度一般都能满足室内要求，所以把电源线拉出足够的使用长度即可，不要把电源线拉过黄色标识，尤其要避免超过红色的标识，超过时要及时卷回电源线。吸尘器使用完毕后，应放在干燥地方保存，潮湿的地方会影响电器的绝缘性和使用寿命。

2.3　清洁客房的技能

2.3.1　着装上岗实训

2.3.1.1　规范着装

制服必须整洁、熨平整并按需要更换；整齐干净，无污迹，无变色、变形；不可露出自己的衣服；双肩无头皮屑，袖口、衣领无油污；领带要平直，领结要结得漂亮；裤脚、衣袖不可卷起；衣领要平整，不可竖起；衬衣勿一半掖在里面一半外露；依照制服设计，系上纽扣，挂上挂钩，系好皮带；爱护制服，使无破损、无扣子脱落、无裂缝、掉边等现象。

左手或右手腕上只允许戴一块手表，不准佩戴多余饰物；不许戴戒指（结婚戒指除外）；手表和戒指必须美观、简洁、大方；可以戴项链，但不要显露出来；不允许戴手链、手镯及脚链、脚镯；男员工不许戴耳环，女员工可以戴紧贴于耳垂的圆环形或钉扣形耳环。

除了配发工鞋或指定配衬鞋款外，须穿表面光滑的黑色皮鞋；皮鞋应保持光亮、干净、无破损；且式样简洁大方，无多余装饰物；布鞋应干净，无污迹及破损；一定要穿完好的袜子，保持干净，无异味；男员工裤子颜色应是纯黑色、深灰色或深蓝色；女员工裤子颜色为淡灰色或肉色。（图2-14）

2.3.1.2　检查仪容

（1）头发。须清洁、整齐；无头垢、头屑，无散发异臭味；女员工的短发不可过肩；长发须盘起来；发束要夹紧，以免行走时发髻摇晃；刘海儿一定不能遮眉；男员工的头发前不过眉，侧不过耳，后不过领；男员工不能留有鬓角；禁止染发及留奇形怪发。

（2）面部。上班前必须洗脸并保持脸面干净清爽，男员工必须每天刮修脸面，不能留须；眼睛内无分泌物且不能布满血丝，出现黑眼圈或疲劳无神；鼻毛不外露，保持鼻孔内清洁；每天刷牙并保持牙齿洁白、干净，口气清新；无异臭味；保持脖子

图 2-14 着装规范

的干净清洁,勿出现白脸黑脖子的现象。

(3)化妆。指甲必须干净和经过修整,且不能超过 1.5 毫米;不许涂有色指甲油;不许使用气味浓烈的香水;女员工上班前应把眉毛修饰好;化妆应着淡淡的粉底,颜色应接近肤色,不宜过白;口红选用大红色系,一定要用唇笔画好唇轮廓,还应保持唇色的亮泽;如果画眼影,颜色以棕红、紫红、淡咖啡色为宜;如果画腮红,应用胭脂扫淡淡的,两颊扫粉红、棕红的胭脂粉。

2.3.1.3　检查表情

表情是人的面部动态所流露的情感,在给人的印象中,表情非常重要,在为客人服务时,具体要注意以下几点:

(1)要面带微笑,和颜悦色,给人以亲切感;不能面孔冷漠,表情呆板,给客人以不欢迎感。

(2)要聚精会神,注意倾听,给人以受尊重之感;不要没精打采或漫不经心,给客人以不受重视感。

(3)要坦诚待客,不卑不亢,给人以真诚感,不要诚惶诚恐,唯唯诺诺,给人以虚伪感。

(4)要沉着稳重,给人以镇定感;不要慌手慌脚,给客人以毛糙感。

(5)要神色坦然,轻松、自信,给人以宽慰感;不要双眉紧锁,满脸愁云,给客人以负重感。

（6）不要带有厌烦、僵硬、愤怒的表情，也不要忸怩作态，做鬼脸、吐舌头、眨眼，给客人以不受敬重感。

2.3.1.4 提前上岗

（1）提前 5 分钟到岗签到。

（2）接受领班或主管分配工作。

2.3.2 进入客房实训

（1）首先站在房门外防盗眼正中处。

（2）观察门外情况看是否有 DND 灯亮。

（3）以手指在大门门铃开关上轻按三下，速度适中，同时以可以让房内客人听到的适当音量说"Good morning/afternoon/evening, housekeeping, may i come in?"（早上好/午安/晚上好，客房服务员，我可以进来吗?）（图 2-15）

图 2-15 进入客房

（4）站立等候 5 秒钟，再重复以上动作。

（5）再次等候 5 秒钟，如无动静，把磁卡插入锁内，迅速拔出，听到"咔"的一声后，用手转动手柄打开房门。

（6）把房门微开 45 度，再重复敲门等动作。

（7）开门速度不可太快，注意观察房内情况，留意卫生间内或床上是否有客人。

（8）如有客人但未被吵醒，轻轻退出房间，关上房门。

（9）如客人已看到你，应说"Good morning/afternoon/evening, sir/madam, may I clear up your room?"（我可以为你清洁房间吗?）或"May I turn down your bed?" "May I replenish your minibar?"（我可以为你开床吗?）（我可以为你补充酒水吗?）

（10）进行下一步工作。

（11）如房门门外有 DND 灯亮，则按 DND 程序处理。

2.3.3　清洁客房的准备

（1）放置清洁设备和用具。

（2）开灯，更换烧坏或丢失的灯泡。

（3）检查电视机、遥控器。清洁完毕应关掉，以免客人回来产生误解。

（4）拉开窗帘，检查窗帘杆和窗帘，如果有损坏，记入任务单，主管安排工程部进行维修。（图2-16）

图2-16　拉开窗帘

（5）清洁玻璃和窗台。

（6）清除客房送餐服务用具，送至房门外面，确保没有客人的物品。清洁完毕后，如果送餐用具没有取走，送到指定地点或者通知送餐服务员取回餐具。不能搁置在走廊。

（7）取下床上的织物制品，使床通风。

1）取走客人的衣服，整齐放在椅子上。

2）戴上乳胶手套,保护自己免于接触床上的任何液体。

3）把床罩、毯子、枕头放在椅子上。

4）取下床单和枕套,放在浴室外面。

5）把床垫任何受污和损坏情况告诉主管。

6）检查是否有遗留用品,按规定处理。

（8）将浴室和卧室的用过的织物制品取走。

（9）取走用过的 6 小件,在延住房中,留下用过的肥皂,再放一块新的。取走玻璃杯的时候,检查客人是否有药等东西在杯中。

（10）收拾空烟缸和垃圾。（图 2-17）

（11）清除垃圾。

（12）遵循血液携带病菌和安全操作程序。

1）取用过的织物要抓住顶端,否则可能被针状物扎破。

2）观察织物上是否有血迹和体液,只能戴手套取拿。

图 2-17　收拾桌面

2.3.4　西式做床实训

2.3.4.1　准备工作

准备与房间床面规格大小相一致的床单、枕套、被单、床褥等。

2.3.4.2　操作程序

（1）铺床单。

1）站在床的一侧甩单，并要求一次到位（可以使用竖甩单的方式铺设，即站立在床尾处操作；也可以选择横甩单的方式铺设，即站立在床边两侧任意一处）。

2）床单中线对准床垫中心线。

3）床单正面朝上（以凸线向上为准）。

4）包裹四个角：包角平整成90度（角度统一）。

5）将床四周多余的床单全部塞进床垫下面，要求平、整、齐，床面平、挺。

（2）铺被单。

1）被单反面朝上（以凹线向上为准），站在床的一侧甩单（站立位置要求与铺设第一条床单时相同），中间褶线与第一条床单中线相叠。

2）被单顶边与床垫顶边平齐（如果使用加长毛毯，被单顶边下垂10～20厘米）。

3）床面要求平、挺。

（3）铺设毛毯。

1）站在床的一侧（站立位置要求与铺设第一条床单时相同），一次性将毛毯抛开。

2）毛毯中线和被单的中线相叠、两边下垂部分均等。

3）毛毯的商标朝上，且放置于床尾右侧。

4）毛毯顶边距离床垫顶边25厘米，并与床头水平（如果使用加长毛毯，可以与床垫顶边平齐），两侧下垂部分匀称。

（4）铺盖单。

1）站在床的一侧（站立位置同前），将床单抛开。

2）盖单正面朝上（以凸线向上为准），床单中线和毛毯中线相叠。

3）顶边与毛毯顶边平齐，将盖单顶端部分沿着毛毯边回折覆盖毛毯25厘米（如果使用加长毛毯，将盖单顶端下垂部分沿毛毯边折回覆盖毛毯，再连同毛毯一起翻折25厘米）。

4）用力将下垂在两侧的毛毯和被单一同塞入床垫下面，包紧。

5）床尾两角包成90度（角度统一）。

（5）套枕套。

1）在床面上操作，先打开枕套。

2）将枕芯竖着折叠为二，右手持前端，左手支撑枕套，枕芯的缝口和商标先塞入枕套内。

3）提起末端让枕头完全滑入，整平。

4）放平枕芯，四角对准。

5）将枕芯的封口封好，要求枕芯不外露。

6）枕头的开口与床头柜相反（如果是双人床，则枕口互对）。

7)硬的枕头放于下面,软的枕头放在上面。

(6)铺床罩。

1)站在床尾操作,床罩的床尾两角与三边定位准确。

2)将床罩向床头甩出,床罩盖住枕头。

3)站在床头处,先将部分床罩塞入两枕中间,多余的床罩全部塞入下面的枕头和床面之间,并褶缝均匀,枕头不外露。

4)床罩完全铺盖在整个床面上,两侧自然下垂,确保床面铺设平整。(图 2-18)

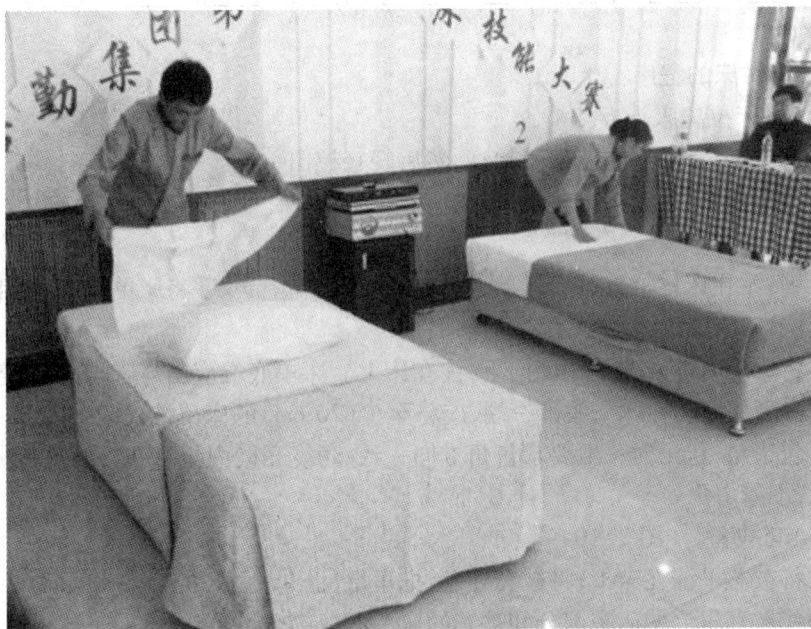

图 2-18 做床

2.3.5 中式做床实训

2.3.5.1 准备工作

准备与房间床面规格大小相一致的床单、枕套、被单、床褥等。

2.3.5.2 标准做床流程

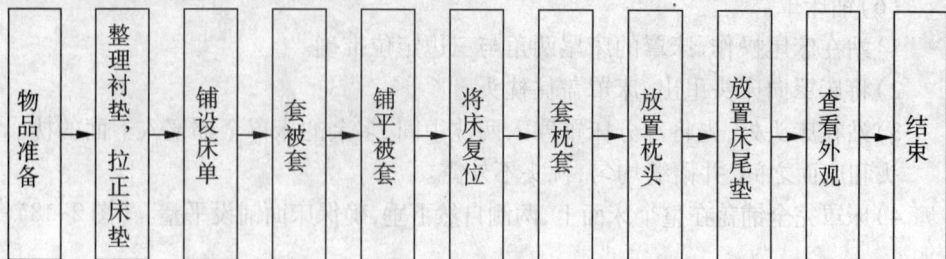

物品准备 → 整理衬垫，拉正床垫 → 铺设床单 → 套被套 → 铺平被套 → 将床复位 → 套枕套 → 放置枕头 → 放置床尾垫 → 查看外观 → 结束

2.3.5.3 做床的程序

(1)将床拉离床头板。

1)弯腰下蹲，双手将床架稍抬高，然后轻轻拉出。

2)整理衬垫，注意将床垫拉正对齐。

(2)铺床单。

1)铺：站在床尾位置进行抖单，将床单的正面朝上，双手将床单打开，利用空气浮力定位，使床单折线居中，两边均匀下垂。

2)将床单有缝合线的一面向下，铺在床上。床单底端应当与床脚齐平，各边的下垂量应当相同。在床垫头部一端，应将至少(20 cm)的床单掖入床垫底部。

3)包边角：包角时一般要求包角方向一致；角度相同内角45度，外角90度；包角美观，不露巾角。

(3)套被套。(图2-19)

1)将被芯平铺在床上；将被套外翻，把里层翻出。

2)使被套里层的床头部分和被芯的床头部分吻合。

3)两手伸进被套紧握被芯床头部分两角，向内翻转，用力抖动；使被芯完全展开，被套四角饱满。

(3)铺设棉被。(图2-20)

1)调整棉被位置，使棉被床头部分与床垫床头部分齐平，棉被中心线位于床垫线；棉被均匀罩在被套里，四角定位准确，被面平整。被套开口处扎绳不能外露，开口处翻边应单边在下，双边在上。

2)左右两边和床尾处自然下垂，铺理平整。

3)将棉被床头部分翻折40 cm。

注意：使整个床面平整、挺括、美观。

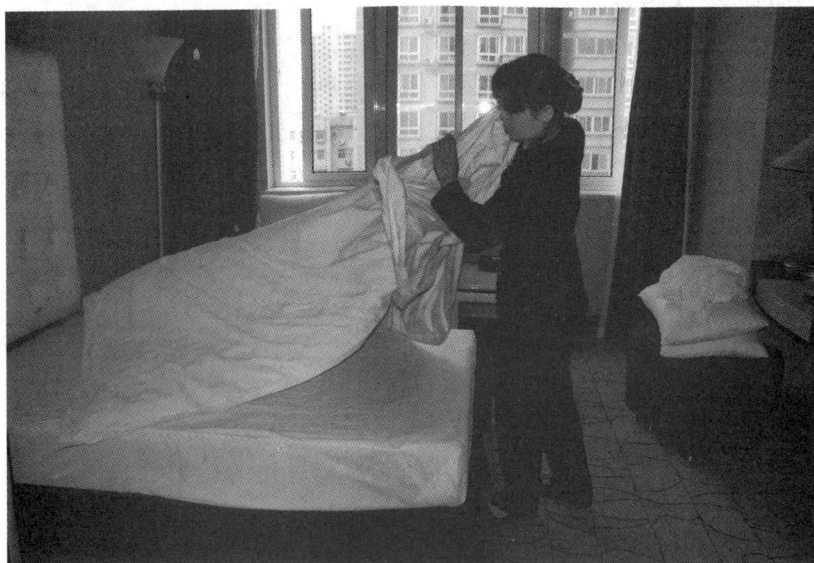

图 2-19　套被套

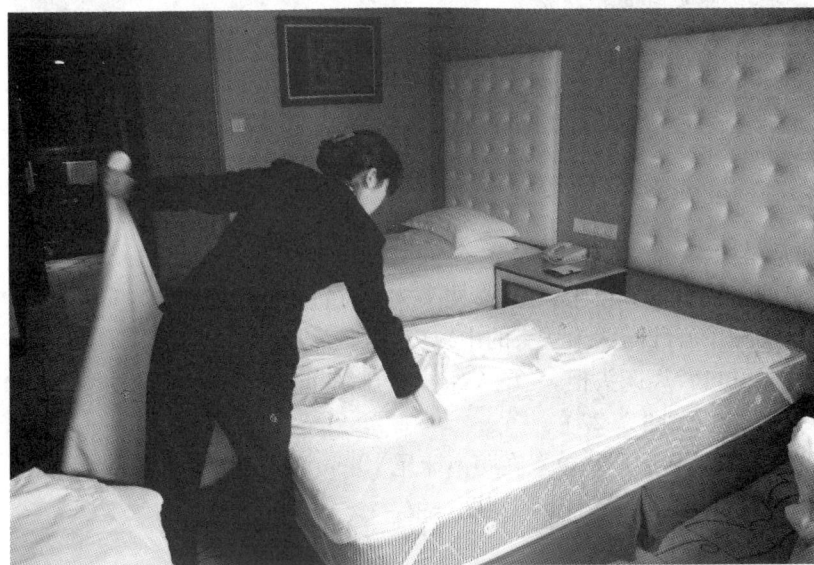

图 2-20　铺床

（4）将床复位。

1）弯腰将做好的床缓缓向前推进，与床头板相吻合；

2）注意切勿用力过猛。

（5）套枕套。（图2-21）

1）将枕芯抖松平放在床上。

2）将枕头装入枕套（不可将枕头放于下颚或嘴中），抓住枕芯的前两端塞进枕套内，并且注意商标朝内。

3）两手抓住袋口，边提边抖动，使枕芯全部进入枕套，将袋口封好。套好的枕头应四角饱满，外形平整，挺括，枕芯不外露。

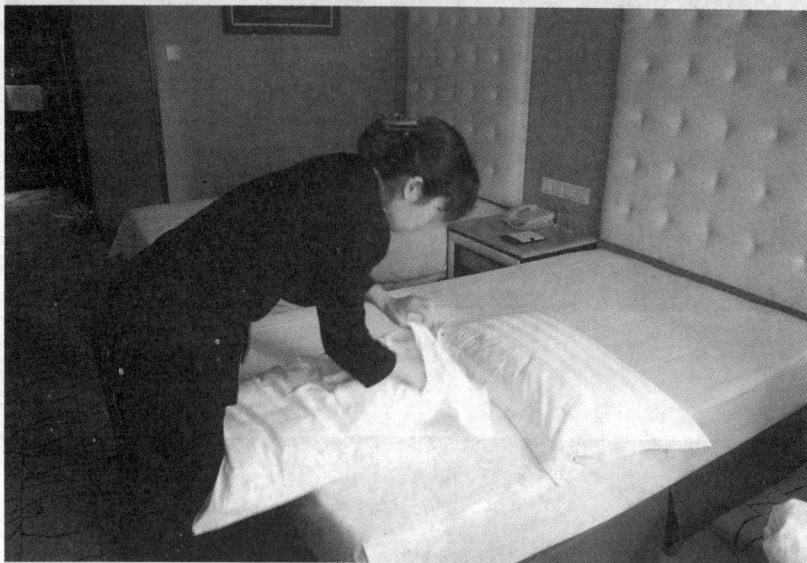

图2-21　套枕套

（6）放枕头。

1）将两个枕头放置在床头正中，枕头放置位置要压住棉被10 cm。

2）被套的中心线与两个枕头的中线应做到三线对齐。

3）枕头开口背离床头柜。（单人床枕头开口背向床头柜，大床枕头开口相对）

（7）床尾垫。（图2-22）

1）在整理后，将床尾垫放置在距离床尾10 cm 的位置。

2）床尾垫的长度需与棉被的宽度一致。

（8）整理。（图2-23）

1）检查一遍床铺是否整齐美观，进行最后整理。

2）整张床的表面挺括、美观。

图 2-22　床尾垫

图 2-23　整理

2.3.6 卫生间清洁实训

2.3.6.1 准备工作

清洁工具箱(里面放有清洁剂、刷子、抹布等)。(图2-24)

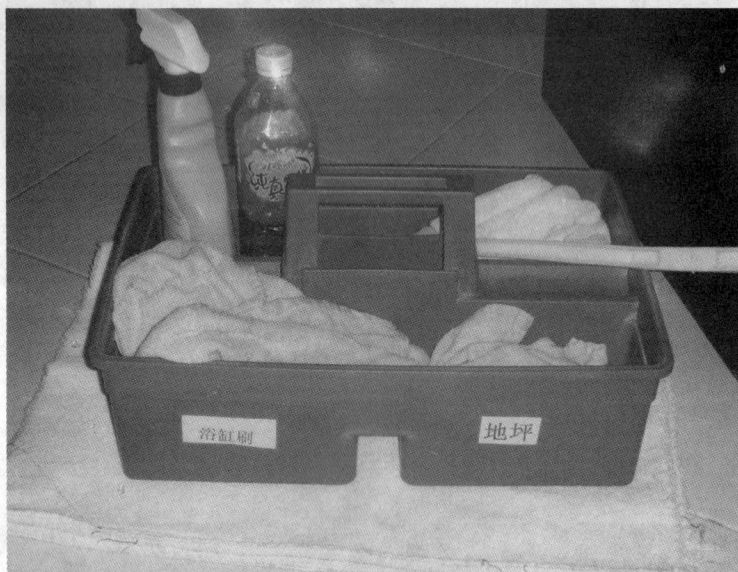

图2-24 清洁工具箱

2.3.6.2 卫生间清洁程序

(1)拿水桶和抹布。

(2)收集烟灰缸,将其放在面盆中用热水浸泡冲洗。将各种杯具撤出,果盘通知餐饮部收走,更换已消毒过的清洁杯具。(注意:在工作单上记录损失或丢失物品)

(3)撤出脏棉织品及浴衣。(注意:有丢失要记录)

(4)如果垃圾桶脏应冲洗干净,擦干,并放回原处。(图2-25)

(5)将浴帘擦干并放在门后整理好或搭在浴帘竿上,注意:刷洗浴缸时不要弄湿浴帘。

(6)向浴缸和恭桶喷洒适量清洁剂,用专用百洁布将浴缸里外刷洗一遍,清洗浴缸塞、皂台、扶手、面盆、溢水口,清洁墙面、台面(浴房擦洗门上污迹)。注意:禁止在五金件上用大量清洁剂,以免腐蚀龙头。(图2-26)

(7)用温水将所有地方清洗干净,并用布擦干,擦亮喷头、恭桶、毛巾架。

(8)用恭桶刷将恭桶里外刷洗干净,然后冲水。注意:马桶有污迹用少量清洁剂刷洗,特别注意马桶合页和马桶下边。擦拭恭桶盖、恭桶圈及恭桶,冲洗干净,并用布擦干。注意:清洁完毕后将马桶盖盖好。

(9)在镜子上喷少量玻璃水,将布折叠成手掌大小,先水平擦拭,然后垂直擦拭。

图 2-25 卫生间清洁

图 2-26 清洁台面

（10）检查镜面无污迹、水迹。

（11）将干净的器具、物品放回原处。

（12）补充干净棉织品，将浴帘放下。注意：提供标准的客用品，将浴帘折好垂在浴缸外放在靠喷头的一边。

（13）清洁浴室地面，用潮布加清洁剂从里向外擦拭。

（14）用湿布将地面清洁剂擦干净，检查门背后和墙角是否干净，台面底下是否有头发。注意：地面、台面下面是否有毛发。

（15）如有必要喷一些空气清新剂。

（16）最后审视一下。

（17）将门虚掩。

2.3.6.3　清洁浴室地板

（1）用清洁剂去除地面所有污渍。

（2）用海绵蘸清洁剂擦洗地面。

（3）由里向外擦洗，并注意以下几个地方：面盆下面、马桶四周、所有边角、浴室门后。

（4）用热水将清洁剂去除，确保没有遗留清洁剂残余。

（5）用潮布将地擦干净。

（6）确保地面光亮，没有污渍。

2.3.6.4　清洁浴缸（图2-27）

（1）用海绵蘸着万能清洁剂擦洗浴缸。

（2）用海绵擦洗水龙头和花洒头。

（3）清洁内部的溢水孔和水堵，用喷头小心冲洗墙面、支架、肥皂托、浴缸。

（4）用干布将浴缸的水渍吸干。

（5）将浴缸擦干净。

（6）抛光电镀部分。

（7）擦干肥皂托和洗浴用品。

2.3.6.5　清洁淋浴间

（1）用喷头将玻璃墙壁弄湿。

（2）在海绵喷上万能清洁剂，从上到下擦洗。

（3）擦洗水龙头、喷头、皂托。

（4）擦洗地面。

（5）检查排水口通畅，没有残留。

（6）用热水冲洗干净残留物，刷洗墙面、水龙头开关、喷头、支架。

（7）用干布将它们从上至下擦干。

（9）抛光电镀和喷头。

图 2-27　清洁浴缸

（10）擦干地面，从最里边向外擦。

（11）在淋浴门上喷上玻璃清洁剂。

（12）用镜布擦干。

（13）顶边和底边都要擦。

（14）抛光合页及把手。

2.3.6.6　清洁面台和面盆（图 2-28）

（1）准备必要的工具和清洁剂。

（2）将面台上可移动的物品挪开。

（3）用海绵和万能清洁剂清洁皂碟、水龙头、面盆和水堵，去除所有脏物、皂渍和水碱。

（4）拿出水堵，彻底清洁。

（5）用清水彻底冲洗面台、水龙头、皂碟。

（6）用干布擦干，抛亮电镀。

（7）擦干水堵，放回原处。

（8）将皂碟、毛巾篮、洗漱用品架放回原处。

（9）根据标准补充香皂，毛巾和客用品。

（10）如果需要，更换鲜花。

（11）如果客人自己带有洗漱用品,将它们整齐放在洗漱用品垫上。

（12）在清洁过程中发现的工程维修问题要马上报告。

图2-28　清洁面台

2.3.6.7　清洁马桶(图2-29)

（1）清洁马桶时要戴上手套。

（2）用马桶刷彻底来刷洗。

（3）冲水。

（4）在马桶里倒入一些万能清洁剂。

（5）用力将马桶内部上圈的污渍刷掉。

（6）刷掉底部、边角的污渍。

（7）冲水并冲刷干净。

（8）擦干净马桶坐垫,盖板包括合页。

（9）擦干净马桶后的水管。

（10）特别留意水箱里的胶皮水堵,记录下任何遗失,并汇报办公室。

（11）用海绵和清洁剂擦洗马桶外圈边,注意要彻底清洁合页。

（12）去除尿碱和黄渍。

（13）用万能清洁剂和海绵清洁马桶本身及底座,确保彻底的清除污渍。

（14）用马桶酸和马桶刷清洁内圈、内壁,特别是下水喉周围。

（15）冲水并冲刷干净。

（16）用海绵和清水洗干净所有地方。

（17）用海绵和清水冲洗马桶盖、坐垫及外表部分。

（11）保证所有部分被彻底清洗。

（19）从上至下用干布将马桶擦干。

（20）抛光所有电镀部分。

（21）再次冲一下马桶。

（22）关上马桶盖。

（23）根据标准补充卫生纸和擦手纸。

（24）在清洁过程中发现的缺陷和维修问题要马上报告。

图 2-29　清洁马桶

2.4　客房的日常清洁整理的基本知识

2.4.1　了解分析房态

服务员应了解分析的房态(亦称客房状况)，主要有以下几种：

2.4.1.1　住客房(Occupied，简写 Occ 或 O)

（1）请勿打扰房(Do Not Disturb，简写 DND)。表示该房客人不愿被服务员或其他人员打扰。

（2）请即清扫房（Make Up Room，简写 MUR）。表示该客房的住客因会客或其他原因需要服务员立即清扫客房。

（3）外宿房（Sleep Out Room，简写 S/O）。表示该客房已被租用，但住客昨夜未归。为了防止发生逃账等意外情况，应将此种客房状况及时通知总台。

（4）无行李房（No Baggage，简写 N/B）。表示该客房的住客无行李。同样应及时把这一情况通知总台，以防逃账的发生。

（5）轻便行李房（Iaght Baggage Room，简写 I/B）。表示该客房的住客行李数量很少。为了防止逃账，应及时通知总台。

（6）贵宾房（Vety Important Person，简写 VIP）。表示该客房的住客是饭店的重要客人。在饭店的接待服务过程中应优先于其他客人，给予特别的关照。

（7）长住房（Long Staying Guest，简写 LSG）。即长期由客人包租的客房，又称之为"长包房"。

（8）加床房（Extra Bed，简写 EB）。表示该客房有加床服务。

2.4.1.2 　走客房（Cbeck Out，简写 C/O）

（1）准备退房（Expected Departure，简写 E/D）。表示该房住客应在当天中午12 时以前退房，但现在还未退房的客人。这种客房应在客人退房前先进行简单的整理，等客人退房后再作彻底的清扫。

（2）未清扫房（Vacant Dirty，简写 VD）。表示该房住客已结账并已离开客房，但还未经过清扫，服务员可以按规定进房整理。

（3）已清扫房（Vacant Clean，简写 VC）。表示该客房已清扫完毕，可以重新出租，许多饭店也称之为 OK 房。

2.4.1.3 　空房（Vacant，简写 V）

空房即指昨日暂时无人租用的 OK 房。

2.4.2.4 　维修房（Out Of Order，简写 OOO）

维修房亦称待修房，表示该客房因设施设备发生故障，暂时不能出租。

2.4.2 　客房清扫的顺序

2.4.2.1 　一般情况下的清扫顺序

旺季时：请即打扫房→走客房→住客房→空房

淡季时：请即打扫房→住客房→走客房→空房

2.4.2.2 　同为"请即打扫"房时

（1）先打扫挂牌的，后打扫客人口头通知的，因为前者有物为证，也许客人更为急需。

（2）总台或领班通知打扫的"VIP"房，应尽量了解用房的具体时间，以不耽误用房为准。

2.4.2.3　同为走客房时

（1）首先打扫客人已结账离店的房间。

（2）客人结账后未能按时退房，则根据情况妥善处理，住房较紧，急需清扫时，向客人道歉，讲清原因，委婉地请客人去大厅休息，较多行李可在寄存处保管，以便腾出房间清扫。

（3）若为当日的预计走客房，则应尽量了解客人准确的离房时间，以便等客人走后一次清扫。

2.4.2.4　同为住客房时

（1）贵宾房优先清扫。当然特别重要的 VIP 客人及用房，饭店会指定专人负责。

（2）长住房间，应与客人协调，定时打扫。

（3）团队、会议用房，应根据其活动安排，保证客人回店前所有房间清扫完毕，即客人早出晚归时，可视为普通住客房清扫；客人店内用午餐时，则应在午餐前清扫完毕，以保证客人回房时看到的是整洁、舒适的房间。

（4）普通续住房，则应注意客人不走不搞，客人在房不叫不搞，尽量减少对客人的干扰。

（5）提出"请勿打扰"要求的房间，切记暂不打扫，做好记录，待客人取消"DND"后再进行打扫。如果到中午仍挂牌或亮灯，就应了解客人是否确实在房内，客人是否是老年客人等，以防客人已外出忘记取消"DND"或客人在房内发生意外。如果到下午两点过后仍然挂牌或亮灯，就要报告领班并打电话进房，礼貌地询问客人是否可以搞卫生。

2.4.2.5　空房的清扫

客人走后经过清扫尚未住进新客人的房间称为空房。空房清扫俗称"简单清扫"，所以一般饭店并不把空房清扫列为清扫员的任务，而是由值台的服务员对客服务时兼做，因而不存在排列次序的问题，若安排给清扫员进行清扫，又不是急用房，则应在最后去清扫，原因有二：一是清扫简单，所耗时间短；二是无客人投诉之忧，稍后打扫也无妨。

2.4.2.6　待修房的清扫

清扫员的工作任务中不包括待修房的清扫，但应明确：报待修之前，除需修理之处外，其他地方已清扫完毕达到合格标准，经有关部门修理后，应立即检查所修理项目是否完好，并马上按正常清扫程序进行房间整理，完毕后报告领班查房，通知总台及时恢复出租。

2.4.3　客房清洁整理基本方法

为避免客房过程中的重复劳动。提高员的工作效率，以及防止意外事故的发

生,客房服务员必须掌握客房清扫的基本方法,主要有:

(1)从上到下。在清洗卫生间和房间抹尘时,应采用从上到下的方法进行。

(2)从里到外。卧室地毯吸尘和擦拭卫生间地面时,应从里到外进行。

(3)环形整理,即在房间抹尘、检查房间和卫生间的设备用品时,应从房门口开始,按照顺时针或逆时针方向进行,这样可以避免出现:卫生死角或重复整理,既省时省力又提高清洁卫生的质量。

(4)干湿分用。擦拭不同的家具设备及物品的抹布,应严格区别开,做到干湿分用。如,房内的灯具、电视机屏幕、床头板、音控板等处只能用干抹布,不能用湿抹布,否则易发生危险或污染墙面等。(图2-30)

图2-30 擦灯具

(5)抹布折叠使用。擦拭家具设备、物品时,不论是干抹布,还是湿抹布,都应折叠使用,这样可以提高抹布的使用率,有利于提高清扫速度,保证客房清洁卫生质量。(图2-31)

(6)注意墙角。墙角是蜘蛛结网和灰尘积存之处,而墙角又是客人较关注的地方,清扫客房时必须予以重视,不可遗漏。

图 2-31　使用抹布

2.4.4　客房清洁整理的时间要求

根据客房卫生清扫种类不同,每间客房每次整理所需要的时间长短也不相同。按我国各饭店的一般经验,三星级以上饭店的时间标准可参照以下客房整理类型掌握。

(1)空房(包括做夜床)。简单清扫,5~7 分钟。

(2)住房。一般清扫整理,15~20 分钟。

(3)走房。重点清扫整理,30~35 分钟。

(4)VIP 房(含长住客人刚刚离店的客房)。彻底清扫整理,45~50 分钟。

2.5 客房的日常清洁实训

2.5.1 走客房的清扫整理的基本程序

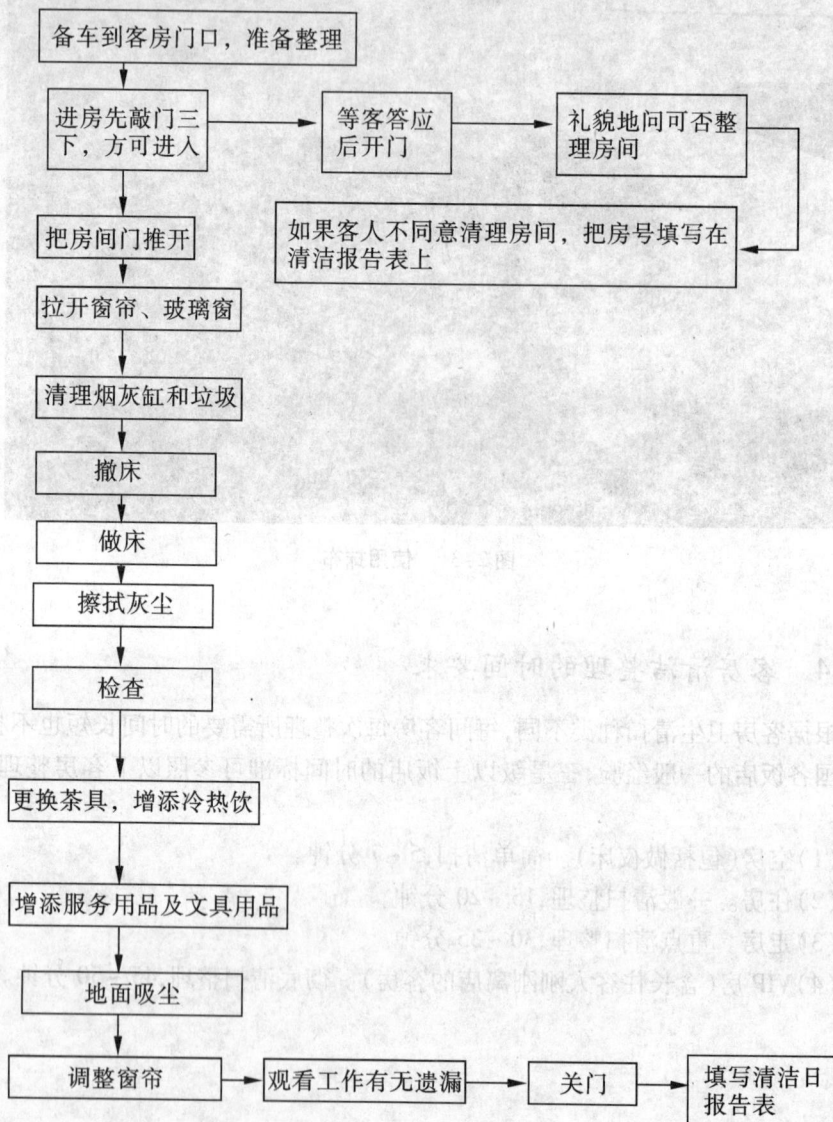

```
        备车到客房门口，准备整理
                 │
                 ▼
    进房先敲门三 ──────► 等客答应 ──────► 礼貌地问可否整
    下，方可进入        后开门           理房间
                 │                           │
                 ▼          如果客人不同意清理房间，把房号填写在
    把房间门推开          清洁报告表上 ◄──────────────┘
                 │
                 ▼
    拉开窗帘、玻璃窗
                 │
                 ▼
    清理烟灰缸和垃圾
                 │
                 ▼
      撤床
                 │
                 ▼
      做床
                 │
                 ▼
     擦拭灰尘
                 │
                 ▼
      检查
                 │
                 ▼
  更换茶具，增添冷热饮
                 │
                 ▼
  增添服务用品及文具用品
                 │
                 ▼
     地面吸尘
                 │
                 ▼
   调整窗帘 ──► 观看工作有无遗漏 ──► 关门 ──► 填写清洁日
                                                报告表
```

2.5.2 走客房的清扫实训

(1)按照饭店规定的进入客房的规范开门进房。将房门完全打开(可用顶门

器把门支好),直到该客房清扫完毕。开门打扫卫生的意义有三点:

1)表示该客房正在清洁。

2)防止意外事故的发生。

3)有利于客房的通风换气。

(2)检查所有灯具。将客房里的灯具开关打开,检查灯具是否有毛病。检查后随手将灯关上,只留清洁用灯。一旦发现灯泡损坏,立即通知维修人员前来更换。

(3)拉开窗帘、打开玻璃窗。打开窗帘时应检查窗户是否有脱钩和损坏情况。必要时应打开空调,加大通风量,保证室内空气的清新,同时检查空调开关是否正常。(图2-32)

图2-32　开窗

(4)观察室内情况。主要是检查客人是否有留物品和房内设备用品有无丢失和损坏,以便及时报告主管。

(5)清理烟灰和垃圾。

1)将烟灰缸里烟灰倒入指定的垃圾桶内,在浴室内将烟灰缸洗净,用布擦干,擦净(注意不要有未熄灭的烟头),不能将烟头等脏物倒入便器,避免将便器堵塞。

2)收拾桌面和地面的垃圾,将垃圾放进垃圾桶或纸篓中。(图2-33)

3)清理纸篓(垃圾桶)。倒纸篓时,可先检查纸篓内是否有一些有价值的东西,若有则不要倒掉。清理套有垃圾塑料袋的纸篓时,应直接把垃圾取出倒入清洁车的垃圾桶中。旧的垃圾袋扔掉后,应再放一个新的套好,但不能图省事一次套几

个垃圾袋。在清理纸篓时,如发现有刮胡子的刀片或玻璃片等锐利弃物,应及时单独处理。(图 2-34)

(6)撤走房内用膳的桌、盘、杯、碟等物品。

(7)撤走用过的茶水具,玻璃杯。

(8)撤走用过的床单和枕套,把脏布件放进清洁车内。

图 2-33　清理垃圾

图 2-34　清理垃圾

1）在撤床单时，要抖动几次，确认里面无衣物或其他物品。（图 2-35）

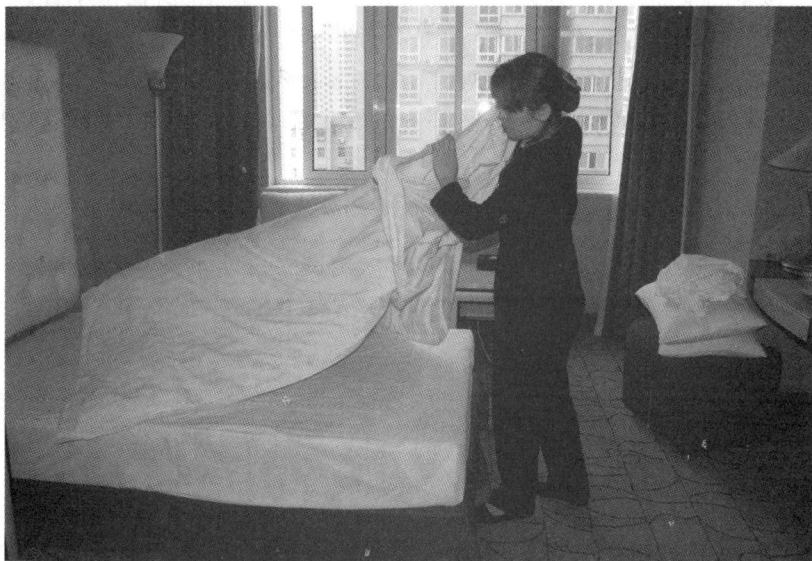

图 2-35 撤被套

2）若发现床单，褥垫等有破损及受污染情况，立即报告领班。

3）注意不要把布件扔在地毯或楼面走道上。

4）撤床：卸下枕头套、揭下毛毯，揭下床单、收取用过的床单和枕套。（图 2-36）

图 2-36 撤床单

5)收去脏布件后带入相应数量的干净布件,放置在椅子上。

(9)做床。按铺床的程序换上新的床单,枕套。(铺床的方法由于各饭店要求不同,因而多少有些差异,但鉴定考核时需按照考前培训的要求去做。)

(10)擦拭灰尘,检查设备。从房门开始,按环形路线依次把客房各家具、用品抹干净,不漏擦。在除尘中注意需要补充的客用品和宣传数量,检查设备是否正常。注意擦拭墙脚线。

1)房门:房门应从上到下,内外面抹净;把窥视镜,防火通道图擦干净;看门镇是否灵活;"请勿打扰牌""早餐"牌有无污迹。(图2-37)

图2-37 擦门

2)风口与走廊:擦风口和走廊灯一般是定期擦拭。擦走廊灯时应使用干抹布。

3)壁柜与酒柜。擦拭壁柜要仔细,要把整个壁柜擦净;抹净衣架、挂衣棍;检查衣架、衣刷和鞋拔子是否齐全;擦净小酒吧内外。检查冰箱运转是否正常,接水盆是否已满,温度是否适宜,并记住需要补充的物品。

4)行李架(柜)与写字台(化妆台):擦净行李架(柜)内外,包括面和挡板。擦拭写字台(化妆台)抽屉,逐个拉开擦,如果抽屉仅有浮尘,则可用于抹布干擦(图2-38),同时检查洗衣袋、洗衣单及礼品袋(手拎袋)有无短缺;擦净镜柜、台面、卸妆凳,从上到下,注意对桌脚和凳腿的擦拭,可用半湿抹布除尘;擦拭梳妆镜面要用一块潮的和一块干的抹布擦拭,操作时要小心和注意安全。擦拭完毕,站在镜子侧面检查,镜面不要留有布毛:手印和灰尘等;擦拭台灯和镜灯时(图2-39),应用干布擦去灰尘,切勿用湿布抹尘,如果台灯线露在写字台(梳妆台)外围,要将其收好尽量隐蔽起来,灯罩接缝朝墙;写字台(梳妆台)上如有台历,则需每天翻面;检查写字台(梳妆台)物品及服务夹内短缺和破旧物品,为添补物品做准备。

图 2-38　擦写字台

图 2-39　擦台灯

5）电视机：用干抹布擦净电视机外壳和底座的灰尘，然后打开电视机，检查电视机是否有图像，频道选用是否准确，颜色是否适度。如有电视机柜则应从上到下，从里到外擦净。

6）地灯：用干抹布抹净灯泡、灯罩和灯架。注意收拾好电线，将灯罩接缝朝墙。

7）窗台：窗台先用湿抹布，然后再用干抹布擦拭干净。推拉式玻璃的滑槽如有沙粒，可用刷子加以清除。将玻璃窗和窗帘左右拉动一遍，检查其滑动性能。

8）沙发、茶几：擦拭沙发时（图2-40），可用干抹布掸去灰尘，注意经常清理沙发背与沙发垫缝隙之间内存的杂物。茶几先用湿抹布擦去脏迹，然后用干抹布擦干净，保持茶几的光洁度。

图2-40　擦沙发

9）床头板与床头柜：用干抹布擦拭床头灯泡、灯罩、灯架和床头挡板（图2-41），切忌用湿抹布擦拭，擦完床后，再次将床罩整理平整；检查床头柜各种开关，如有故障，立即通知维修（图2-42）；调整好床头柜的电子钟；擦拭电话时，首先用耳朵听有无盲音，然后用湿抹布抹去话筒灰尘及污垢，用酒精棉球擦拭话机外壳；检查放在床头柜服务用品是否齐全，是否有污迹或客人用过。

10）装饰画与空调开关：先用湿抹布擦拭画框，然后再用干抹布擦拭画画，摆正挂悬画；如果服务员身高不够，需要借助其他物品增高，应注意垫一层干净的抹布或脱鞋操作，防止弄脏其他物品；用干抹布擦去空调开关上的灰尘。

（11）按饭店规定的数量和摆放规格添补客用品和宣传品。

1）用干净托盘带进已消毒的茶水具、玻璃杯等。

2）更换添补物品均应无水迹和脏迹。

图 2-41　擦床头灯

图 2-42　擦床头柜

(12)清洁卫生间：按卫生间的清扫程序操作。

(13)吸尘：吸尘按地毯表层的倾倒方向进行，由内而到外，化妆凳、沙发下、窗帘后、门后等部位均要吸到,同时拉好纱帘关好玻璃窗、调整好家具摆件。用吸尘器吸净卫生间地面残留的尘埃。

(14)离开各房之前自我检查和回顾一遍,看是否有漏项,家具摆放是否正确,床是否美观,窗帘是否拉到位等。如发现有遗漏及时补漏。

(15)关掉空调和所有灯具的开关,最后环视一下检查是否有漏做的(如有应补做),然后将房门锁好。

(16)登记客房清洁整理情况。每间客房清洁完成后,要认真填写清扫的进出时间,布件、服务用品、文具用品的使用和补充情况以及需要维修的项目和特别工作等。

2.5.3　住客房的清扫实训

走客房清扫一般是先撤床,再清理卫生间,这样可以让席梦思和毛毯等有一定时间透气,达到保养的目的;而住客房清扫一般要求先清理房间,再清理卫生间,这是因为住客随时可能回来,甚至带来访客,所以先将房间整理好,可使房间外观整洁,给客人以舒适感,这时服务员再清理卫生间,也不会有互相干扰之嫌。

住客房具体清扫方法与走客房相同,但应注意以下事项:

(1)进入客房应严格遵守进房的有关规定。如客人在房内,应礼貌地询问是否可以清扫客房,征得同意后,方可进房;清扫过程中动作要轻,速度要快;如客人有问话,应注视客人并回答;如客人不同意清扫客房,则应将房号和客人要求清扫的时间写在工作表上,以免遗忘。

(2)清扫客房时,客人的文件、报纸、书刊等可以稍加整理,但不能弄错位置,更不准翻看;客人的物品如照相机、计算机、笔记本、钱包之类不能随意触摸;女性用的化妆品即使用完,也不得将空瓶或纸盒扔掉。总之,除放在纸篓里的东西外,即使是放在地上的物品,也只能替客人做简单的整理,千万不要自行处理。

(3)客人放在椅子上或床上的衣服,外衣可挂在衣橱里,内衣、睡衣简单折叠后放在床上。女宾住的房间,不要轻易动其衣物。擦拭衣橱、行李架时,不要将客人的衣物弄乱弄脏,也不要挪动客人的行李,一般只要擦去大面积的灰尘即可。

(4)若发现房内有大量现金,服务员应及时通知领班,由大堂副理在保安人员及领班的陪同下,将房门反锁,等客人回来后,由大堂副理开启房门,并请客人清点现金,提醒客人使用保险箱。

(5)清扫客房时,若房内电话铃响,为了尊重客人对客房的使用权,维护其隐私权,不能接听电话。

(6)为住客房更换热开水时,应注意水温不低于90℃,换进的水瓶应擦拭干净,不能有水渍。如房内使用电热水瓶,应每天更换新水,防止水垢产生。

(7)房内有客人时,可将空调开到中档,或征求客人意见;如客人已将空调开到某一刻度,应尊重客人,不能重新调整开关。

(8)在清理客房时,若客人回来,服务员应先礼貌地请客人出示客房钥匙或房卡,确定是该客房的住客后,询问是否可以继续整理。如可以,应尽快清理好,以便客人休息;如不可以,应及时退出。

(9)清理客房时,如发现客人在房内使用电器或烧香拜佛,应礼貌地劝阻客人,向客人说明存在的不安全因素,并及时将情况报告领班或大堂副理。

(10)若房内有加床,整理完毕后,应添一份客用品,不能遗漏。

(11)客房整理完毕离开时,若客人在房内,要有礼貌地向客人表示谢意,然后退后一步再转身离开客房,并轻轻将房门关上。

2.5.4　空房清扫

空房是清洁整理合格等待出租的 OK 房。为了保持 OK 房的卫生标准,空房也必须每天清扫。具体清扫内容是:

(1)每天进房开窗通风换气。

(2)家具、设备、门窗、卫生间抹尘。

(3)卫生间各水龙头放水 1 分钟,直到水清为止,以保持水质洁净。

(4)检查卫生间的"四巾"是否柔软富有弹性,如果干燥不合要求,要在客人入住前更换。

(5)检查各类用品是否齐全。

(6)连续空着的房间,每隔 3～4 天吸尘一次。

(7)检查房间设备情况,观察房间四壁和天花板,有无蜘蛛网和灰尘,地面有无鼠迹和虫类。

2.5.5　计划卫生

客房计划卫生是在客房日常清洁卫生工作的基础上进行的周期性的清洁工作。所谓计划性是采取定期的循环方式,对于平时清扫中不易清洁整理的项目,定期集中的清洁整理。计划卫生的项目及时间安排,客房部根据自己的设施设备状况或淡旺季进行合理的安排,同时,工程部门也可以利用这个机会,对某些设备和家具进行检查维修。客房计划卫生的意义在于:减轻客房服务员日常的劳动强度,保证客房清洁卫生的质量,维持客房设施设备的良好运行的状态。

2.5.5.1　准备工作

准备相关清洁用具。

2.5.5.2　操作程序

(1)准备。

1)房间单项计划卫生,按照计划循环时间进行;

2）房间周期性大清洁以一季为一个工作周期进行；

3）根据计划安排的清洁内容准备好清洁用具、清洁剂；

4）注意安全,防止事故发生。

（2）地板打蜡。

1）备齐打蜡的工具和用品,放在取用方便之处,将家具集中在指定地点；

2）砂擦:顺缝擦、依次擦、分档擦、均匀擦；

3）除尘:四壁除尘,地板除尘；

4）上蜡:看气候揩蜡,分部位揩蜡,顺拼缝揩蜡；

5）打光:用工具打磨光亮。

（3）家具上蜡。

1）除尘:擦净家具上的浮尘和污迹；

2）上蜡:将上光蜡抹在家具表面；

3）打光:用干净的细软布反复揩擦使之光亮。

（4）擦窗。

1）将窗框架的浮灰刷去,用湿布擦净；

2）擦玻璃:水擦、粉擦、潮干布擦。

（5）吸尘。

1）床的软垫；

2）厚窗帘；

3）软座椅、沙发靠垫；

4）床和家具下面的地毯；

5）客房四周墙壁。

（6）擦拭顶灯。

1）准备好梯子、螺丝刀、揩布（一干一湿）；

2）切断电源,然后摘灯；

3）先用潮布擦,再用干布擦净；

4）用干布擦灯泡（严禁用湿布、湿手擦）；

5）擦拭完毕,将灯具按原样装好；

6）开灯检查,如发现灯泡（管）不亮,立即进行登记,通知工程部修理。

（7）擦拭铜器。

1）用湿布擦去铜制门（窗）把手、房间号牌上的灰尘、污渍；

2）再用少许铜油揩擦,使其发光。

（8）清洁电话。

1）拧开电话筒盖清理,注意不要拧松内部零件；

2）用清洁剂、酒精、棉球擦抹、消毒；

3)清洁至无污渍、无异味。

(9)刷洗墙纸。

1)用百洁刷带上抹布均匀地刷掉墙纸表面的灰尘和污渍；

2)特别的污渍可用万能洗洁净特殊处理。

(10)洗空调网、出风口。

1)连同排风口的小滤网一同拆下，用湿布擦净出口的边缘；

2)注意滤网反面冲水，以免把灰尘冲进纤维内；

3)一定待水干后再放回房间。

4)清洁无尘、无霉点。

2.5.6　客房日常检查的内容和标准(表2-3)

表2-3　客房检查表

检查的内容	检查的标准	检查的内容	检查的标准
1.卧室部分 房门	a.无灰尘,无污迹,无伤痕 b.房号牌清洁完好 c.门锁、安全锁链清洁完好 d.窥视镜清洁完好 e.安全逃生图、请勿打扰牌、餐牌齐全完好 f.门靠完好	墙面、天花板	a.无灰尘、无污迹、无蛛网 b.无油漆脱落和墙纸、墙布起翘现象 c.无漏水、渗水现象
护墙板、地脚线	a.无灰尘,无污迹 b.完好无损	地毯	a.无灰尘,无污迹,无杂物 b.无烟痕、压痕和脚印
床	a.床头板清洁完好 b.床上用品清洁完好 c.铺法规范正确,美观清洁 d.床垫按期翻转,符合规定 e.床底清洁无杂物	硬面家具	a.光洁明亮 b.无伤痕,无木刺,无尖钉外露 c.坚固无松动 d.摆放得当
软面家具	a.无尘,无迹,无破损 b.摆放得当	抽屉	a.清洁,无灰尘,无杂物 b.开关灵便,把手完好 c.用品齐全
电话机	a.无尘,无迹,定期消毒 b.摆放位置正确 c.电话线整齐有序无缠绕 d.使用正常	灯具	a.清洁完好 b.位置正确 c.灯泡功率符合规定 d.灯罩清洁完好,按缝面向墙

续表 2-3

检查的内容	检查的标准	检查的内容	检查的标准
镜子	a. 清洁明亮,无灰尘,无污迹 b. 无破裂 c. 镜框清洁完好	挂画	a. 清洁完好 b. 悬挂端正
电视机	a. 表面清洁 b. 底座(转盘)清洁完好 c. 工作正常 d. 频道设置符合规定 e. 遥控器清洁完好,能正常使用,并摆放在规定的地方 f. 电视机清洁完好,摆放正确	收音机、音响	能正常使用,频道与音量符合规定
垃圾桶	a. 清洁完好 b. 套有干净的垃圾袋 c. 摆放位置正确	窗户	a. 窗玻璃清洁完好 b. 窗台清洁无杂物 c. 关锁闭窗
窗帘	a. 清洁完好,无污渍,无脱落 b. 开关灵便 c. 悬挂美观、对称,皱折均匀	小酒吧	a. 吧台、酒架清洁 b. 用品配置符合要求,清洁完好 c. 酒水配置符合规定
电冰箱	a. 清洁卫生,无异味 b. 饮料配置符合规定 c. 用品配置符合规定 d. 温度调节符合规定	空调	a. 滤网及通风口清洁无积尘 b. 能正常工作 c. 温度调节符合要求
壁橱	a. 内无清洁 b. 门开关灵活 c. 用品配置符合规定 d. 壁橱内的灯能随门的开、关而亮、灭	保险箱	a. 清洁完好 b. 有使用说明书
客用物品	a. 客用物品的品种数量符合规定 b. 质量符合要求 c. 摆放符合规定	植物花草	a. 清洁无灰尘 b. 无枯枝败叶 c. 盆套整洁完好 d. 定期浇水、施肥、修剪 e. 摆放符合要求

续表2-3

检查的内容	检查的标准	检查的内容	检查的标准
2.卫生间部分 门	a.清洁完好 b.开关灵便,能反锁	墙	a.墙面清洁 b.墙砖完好,无脱落,无裂缝
天花板	a.无灰尘,无斑迹,无水迹 b.完好无损	地面	a.无尘,无迹,无毛发 b.地砖完好 c.下水口清洁无异味
便器	a.内清洁 b.使用正常,不漏水	浴缸	a.内清洁,无污迹,无水迹 b.金属器件清洁明亮、完好 c.下水口清洁,无毛发,水塞完好 d.浴帘清洁完好 e.晾衣绳能正常使用
脸盆及洗脸台	a.清洁完好,无灰尘,无污迹,无水迹 b.金属器件清洁明亮、完好 c.下水口清洁并用水塞好 d.台面清洁整齐	镜子	a.镜框清洁完好 b.镜面清洁明亮,无破裂
灯	清洁完好,灯泡功率符合要求	排风扇	a.清洁完好 b.噪音低
电吹风	a.清洁 b.使用正常	电话机	清洁完好
毛巾架	清洁完好,无松动	客用物品	a.品种、数量符合规定 b.质量符合要求 c.摆放符合要求
3.总体感觉	清扫整理后的客房,给人总体感觉应该是:清洁、卫生、整齐、美观、舒适、安全		

【本章小结】

　　客房是客人在饭店逗留时间最长的地方,也是客人在饭店的私人空间。客人每天在盥洗、休息等消费过程中,与客房内的各种设施用品有充分的接触,所以客房内的清洁卫生既是客人住房安全的要求之一,也是客人衡量饭店质量的重要指标。因此,客房日常清洁卫生工作是客房部管理工作永恒的主题。

客房清洁是客房服务员每日的主要工作内容,而要使清洁工作达到高效率且高品质,客房日常清洁操作规范是很重要的关键因素。客房服务员一定要按照客房清洁流程执行。

【重点概念】
房态 走客房清洁 住客房清洁 计划卫生

练习题

1. 如何参照五星级饭店评定标准配置标准间床上用品?
2. 安全使用吸尘器时应注意什么?
3. 在客房清扫时,常会出现服务员用客用毛巾当抹布现象,为什么? 怎么避免?
4. 中西式铺床需提前准备什么?
5. 住客房与走客房的清扫有什么区别?
6. 在打扫过程中,如何应对宾客突然间的返回?

本章案例

案例一

住在1012房间的两位宾客来自中国香港,原定下午要在房间里约见来自美国的某大公司的副总,因故改到上午进行。那个副总半小时以后就会到达,可是房间里还是乱七八糟的,其中一位年纪大的是公司的营业部经理,他对同房的助手说:"请服务员立刻来整理一下吧。"

这位助手开门出去找服务员,正好看到有辆工作车停靠在1003房间门外,而1003房间的房门正好敞开着,显然服务员正在打扫。助手上前十分斯文地请服务员先打扫1012房间,最后还不忘说了一声"谢谢"。

服务员说:"先生,我们每天打扫房间都必须按规定的顺序进行,先开始打扫1001,然后是1003、1005,先打扫单号,然后再是双号。打扫到1012我估计在11点左右吧。"

"那么能不能临时改变一下顺序,先打扫1012呢?"助手很耐心地问道。

"那不行哦先生,我们主管说一定要按照规范中既定的顺序进行。"服务员面露难色。

问:

1. 你认为服务员按照规范的顺序来打扫房间合适吗?

2. 当宾客提出先打扫某间客房时,该如何处理?

案例二

正值旅游旺季,上海某四星级饭店客房出租率很高,所以服务员清扫房间的任务很重。这天,某实习生正在清扫一间走客房,在铺床的时候发现褥垫上有块污迹,想到还有很多房间需要打扫,于是也就顾不得把褥垫翻转过来,他就把干净的床单往上一铺,包好了事。没有想到这间房间正巧要接待 VIP 宾客。当客房部经理来检查房间时,发现褥垫上有污迹,很生气,说:"不管是什么样的宾客入住这间房间,如果发现床单下铺着有污迹的褥垫,休息都不会安心,这会给饭店带来多么严重的后果,甚至会拒付房费,我们也会失去这位宾客。"随后,经理立即责成楼层领班、主管派人撤换褥垫,要求相关责任人做出深刻检查,并给予处罚。

问:对案例中实习生的处罚是否合理?

第3单元 客房对客服务实训

客房对客服务是饭店服务的重要组成部分,不仅应向客人提供规范、标准的服务,还应为客人提供个性化的服务,以满足客人的各种符合情理的要求,使住店客人完全满意。通过本章实训,要掌握各种服务的程序及注意事项。

3.1 迎送客人服务

迎送服务是客房对客服务的重要环节,是客房员工表示对客人的欢迎和希望其再次光临的诚意的体现,会给住店客人留下深刻印象,因此客房员工应做好客人抵达时的迎客服务和客人离店时的送客服务。

3.1.1　迎客服务

做好客人抵店入住时的迎接工作,能给客人留下良好的第一印象,为客人住店期间的服务工作打下基础。它包括客人到达前的准备和客人到达时的迎接。

3.1.1.1　客人到达前的准备工作

(1)了解客情。在客人到达前,相应楼层的客房服务人员应根据前厅的客情预报,了解有关信息,认真做好各项准备工作。

客房服务员应了解有关预计抵店客人的具体情况,包括客人的姓名、身份、宗教信仰、风俗习惯、健康状况、生活特点、活动日程安排等,以便为客人到达时的迎接和住店后的服务工作做好准备。

(2)楼层服务员在接到前厅接待处或客房中心关于客人进店的电话或通知后,应将客人的房号、进房时间、人数、姓名、性别等记录在"服务员工作日报表"上。

(3)蓄好冷、热饮用水,将热水瓶、冷水壶按房号送入房间。使用电热水壶的客房,应蓄好水并接通电源。使用饮水机的客房,应检查所提供的纯净水是否需要更换并接通饮水机电源。

(4)将客房按饭店规定的标准进行整理和布置。检查有无不妥之处。如果客人对客房的布置有特殊要求,在不影响接待规格条件下应尽可能予以满足。在客人到达前,还应根据气候调节好室温。如果客人预计到店时间较晚(20时以后),可提前将夜床做好。

(5)关好房门,根据客人进店时间到梯口迎候。

3.1.1.2　客人到达时的迎接

(1)客房服务人员一般只在楼层迎接入住客人。

(2)客人出电梯后,服务员应面带微笑,主动问候客人,并做自我介绍。

(3)问清房号,并请客人出示房卡。

(4)若客人无人陪同,服务员还应主动征求客人意见,帮助客人提行李,引领客人进房。对行动不便的客人要主动搀扶。

(5)在引领客人进房时,一般程序如下:

1)在客人左前方或右前方一米处引领客人,途中可与客人适当交谈,介绍饭店服务情况,回答客人的提问。

2)到房门口后,放下行李,用客人钥匙按程序将门打开。

3)打开房门后,退到门边,请客人先进。但如发现客房有不妥之处,应请客人稍等,立即通知前厅接待处,以做调整。

4)征求客人意见将行李放在合适位置。

5)向客人简单介绍房内设施设备及使用方法(如客人面带倦容或第二次入住

则可省去）。

6）告诉客人楼层服务台或客房中心的电话号码。

7）祝客人住得愉快，面向客人轻轻关上房门。

8）回到工作间做好记录。

（6）在进行迎领服务时，还应注意以下事项：

1）设立客房中心的饭店，一般由行李员引领或陪同客人进房，客房服务人员通常只需做好准备工作并协助行李员。

2）如接到通知时，客人已经进房则应敲门征得客人许可后，为客人提供相应的饮用水服务，并向客人简略介绍设施设备，告知联络方法，祝客人住得愉快，再回工作间做好记录即可。客房应增强与其他部门的配合，尽量不要出现客人已进房，客房服务人员还不知道的情况。通常，在客人进行入住登记时，前厅接待处就应电话通知楼层或客房中心。

3）如饭店要求实行"三到"服务（客到、茶到、毛巾到），一定要按要求做好，服务到位。一般说来，饭店都要求为贵宾提供这项服务。

4）如客人旅途疲劳，服务员未及时介绍房内设施设备使用方法，应找适当机会再介绍，以免因客人使用不当造成不必要的损失或意外事故。介绍时，要视新老客人、客人情绪、时间早晚而定，并应简明扼要，易于理解。

3.1.2　送客服务

送客服务主要包括客人退房前的准备、离开楼层时的送别和离开后的检查3个环节。

3.1.2.1　客人退房前的准备

（1）楼层服务员应通过前厅提供的有关报表或电脑了解预离客人房号、姓名、结账和离店时间。有些客人结账后并不立刻离店，而是回房在房内逗留一段时间才离开，这样就需二次查房。

（2）检查账单，了解预离客人费用是否结清，并与前厅收款员及时联系。在客人离店前将洗衣费、饮料费等账单送到，以保证及时收款。

（3）检查客人委托事项是否已办妥，提前将客人送洗的衣服务及委托维修的物品送交客人。

（4）如果客人是次日早晨离店，楼层服务员要问清客人是需要叫醒服务，是否在房内用餐，如客人提出服务要求，应做好记录并与有关部门联系，以保证第二天圆满为客人提供服务。

（5）为客人整理行李提供方便，若客人有要求，可帮助客人整理行李。如团队客人行李较多，则应事先通知大厅服务处，安排行李员给客人送行。

（6）客人临行前，利用进房服务的机会查看客房设备有无损坏、物品有无遗失、饮料有无消耗等。

(7)客人离店前,要主动征求意见,如有投诉,应详细记录,并表示感谢,欢迎客人下次再来。

(8)提醒客人检查自己的行李物品,不要遗留物品在房内。

3.1.2.2　客人离开时的送别工作

(1)按客人要求协助总机提供叫醒服务。

(2)协助行李员搬运客人行李。

(3)主动热情地将客人送到电梯口,代为按下电梯按钮,向客人告别,等电梯门合上后,方可离开。

(4)对无人陪同的老弱病残客人,应有专人护送。

(5)团队客人离店时,要协助行李员在规定时间内把行李集中起来,放到指定地点,清点数量,并会同接待单位核准行李件数以防遗漏。如果几个团队同时离店,则要按团队名称分别摆放、避免出现差错。

3.1.2.3　客人离开后的检查与善后工作

(1)客人离开楼层后,服务员应立即进入客房,仔细检查有无遗留物品,是否消耗或带走酒水、饮料、食品,房内设备物品是否有损坏缺少。如有上述情况应立即通知前厅收款。

在有些饭店里,客人结账退房是由前厅接待或收款员通知客房楼层的,此时,客人一般已离开楼层,在前厅收款处办理结账手续。楼层服务员接到通知后应立即进房检查,并在规定的时间内将发现的问题迅速通知前厅收款员以免造成逃账或漏账。

(2)查房特殊情况处理。

1)前厅收款通知某房结账,服务员需尽快查房,如发现客人仍在房内并挂"请勿打扰"牌,服务员不能进房打扰客人,应将此情况及时通知前厅收款员,并注意该房情况,等客人出来后及时查房。若该房虽挂"请勿打扰"牌,但客人不在房内,则应通知大堂副理和领班,挂电话查房,再次确定房内是否有客人,若无,与大堂副理和领班一起开门进房查看,是否客人忘记将"请勿打扰"牌取下,再查房。

2)服务员查房时发现床罩、地毯有烟头烫洞或其他设备物品有损坏或遗失,应保持该区域原状,然后通知大堂副理现场查看并与客人协商赔偿事宜,索赔后客房服务员再进行清扫或报修。

3)客房服务员根据前厅收款的通知查房,而客人说未要求退房,此时服务员应向客人道歉,然后立即退出客房,将此情况通知前厅收款员,核对是否房号出差错,如是,则应找出正确房号,及时查房。

(3)处理客人遗留事项。有些客人因急事需提前离店,会委托服务员替他处理一些遗留事项,如留言给来访客人,给有关单位打电话等。服务员一定要切实地替客人办理好,使对客服务善始善终。

(4)填写"服务员工作日报表"。

3.2 贵宾服务

3.2.1 贵宾的范围

各饭店对贵宾范围规定不一,贵宾大致包括:

(1)国家领导人,外国国家元首、政府首脑等。

(2)对饭店的业务发展有极大帮助或者可能给饭店带来业务者。

(3)知名度很高的政界要人、外交家、艺术家、学者、经济界人士、影视明星、社会名流。

(4)本饭店系统的高级职员。

(5)其他饭店的高级负责人。

(6)饭店董事会高级成员。

3.2.2 贵宾的等级

饭店的贵宾可以分为 A、B、C 三个等级。

(1)A 级:国家领导人,外国国家元首、政府首脑。

(2)B 级:我国及外国的政府部长,世界著名的大公司的董事长、总裁或总经理,省、直辖市、自治区负责人。

(3)C 级:贵宾范围中除以上两个等级外。

3.2.3 贵宾的服务规格标准

3.2.3.1 A 级

(1)迎送。总经理和部分服务员在大厅门口列队迎送。

(2)客房物品配备。除配备常规用品外,另增配:①摆放与房间格调协调的工艺品;②写字台上或会客室茶几上放一盆插花(盆景),卫生间云台面上放一瓶插花;③每天放一篮四色水果并提供相关的用具、用品和四种小点心;④总经理亲笔签名的欢迎信和名片;⑤每天放两种以上的报纸(外宾房放英文版的《中国日报》);⑥做夜床时赠送一份精致的工艺品。

(3)餐饮:①客人抵店的第一餐,由总经理引领客人进餐厅;②使用专门的小餐厅;③每餐开出专用菜单,交有关方面审查;④专人服务;⑤专人烹制。

(4)保安:①事先留好停车位;②饭店四周警卫和巡视;③设专用通道和客梯。

3.2.3.2 B 级

(1)迎送。总经理、大堂副理、礼宾员等人员在大门口迎送。

（2）房间物品配备。除配备常规物品外,另增配:①写字台上或会客室茶几上放一盆插花(盆景),卫生间云台面上放一瓶插花;②总经理亲笔签名的欢迎信和名片;③每天放一篮两色水果并提供相关的用具、用品和两种小点心;④每天放两种以上报纸(外宾房放英文版的《中国日报》);⑤做夜床时赠送一份饭店特制的纪念品。

（3）餐饮:①客人抵店后的第一餐,由总经理或副总经理引领客人进餐厅;使用专门小餐厅;③每餐开出专用菜单;④专人服务。

（4）保安。事先留好停车位。

3.2.3.3　C级

（1）迎送。总经理或副总经理或大堂副理在大门口迎送。

（2）房间物品配备。除配备常规物品外,另增配:①写字台上或会客室茶几上放一盆插花(盆景),卫生间云台面上放一瓶插花;②每天放一篮两色水果并提供相关的用具、用品和两种小点心;③总经理签名的欢迎信和名片;④每天提供两种或一种报纸(外宾房放英文版的《中国日报》);⑤做夜床时赠送一枝鲜花或一块巧克力。

（3）餐饮。根据具体情况而定。

3.2.3.4　贵宾服务的基本要求

（1）饭店各部门主要服务人员能用客人的姓氏尊称问候和称呼客人。

（2）如客人初次住店应先直接进房,住宿登记由大堂副理交陪同人员填写或放进客房房间,由客人自己填写后,由大堂副理收回交总台。如客人是多次住店,该客人的住宿登记直接由总台人员根据客史档案填写好。

（3）客人出房,清扫员要立即整理干净房间。

（4）除商场外,其余营业场所的消费实行一次性消费。

（5）客人住店期间,如有可能,总经理或副总经理等应登门拜访,客人离店时主动征求客人意见。

（6）做好客史档案。

3.2.3.5　贵宾接待服务程序与标准

（1）贵宾抵店前的准备工作。

1）楼层服务员对贵宾房进行大清扫(完成各项计划卫生),保证整齐、清洁。

2）检查房内各种设备和设施,确保完好、有效(避免遗漏花洒、晾衣盒、风筒、保险箱、电热水壶、电视效果)。

3）按贵宾等级布置要求,向领班领齐各种物品。

4）房间布置完毕,按照领班、楼层主管、客房部经理、大堂副理的顺序进行严格检查,发现问题,立即纠正。

5）楼层服务员再次进房巡视一遍并抹尘、吸尘,确保万无一失。

（2）贵宾到店的迎接工作。

1）接到贵宾到店通知后，服务员在梯口迎接客人。

2）见到客人应面带微笑，使用礼貌用语，以姓氏加头衔称呼客人并主动问好："××先生/小姐（女士），您好，欢迎您光临。"

3）国内饭店一般对贵宾提供"五到"服务，即客到、微笑到、敬语到、茶到、毛巾到。①服务员将事先按接待要求准备好的毛巾、茶水（或饮料）用托盘送进客人的房间；②按照先上毛巾后上茶的顺序进行服务；③上毛巾时，使用毛巾筐或服务夹，注意保证毛巾的香度、湿度、温度和柔软度符合质量标准要求；④敬茶时，把茶杯放在茶碟上，茶杯与茶碟之间垫有带店标的纸垫，茶杯把摆在客人的右手边，伸出右手做一个请客人用茶的手势，并轻声说："请用茶。"（图3-1）

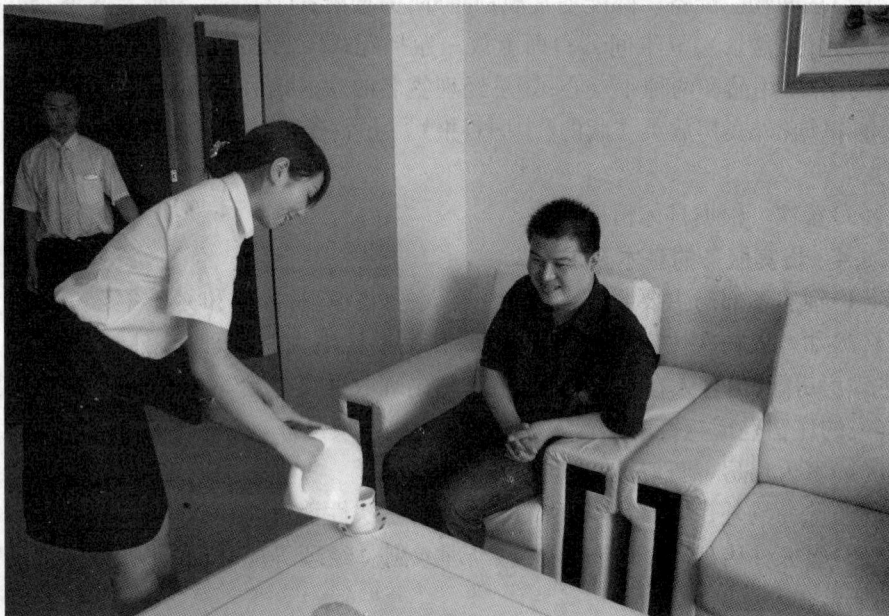

图3-1　敬茶

4）客房服务员服务完毕，面带微笑向客人说："如果在住店期间有什么服务需求，请拨打客房中心电话'××'，我们很愿意为您效劳，希望您在这里居住愉快，再见。"然后后退一步，转身离开，走到房门前转身面向客人，轻轻把房门带上。

（3）贵宾住店的服务工作。

1）贵宾入住后，应尽量了解贵宾在店期间的时间安排，根据客人习俗、活动特点及特殊要求，随时注意为客人提供各种有针对性的服务，当客人外出时，要及时对客房进行小整理。

2）进房开夜床时，根据入住人数为客人放置巧克力，并多配一条地巾放置床头

柜前,把拖鞋按要求摆在上面。(图 3-2)

图 3-2　房间水果、鲜花

(3)留心贵宾的喜好,做好记录并及时将有关信息传递到总台,以便完善客史档案。

(4)贵宾离店的结束工作。

1)接到客人离店通知后,应立即到电梯口等候,为客人按电梯,电梯到达楼层时,请客人进入电梯,电梯关上三分之一时,向客人道别:"祝您旅途愉快,欢迎您再次光临"。

2)道别客人后,应及时回房检查帮助领班做好各种物品的回收与检查工作。

3.3　访客服务

3.3.1　访客来临时,客人在房内

(1)当访客来临时,客房服务员首先应礼貌地询问访客姓名、有无与住店客人预约及预约房号等,并办理访客登记手续。

(2)请访客稍候,电话与住客联络,征得住客同意后,方能将住客房号告知访客或带访客去住客房间,不得未经住客同意随意将住客的房号、姓名告诉来访者。

(3)征得住客同意后,引领来访客人至住客房门前,敲门通报,待住客引访客进入房间后离开。

(4)若住客拒绝见访客,应礼貌地表达住客之意,委婉地告知访客或请其留言。若访客无理纠缠,可通知上级管理人员或安全部,以切实保障住客安全。

3.3.2 访客来临时,住客不在房内

(1)询问有无预约,查看有无住客留言或留条,若有,核对"留言单"上有关事项,确认后按住店客人的留言处理。如住客外出,交代来访客人可在其房内等候,服务员应按客人吩咐做;若无留言,则请客人至大厅等候,当住客返回时,通知客人。为了住店客人的安全,服务员不得私自为访客开门。

(2)若访客不愿或来不及等候住客回来,可请其留言,并填写留言单,住客回房时,转交住客。若在房内等候的访客要走且要带走房内物品,服务员应及时上前询问,并视情况处理,做好记录。

(3)住客不在,访客带有客房间钥匙并要进入客房取物品,服务员应礼貌地了解访客对住客资料的掌握程度,如姓名、国籍、性别、公司名称、与住客关系、入住日期等;按规定办理访客登记手续;然后陪同访客到客房取物品;访客走后,应及时将取走物品做好记录;住客回店后,及时向住客说明。若要取走客人贵重物品,尚须出示住客的授权书,否则,予以婉言拒绝。

(4)住客不在,如果访客带有住客签名的便条但无房间钥匙要进入客房取物品。服务员应将便条拿到总台核对签名;核对无误后,办理访客登记手续;陪同访客到客房取便条上所标明的物品,并做好记录;住客回店后向其说明。

3.3.3 茶水服务

为了体现我们"宾至如归"的服务宗旨,使客人享受到物有所值的服务,对每一位入住之贵宾,在行李员或接待员把客人引进房间后,服务员应向他们了解客人姓名、性别、住客数量等,立即准备热茶及当天报纸一同送入房间。

3.3.3.1 欢迎茶之准备工作

(1)在接到贵宾入住通知时间之前,准备好托盘、茶壶及茶杯,并清洁干净及准备好毛巾。

(2)事先放好茶包在茶壶内,并准备好开水。

(3)在贵宾入住进入房间后,马上沏好茶连同杯盘一起送入房间。

3.3.3.2 服务程序

(1)进入房间时须用手轻敲门,并说"××先生,服务员,我可以进来吗?"如果客人说"请进",方可进入。

(2)进入房间后,先主动跟客人打招呼"欢迎光临",然后把茶盘放在所规定之位置,报纸放写字台上,并为客人斟茶。(图3-3)

(3)同时介绍自己的名字及身份,并询问客人有没有其他事情可以效劳,如客人的答复是"没有",服务员应说:"如有任何事情可以为你效劳,请随时吩咐,多谢!"

（4）退出房间，因客人可能长途跋涉，旅行辛苦，需要休息，故切忌与客人有冗长的倾谈。

（5）如果门口亮有"请勿打扰"牌灯则不能敲门。

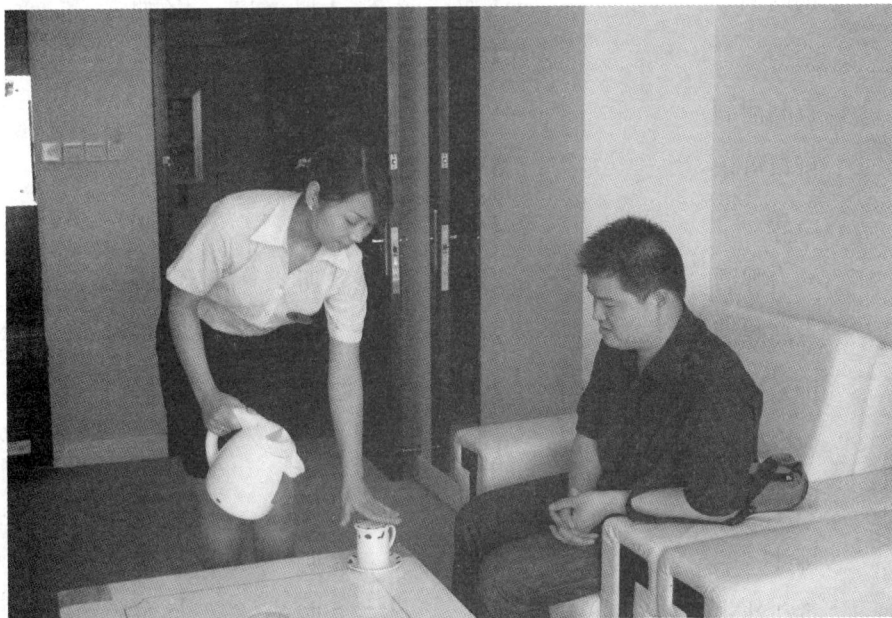

图 3-3　敬茶

3.5　小酒吧服务

为了提高饭店服务水准，方便客人需求，每个房间均附有迷你酒吧，提供一系列小型瓶装的饮品（包括烈酒、啤酒、汽水和一些佐饮小食品）。这个迷你酒吧是以自助形式提供服务的，故此是不收取服务费的，只是根据账单上所列价目收费。

3.5.1　小酒吧物品的配备

（1）饮料及佐酒食品的配备：

	标准房间	行政楼层	套房
薛尼诗白兰地	1 瓶	1 瓶	2 瓶
人头马白兰地	1 瓶	1 瓶	2 瓶
黑方威士忌	1 瓶	1 瓶	2 瓶

杰克丹尼	1瓶	1瓶	2瓶
伏特加	1瓶	1瓶	2瓶
朗姆酒	1瓶	1瓶	2瓶
金酒	1瓶	1瓶	2瓶
百利甜酒	1瓶	1瓶	2瓶
可口可乐	2听	2听	2听
雪碧	2听	2听	2听
喜力啤酒	2听	2听	2听
青岛啤酒	2听	2听	2听
伊云矿泉水	2瓶	2瓶	2瓶
屈臣氏纯净水	1瓶	2瓶	2瓶
橙汁	2听	2听	2听
椰汁	2听	2听	2听
番茄汁	2听	2听	2听
什果仁	2袋	2袋	2袋
巧克力	1块	1块	2块
杯面	1碗	1碗	2碗
扑克牌	2副	2副	2副

（2）服务用具与用品的配备：提供与酒水、饮料配套的酒杯、水杯、开瓶器、调酒棒、纸巾等用具用品，由客人自由取用。

（3）账单的配备：为了便于管理，吧台上还应放置账单，账单多为无碳复写纸，一式三联，第一联和第二联送总台收银处，其中一联作为记账结账凭证，另一联在结账时交给客人；第三联供客房部申领和统计用。账单上面注明各项饮料食品的储存数量和单价，请客人每次消费后填写耗用数量并签名。

所有酒水及小食品必须符合饭店及卫生防疫部门的要求及标准，使用时间在保质期以内，如有过期立即收回做报废处理，不得放进房间。所有房间酒水应每天检查，冰箱温度控制在中度位置上，避免因温度过低而冻坏酒水。为节约成本，避免损耗，所有酒水应于到期一月前收出房间，另作处理（如供酒吧或宴会使用）

3.5.2　客房小酒吧的报账程序

为了统一客房服务员检查迷你酒吧及正确的报单入账,避免跑单,给酒水造成损失,规范工作步骤,明确责任范围,提高工作效率及服务水平,客房小酒吧的报账程序一般按如下程序进行。

3.5.2.1　住客房

(1)当清洁房间或晚间开床时,应检查房间迷你吧,在酒水单上记录客人所消耗的品种及数量,计算出金额,填写房号、日期及服务员姓名。

(2)将以上酒水单交于楼层主管,送大堂接待员。

(3)白班应于下午3点前,中班应于晚9点前完成报单手续。

(4)所交于前台之酒水单经核对客人姓名,房号无误后由前台接待员签名或盖印入账。

(5)所入账之酒单留第三联以作为补充及提货的凭证。

3.5.2.2　离店房

(1)当接到电话通知,客人在前台等候结账时,或在楼层上看到客人离店时,立即检查该房间酒水。

(2)将所检查之结果(客人所消耗之酒水品种及数量)电话通知前台。

(3)报告时应按如下顺序:房号、消耗品种、数量、自己名字。

(4)报酒水时应注意,是否之前已报过而未及时补充之情况,以避免报重。

(5)将报单程序及前台员工名字记录在自己工作本上。

(6)随通知楼层主管,去前台取回酒水单之底联并注意是否有已入账的签名。

(7)前台接到报告后应立即按报告程序填写酒水单。

(8)将第三联按规定时间交办公室作为补充及提货的凭证。

(9)如果客人未消耗任何酒水,应及时电话通知前台员工以免让客人等候时间过长。

(10)查迷你吧的时间应在5分钟以内完成,如因服务员原因(查报酒水时间过长)影响入账,其损失应由查酒水者赔偿。

(11)如因楼层服务员检查时间过长造成跑账,则由责任人负责赔偿,赔偿金额以成本价计算。

3.5.2.3　要点提示

在检查房间酒水时应特别注意以下几点:

(1)房间内所有酒水及小食品的品牌是否与饭店所补充的一样。

(2)对于每个品种应亲手逐个检查,以防遗漏。

(3)烈性洋酒瓶盖封圈是否脱落或分离。

(4)凡开启包装瓶或包装袋,不管内部食物或饮料是否饮用,一律视为客人消费,登记入账。

(5)对于房内迷你酒吧品种及数量,多出部分为客人私人所有,不得收走或移动。

3.5.3 客房小酒吧服务程序与标准

3.5.3.1 楼层负责饮料补充

(1)客房服务员在每天上午清扫房间卫生时,清点冰箱内的各种饮料。(走客房在客人离房后要迅速进入房间,检查冰箱内酒水饮料情况,如有饮用,及时通知收银处)

(2)查阅客人填写的饮料单,检查数量是否相符,核对冰箱内的酒水饮料时要认真,最好逐一核对,要特别注意瓶盖封口和罐装饮料底部,防止客人"偷龙转凤"。

(3)核对无误后,将饮料单送到客房服务中心或酒水中心,通过电脑对其记账(也有的饭店将饮料单直接送到收银处记账)。开过账单后,用过的杯子等用品应及时撤换,随时放上新账单。

(4)添加冰箱内的饮料,领取的各种酒水饮料要检查外包装有无问题,并将其擦干净后再送入客房。

(5)冰箱内的酒水饮料少了,但客人讲没有饮用,这种情况时有发生。如有这种情况应及时向上级汇报。

3.5.3.2 专人负责饮料补充

(1)每天在指定时间内由领班统计,填写楼层饮料日报表,并根据楼层饮料消耗情况及时补领。

(2)有些饭店设专职酒水员,专职负责客房酒水,即负责饮料的检查、送单、领取、补充、报损等工作。

3.5.3.3 要点提示

(1)房内小酒吧的酒水数量要按规定进行配备。

(2)向客人收取饮料费用时,要注意场合,会客时不要收取。

(3)因特殊情况,小酒吧物品不能及时补充的,要做好交接班。

(4)服务员在检查房间小酒吧饮用情况时,应特别留意瓶盖封口。

(5)客人离店的房间应及时检查,出租的客房每日定时检查,及时补充。

(6)如客人填单有误,应注明检查时间,待客人回房时主动向客人说明并更正。

(7)领取和补充小酒吧的酒水和食品时,要注意检查酒水的质量和饮料的有效期限。

(8)冰箱内酒水饮料要定期检查有效期,严禁出售过期产品,如过期,应立即更换。(图3-4~图3-6)

图 3-4　酒水

图 3-5　酒水

图 3-6　酒水饮料

3.6　夜床服务

夜床服务是对客房进行的晚间寝前清洁整理,又称"做夜床"或"晚间服务"。夜床服务是一种充满了亲情和关爱的服务。它的服务意义在于:体现对客人的高规格的礼仪接待;清扫房间使客人感到整洁舒适;方便客人休息睡眠;例行的安全检查,以确保客房、客人、设备的安全无恙。

夜床服务的最佳时间是晚上 6 点至 8 点。因为这时客人大多外出不在房间,既不打扰客人,又方便服务员工作。有的饭店为尊重客人个人的意愿,设置了"夜床服务卡",待客人提出要求后,再进房整理和服务。

3.6.1　开夜床程序

(1)进入房间,按照"怎样进入一间客房"的程序去做。

(2)把钥匙牌插入节能开关,依次打开所有灯,检查有无坏的灯泡。

(3)轻轻拉动窗帘绳将厚帘及纱帘关闭,注意中间接口处不可留有缝隙。

(4)把床盖叠好放入行李柜内,若床上放了很多客人用品,则不要开床以免客人误会。

(5)若床已被客人用过须更换床单或按规定换床单。

(6)用手握床边的小三角位将羽绒被拉开至床的中央,将已拉开羽绒被折回

使之形成正三角形。(图 3-7)

图 3-7　开夜床

(7)将客人睡衣叠好放在枕头上。(图 3-8)

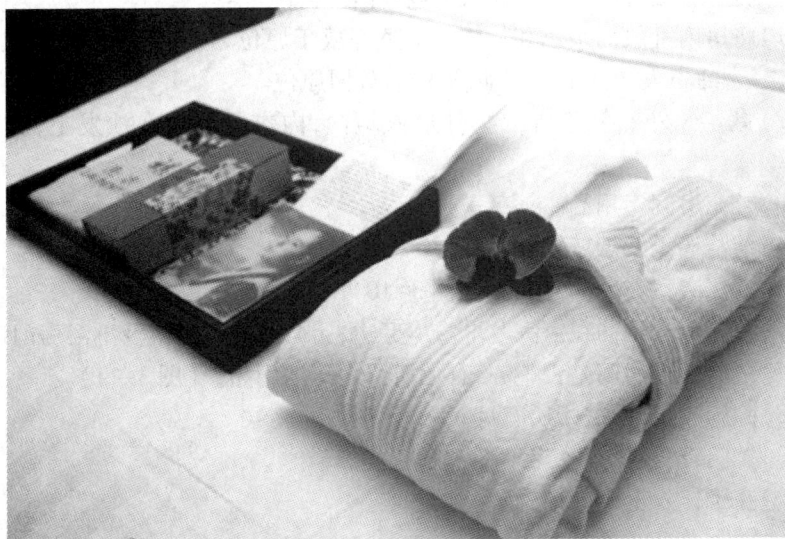

图 3-8　做夜床

(8)将晚安牌放在床上三角位置。(图3-9)

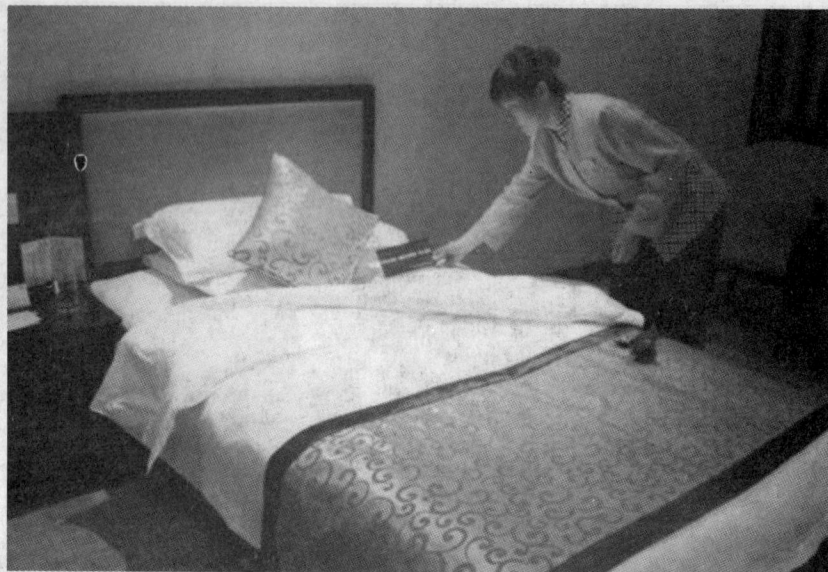

图3-9　做夜床

(9)将房内所有垃圾收集到垃圾箱内,倒入工作车垃圾袋内,留意垃圾内有无客人误放的物品,并清洁垃圾筒。

(10)将客人用过的杯子及烟灰缸放在浴室待洗。

(11)将房内乱放的杂志和物体收集整齐放于原位,客人未离店不得收走任何旧报纸,客人的私人文件不宜移动,清洁后放回原位。

(12)将客人外衣领带等衣物挂进衣柜内,内衣置好放在沙发上,鞋子摆放整齐。

(13)补充房间客用品。

(14)清洁杯子及烟灰缸。

(15)清洁浴室,补充客用品。(图3-10)

(16)将脚巾分别铺在浴缸及淋浴房旁边,店徽正对着浴缸及淋浴房门口。

(17)最后回顾房间是否整齐,有无遗留之清洁用品。(图3-11)

(18)除床头灯外,关闭所有灯。

(19)关门,离开房间。

(20)在工作表上做好记录。

图 3-10　浴室

图 3-11　做夜床

3.6.2　检查开床服务

为了保证晚间开床服务的准确进行,使之标准统一,楼层主管应每天仔细逐个检查房间开床情况,确保服务水平。

3.6.2.1　房间

（1）从门口进入房间，查看房间的 DND 灯和 MAKE UP ROOM 灯的情况。

（2）检查壁柜里的浴袍是否按要求摆放。

（3）床罩应按标准折叠放在行李柜里。

（4）窗帘要完全关闭，不可留有缝隙。

（5）检查电视机，要求能正常工作。

（6）酒吧柜台面要干净，电热水壶灌满水并能正常工作，杯盘干净。

（7）酒吧冰箱正常工作，温度适中，各种酒水齐全并摆放整齐。

（8）要保证咖啡桌干净，烟缸和火柴要按正确的位置放在桌上。

（9）检查写字台要干净，客用品按要求摆放在活页夹内。

（10）所有垃圾桶内要无垃圾，桶身内外要清洁。

（11）检查开床是否整齐，并在床头放上"祝君晚安"牌和"早餐"牌。

（12）所有灯光应关闭，只保留床头灯和门厅灯。

（13）空调温度调至20℃，风速处于低档位置。

3.6.2.2　浴室

（1）浴室地面要干净无水迹，脚巾放在浴缸前，店徽方向向里。

（2）浴缸里要干净无水迹，水龙头开关正常无水渍，肥皂在肥皂碟上，浴巾整齐地摆在毛巾架上。

（3）淋浴间墙壁地面干净无水渍，水龙头开关正常无水渍，肥皂在肥皂碟上。

（4）确保电话干净及工作正常。

（5）检查马桶是否干净及冲水正常，卫生纸架要干净、光亮，卫生纸要充足。

（6）检查镜子四周，要保证干净无尘，特别是底部无水渍。

（7）云石台面和面盆要干净无水迹，客用品摆在盘子中，面巾折叠整齐放在洗手盆旁。（图3-12）

（8）确保烟缸、火柴和漱口杯干净，清洁摆放在台面上，杯盖店徽居中向外。

（9）检查面巾纸的盖子是否干净无指纹，面巾纸的架子要清洁，并保持一定的纸张用量。

（10）中巾整齐、清洁地挂在毛巾架上，店徽居中向外。

（11）垃圾桶要干净且无水迹，垃圾袋摆放正确。

图 3-12 清洁合格的洗手间

3.7 加床、擦鞋、洗衣、租借物品服务

3.7.1 加床服务

3.7.1.1 加床的规定

(1)饭店客房加床的业务由接待处负责,控制、安排加床数量,每张加床费一律为房价的20%。

(2)客人办理入住登记时,如果要求加床,接待员应在其入住登记表上注明加床数量,同时在登记表及欢迎卡上注明加床费用。

(3)如果客人入住登记之后再提出加床要求,接待员应该与客人确认加床费用,再发出"接待处通知书",由前台收银处相应地更改房租,并为客人更换欢迎卡,证明已交加床费用。

(4)接待员在确认某房间需要加床后,应将加床标记输入客人入住资料,并立即发出"加床通知单"一式四份,总机、前台收银处、接待处各一份,最后一份由管家部文员签收后送回接待处存档。

(5)如果接到客人要求取消加床或接到管家部通知某房间取消加床的信息时,接待员应发出"接待处通知书",到管家部和前台收银处注明取消加床、住店客人姓名及更改房租,同时电脑中的客人资料亦要由接待处及收银处作相应更改。

(6)夜班接待员负责每晚与管家部核对制作的"加床服务表"并制作"加床统计表"存档,另送一份到管家部。

3.7.1.2 加床服务

（1）房务中心接到前台通知加床，做好记录并通知楼层服务员。

（2）楼层服务员将加床与配套毛毯、枕头、床单、床褥和一套客用物品，推至需加床的房门一侧，按规范入房。

（3）若宾客在房，须征得宾客同意后进房，然后按宾客要求放置加床及客用品。

（4）宾客无要求，按规定程序将床铺好。

（5）面向宾客与其礼貌道别并离房关上门。

（6）通知客房服务中心加床完毕。（图3-13）

图3-13 加床

3.7.2 擦鞋服务

当客人长途跋涉，尤其是在雨雪天气抵达饭店之时，或者将去参加重要的仪式、活动之前，往往需要擦鞋服务。因此，为了方便客人，体现我们服务的周到，四、五星级饭店应为住客提供擦鞋服务，其方法如下：

（1）在客房壁橱内通常放置标有房号的鞋篮和鞋样，鞋样上写明进行擦鞋服务的方法以及联络电话，同时在房内的"服务指南"中告知客人。也有的饭店使用专用的擦鞋袋，袋上注明房号。（图3-14）

图 3-14　擦鞋服务卡

（2）服务员接到客人要求提供擦鞋服务的电话或在房内看到客人有此要求后，均应及时收取，收取时在纸条上写好房号放入鞋内，或用粉笔在鞋底上写上房号，防止弄混客人的鞋。

（3）将鞋放置于工作间或客房服务中心待擦。

（4）擦鞋前，在地面铺上报纸或报废的床单，防止尘土或鞋油将地面弄脏，并备好合适的鞋油及擦鞋工具。

（5）按规范擦鞋，要擦净、擦亮。特别注意鞋底和鞋口边沿要擦净，不能有鞋油，以免弄脏地毯和客人的袜子。不知如何处理的鞋面，勿硬擦，若鞋有破损，应提示客人。

（6）一般在半小时后两小时内，应将擦好的鞋送入客人房内，放在饭店规定的地方。如壁橱内、床前或沙发前。应注意避免将鞋送错房间，对于电话要求或提出特别时间要求的客人通常急于用鞋，应及时或按时将鞋送回。

饭店提供擦鞋服务的根本宗旨是方便客人。因此，有的饭店从客房布局设计上便有所考虑，如在客房内靠走廊的墙面设一个内外相通的鞋箱，客人只要将需擦的鞋放在鞋箱里，服务员就可以通过走廊一侧的小门将鞋子拿去擦干净，而后再放回原处。这一做法无疑使擦鞋服务更有效率而且不会打扰客人,不失为一种比较好的举措。

3.7.3 洗衣服务

3.7.3.1 收取客衣(图3-15)

(1)客房内均配有洗衣袋及洗衣单。

(2)客人需洗衣时可用电话通知或将要洗的衣物装入洗衣袋内并挂在门锁上,服务员发现后应及时收取。

(3)客房服务员每天在规定的时间进房检查时,应留意房内有无客人要洗的衣物,如有,应及时收取。

图3-15 洗衣袋

3.7.3.2 送洗客衣

(1)认真核对。登记客衣前,按照客人填写的洗衣单上的各种衣物认真分类、清点、核实,确保准确无误。

(2)认真检查。清点客衣时,将衣服倒出,对照洗衣单上的内容进行清点,清点时要注明衣物的颜色等明显特征及件数。

1)服务员应检查衣物是否有质量问题。检查衣物是否有损坏,纽扣有无松动或脱落现象,有无污渍、褪色或布质不易洗涤等问题,尤其女宾的高级服装更应注意,以免洗后和客人发生不必要的纠纷。

服务员在清点过程中若发现衣物有质量问题,如果客人不在房间,一般的衣物可以在洗衣单上注明,待客人回房后再向客人讲明,但高档服装必须征求客人的意见后再根据客人的意见办理。

2）服务员应检查衣物口袋内是否有钱和物。很多客人喜欢在外衣的内口袋里装钱、护照、机票及信用卡等物品，所以应留意检查衣服兜是否已清空，没清空的物品要及时返还客人。如客人不在房间，则要交给领班，专人负责保管，并写清钱、物的数量、名称及房号。交还客人时应向客人讲明情况，并请客人当面核实签收。

（3）认真登记。登记客衣时，要把房号、件数、客人对洗衣服务的要求等填写清楚、准确。其具体要求如下。

1）房号要写准。服务员在登记时要看清客人洗衣单上的房间号；客人送出客衣时，要问明客人的房号并及时与洗衣单上的房号核对；填写洗衣单时，房号的数字要写清楚，不要连写或草写；客人填写的洗衣单，如果房号不清，不要猜测，可与洗衣袋上的房号核对。

2）件数要写准。如果洗衣袋为透明度较差的厚布洗衣袋，当客衣取出后，服务员应检查袋内是否留有小件衣物；服务员在登记、清点时要逐份进行，不要把几份客衣同时交叉登记、清点，以免混乱；登记时要注明"双""件"等数量词；客衣如附带其他小件物品，要在洗衣单上注明颜色、形状、数量。

3）客人的要求要写准。客人有特殊要求的，应按规定做好标记。

3.7.3.3　认真做好客衣的分送

（1）接收客衣。

1）认真清点当日洗衣房送交的已洗好客衣的总份数、件数是否准确。

2）检查客衣账单上的房号是否是本楼层的。

3）客房服务员在签收时，要注意洗衣单上的数量与客衣总份数是否一致。

4）服务员如发现客衣有短缺、损坏的现象，应当面向洗衣房人员提出，商定处理方案。

5）如洗好的客衣包装不符合要求，服务员要向洗衣部人员提出，并予以改装。

6）烫好的客衣要挂在衣架上，不要折叠摆放。

7）检查衣服的各种装饰品是否齐全。

（2）分送客衣。

1）18:00 前服务员将客衣送至客人房间，快洗的衣物应在 4 小时内送还。

2）按楼层房号，准确无误地送还客衣。

3）对于"请勿打扰"房及双锁房的客人，客房服务员不可打扰，要把客衣交给客房服务中心服务员，从门下放入"衣服已洗好"的说明卡，并注意记下客人房号。

4）送衣车内的客衣包按楼层和房号顺序摆放整齐，服务员将挂件有序地挂到车上。（图 3-16）

图 3-16　送衣车

5）按房号把客衣送入房间，需用衣架挂起的衣服放进壁橱里，装包的客衣放在桌上或床上，服务员再次核对送进的衣物是否与房号相符，以及件数是否正确。（图 3-17）

6）若客人在房间，服务员应主动问候客人，并说明来意，向客人讲明衣物的件数、金额，并请客人当面检查质量、核对数量，礼貌地与客人道别。

7）送完客衣后，应填写"客衣送衣记录表"，以备核查。

图 3-17　送衣

3.7.4 租借物品服务

四、五星级饭店客房内所提供的物品通常能够满足住店客人的基本需求,但因一些特殊原因客人有时会需要饭店提供一些特殊的物品,如熨斗、熨板、婴儿车、婴儿床、床板、冷热水袋、体温计、变压器、接线板、电动剃须刀,甚至碎纸机等(图3-18)。饭店应备有此类物品,以及时提供租借物品服务满足客人的需求。此类服务一般是应客人要求提供的,其方法通常如下。

(1)为方便客人,在客房内的服务指南中应注明客房部可提供此项服务,并告知客人服务的方式和联络的方法。

(2)客人可通过电话或向客房服务员提出租借物品要求。

(3)客房服务员应仔细询问客人租借物品的名称、要求,以及租借的时间,如何时要,需用多长时间等。

(4)应在放下电话后,以最快的速度(5分钟内)或准时在与客人约定的时间将物品准备好送到客人房间。有些五星级饭店要求在送租借物品进房时须使用托盘,以显示其规格。

(5)请客人在租借物品登记表上签名。租借物品登记表上应注明有关租借物品的注意事项,如请客人在使用完毕后尽快通知服务人员前来收回,以方便其他客人的租借使用,还应告知客人若损坏或将物品遗失须照价赔偿等。但应注意措辞,勿让客人产生误解或有不礼貌的感觉。

(6)过了借用时限或其他客人希望借用时,客人仍未归还物品,客房服务员可主动询问客人,但应注意礼貌和询问方式。

(7)客房服务员在交接班时,应将租借物品服务情况列为交接班内容,说明客人租借物品情况,以便下一班次的服务人员继续服务。

(8)客人归还物品时,客房服务员应做好详细记录,并在交班时,说明已收回。

(9)客人离店时,应特别检查客人有无租用物品及有未归还等。若有,应礼貌地提醒客人归还,注意语言表达方式,不可引起客人的误解。总之,租借物品服务一方面应尽量能满足客人的合理需求,另一方面应保证其及时收回,以给所有的客人都能提供及时的服务,而且及时收回亦可防止这些租借物品的流失,进而影响服务。

图 3-18　碎纸机

【本章小结】

客房服务直接关系着客人对饭店的评价,是饭店服务质量的重要体现。本章详细介绍了客房部对客服务的操作程序。在实训中每一种对客服务都需要学生们反复训练,并认真体会服务的过程,尤其是注意在实训中的服务细节的处理。

【重点概念】

VIP 客人　访客接待　小酒吧服务　开夜床

练习题

1.遇有客人忘带钥匙,服务员在为其打开房门前注意哪些事项?

2.访客接待需要注意的事项有哪些?

3.区别单人房和标准房开夜床的不同之处。

4.VIP 房间布置的特殊要求是什么?

5.怎样做好擦鞋服务?

6.宾客将冰箱内的一听饮料饮用完以后,自己又购回一听同品种,但包装不同的饮料放在冰箱内,如果你是客房服务员,应该如何处理?

7.客房小酒吧的饮料食品即将到期时怎么办?

本章案例

案例一

斐济国总统访华,在他访问其他几个城市后来到上海下榻锦江饭店。这位身材高大的总统有一双出奇的大脚,在前面几个城市还没有穿到一双合脚的拖鞋。此刻,当他走进锦江饭店的总统套房,一双特大号拖鞋端端正正摆在床前,总统穿上一试,刚好合脚。很令他满意,问:"你们怎么知道我脚的尺寸的?"服务员回答:"得知您将来上海下榻我们锦江,我们特地定做了这双拖鞋,您看可以吗?"当总统离开时,这双鞋也被带走了。

案例二

某市领导入住饭店,为了方便领导入住,饭店特别免去了登记手续,领导直接入住了房间。10 分钟后,这位领导要往北京打一电话,于是按照电话上的提示先拨"8",然后再拨区号和电话,可是连试几次都打不通,于是拨打了总机询问。发现因为前台没有客人的登记记录,电脑系统没有开通长话。因此在接待此类客人时,应注意虽然免去了登记手续,但是一定要询问清楚客人入住的要求并及时与各环节沟通。

案例三

在南京某四星级饭店的客房内,均配有小冰柜,里面备有供应给客人的酒水饮料及盒装巧克力。一天,某房间的客人离店,服务员去查房。她打开冰柜,看了看酒水数量,又看看巧克力盒没有动过,就向总台报告了客人消费的酒水数。客人离店了,领班前来查房,发现冰柜里的巧克力只是个外包装盒,里面是空的。原来客人把巧克力吃掉了,仍然把巧克力空盒好好地摆在冰柜里,把服务员给骗了。

案例四

晚上 7:15,总台收到住在 818 房间客人要结账的通知,说他第二天的时间非常紧,担心会误了飞往上海的航班。因此希望收银处明天早点把他的账单打出让服务员送到他房间来,他看后就可以直接付款了,以便他利用这段时间收拾行李,节约时间。

第二天早上 8:30,服务员把打出的账单送到了 818 房间。客人一看,发现有 80 元的费用出自他房间的小冰箱里的饮品,而那个小冰箱他压根儿就没打开过。

他跟服务员说这个账单有误,服务员微笑地请求客人跟她一起到收银处去核查。到了收银处,客人把账单指给收银员看。收银员回答说:"请稍等,先生,我去找我的主管。"几分钟后,她同另一位女士一起赶到了收银台,那位女士自我介绍说是值班主管,并问客人有什么事。显然刚才那位收银员并没有把情况向她讲清楚,客人回答说:"我的账单有误。"于是那位主管和收银员一起仔细地审查起账单。几分钟过去了,来结账的客人越来越多,并且有些客人开始不耐烦起来。她们俩经过一番小声嘀咕以后,主管对客人说:"对不起,请稍等,我去办公室把当值经理找来。"还没等客人开口,她俩就走开了。又过了三四分钟,值班经理出来了,她也很有礼貌:"您确定没使用过小冰箱?我们很少出现这方面的失误。"此时客人又急又恼。主管让收银员从账单上扣掉80元,并感谢客人光临本饭店,随即转身走了。

第4单元 公共区域工作实训

　　做好公共区域的清洁卫生工作是客房部工作的重要组成部分。除了住客之外，由于许多客人在饭店期间的活动范围仅限于公共区域，公共区域的卫生状况会给他们留下深刻的影响，成为他们评判饭店服务质量高低的标准。通过本章的实训学习，使学生认识了解PA工作时所需用的设备、器具和清洁剂，能够会使用最常用的清洁设备。掌握主要PA工作程序和工作标准。

4.1 公共区域清洁保养工作

饭店的公共区域,英文为 public area,简称 PA,所以饭店把公共区域又称为 PA 区(图 4-1)。凡是公众共同享有的活动区域,都可以称为公共区域。饭店公共区域分为饭店外部公共区域和饭店内部公共区域两个部分,饭店外部公共区域包括广场、停车场、花园、前后门、外墙、车道等。饭店内部公共区域又可分为前台区域和后台区域,前台区域是客人活动的场所,如大厅、酒吧、餐厅、客用洗手间等;后台区域是饭店员工工作和生活的地方,包括员工餐厅、更衣室、活动室、宿舍等。

4.1.1 公共区域清洁保养工作概述

在一些现代化的饭店,客房部除了承担客房区域的清洁卫生工作外,还承担了饭店公共区域的公共卫生的清洁整理工作,这样做的好处在于能够统一调配清洁卫生的力量和设备工具,使清洁卫生工作走上专业化,提高劳动效率和清洁卫生质量。

由于公共区域的面积大,人员分散,不利于控制与监督,因此,公共区域的清洁卫生工作,要根据所管辖的区域和范围以及规定的卫生项目与标准,划片定岗,实行岗位责任制,使员工明确自己的责任与质量标准。管理人员应加强巡视检查,进行监督。

做好公共区域的清洁卫生工作是客房部工作的重要组成部分。除了住客之外,由于许多客人在饭店期间的活动范围仅限于公共区域,公共区域的卫生状况会给他们留下深刻的影响,成为他们评判饭店服务质量高低的标准,因此,公共区域卫生质量的好坏,直接关系到饭店的整体形象,影响到饭店的声誉,客房部管理人员应给予高度的重视。

4.1.2 公共区域清洁保养工作的特点

相对于其他部门或岗位来说,公共区域的清洁保养工作具有以下特点:

4.1.2.1 地位重要,反映饭店的整体形象

公共区域是客人流动量大、活动频繁的地方,公共区域的卫生质量,反映了饭店卫生质量的水准,客人也将其作为衡量整个饭店的标准,公共区域的卫生状况会给饭店客人留下深刻的第一印象。有人称大厅的卫生是饭店的脸面,也有人说公共洗手间是饭店的"名片",这都充分说明了公共区域清洁保养对饭店声誉的重大影响。

4.1.2.2 任务繁杂,管理难度大

公共区域面积大范围广,清洁保养项目繁多,清洁方法和技术要求差别大;公共区域客流量大,清洁环境不易保持,清洁次数频繁,时间不固定;清扫员工作地点分散;清洁保养质量不易控制。因此要求公共区域服务员要具有较高的质量意识

和工作自觉性,管理人员要加大巡视和督促,才能保证公共区域的卫生质量。

4.1.2.3 环境多变,工作条件差

和客房部其他岗位相比,公共区域的工作条件和工作环境比较艰苦,比如,负责车场和饭店周围卫生的服务员,无论是炎热夏季,还是寒冷的冬天,都在室外工作,还要尽职尽责。特别是人员分散,给管理工作带来难度。不少服务员思想不稳定,工作不安心,根据这种情况,管理人员既要严格管理,保证服务质量,又要关心体贴,调动他们的工作积极性,使他们热爱并做好公共区域的清洁保养工作。

4.1.2.4 专业性强,技术含量高

公共区域清洁项目繁多性质各异,清洁要求差别很大,使用的清洁剂、清洁工具完全不同。如:大理石的打蜡和木质地板的打蜡,前者使用水性蜡而后者使用油性蜡,使用不当会给大理石或木质地板造成损坏。公共区域的工作人员需要掌握所使用清洁剂、清洁工具的性能、使用方法及工具的保养与维修,具有较高的专业技术性。饭店应对工作人员进行应有的培训与考核。

4.1.3 公共区域清洁保养工作业务范围

公共区域所辖区域广泛,清洁卫生保养业务的主要范围是:
(1)负责饭店室内、室外各部分公共区域的清洁保养工作;
(2)负责饭店所有排污、排水等管道系统的清疏和垃圾的清理工作;
(3)负责饭店的卫生防疫、喷药"杀害"工作;
(4)负责饭店的吊灯、窗户、墙体、玻璃幕墙的清洁保养工作;
(5)负责饭店的绿化布置和苗木的保养繁殖工作。

图 4-1 公共区域

4.2　认识清洁剂与清洁器具

　　饭店为了保持自己的服务水准,在日常清洁卫生工作中,需要经常使用清洁剂。使用清洁剂不仅要把清洁对象清洁干净,同时还应注意到不损坏被清洁对象并使其光亮如初。需要注意的是,清洁剂和被清洁对象可能都会有较复杂的化学成分和性能,使用清洁剂不慎,会造成严重后果,因此,应学会正确使用清洁剂并掌握使用方法,更应注意加强对清洁剂的管理工作,以免造成不必要的损失。

4.2.1　饭店常用清洁剂的种类和用途

4.2.1.1　酸性清洁剂(1<pH<6)

　　因酸具有一定的杀菌除臭功能,所以其主要用于卫生间的清洁;酸能中和尿碱等顽固斑垢,因此一些强酸清洁剂可用于清洁卫生。酸通常具有腐蚀性,所以使用前要特别留意说明书,最好先做小面积试用,而且在用量、使用方法上都需特别留意。

　　酸性清洁剂的品种有很多,功能也略有差异。饭店常见的酸性清洁剂有:

　　(1)恭桶清洁剂(1<pH<5)。有特殊的洗涤除臭和杀菌作用,主要用于清洁卫生间用具。使用时应先按说明书稀释,且注意必须倒在清水中,不能直接倒在被清洁物表面,刷洗后须用清水冲净。

　　(2)消毒剂(5<pH<9)。可作为卫生间的消毒剂,又可用于消毒杯具,但一定要用清水漂净。(图4-2)

4.2.1.2　中性清洁剂(6<pH<8)

　　中性清洁剂配方温和,对物品腐蚀和损伤很少,有时还可起到清洗和保护被清洁物品的作用,因此在日常清洁卫生中被广泛运用(图4-3)。中性清洁剂的缺点是无法或很难去除积聚严重的污垢。现在饭店广泛使用的中性清洁剂主要有:

图4-2　清洁剂　　　　　　　　　　　　图4-3　中性清洁剂

（1）多功能清洁剂（7<pH<8）。由于性质温和,对物体表面很少有损伤且可起到防止家具生霉的功效。因此宜用于日常卫生。

（2）洗地毯剂。这是一种专门用于洗涤地毯的中性清洁剂,因含泡沫稳定剂的量有区别,可分为高泡和低泡两种。低泡一般用于湿洗地毯,高泡用于干洗地毯。

4.2.1.3　碱性清洁剂（8<pH<14）

碱性清洁剂对于清除油脂类脏垢和酸性污垢有较好效果（图4-4）。但在使用前应稀释,用后应用清水漂净,否则时间长了会损坏被清洁物品的表面。饭店中常用的碱性清洁剂主要有:

（1）玻璃清洁剂（7<pH<10）。有桶装和高压喷罐装两种。前者类似多功能清洁剂,主要功能是除污斑。正确的使用方法是装在喷壶内对准脏迹喷一下,然后立即用干布擦拭即光亮如新。后者可去除油垢,用后留有芳香味,且会在玻璃表面留下透明保护膜,方便以后的清洁工作。

（2）家具蜡（8<pH<9）。在每天的客房清扫中,服务员只是用抹布对家具进行除尘,家具表面的油污等不能除去。因此应定期使用家具蜡。家具蜡具有清洁和上光双重功能,既可去除家具表面动物性和植物性油污,又可形成透明保护膜,防静电、防霉。使用方法是倒适量家具蜡在干布或家具表面上,擦拭一遍;15分钟后再用同样方法擦拭一遍,通常两次擦拭之后效果较好。

（3）起蜡水（10<pH<14）。用于需要再次打蜡的大理石和花岗石等石质地面,起蜡水碱性强,可将陈蜡及脏垢浮起而达到去蜡功效。使用时应注意需反复漂清地面后才能再次上蜡。

4.2.1.4　上光剂（图4-5）

（1）擦铜水（省铜剂）。擦铜水主要用于清洁光亮铜制品。

（2）金属上光剂。主要用于纯金属制品,可起到除锈除污上光的功效。

图 4-4　碱性清洁剂　　　　　图 4-5　上光剂

（3）地面蜡。一般呈碱性,有封蜡和面蜡之分。封蜡主要用于第一层底蜡,内含填充物,可堵塞地面表层的细孔,起光滑作用;面蜡主要是打磨上光,增加地面光洁度和反光强度,使地面更为美观。地面蜡有水基和油基两种,水基蜡一般用于大理石等石质地面;油基蜡常用于木板地面,使用时,两者不能弄错。

4.2.1.5 溶剂类

溶剂为挥发性液体,主要用于去除怕水的被清洁物上的污渍。

（1）地毯除渍剂。用于清除地毯上的果汁、油脂等特殊污渍。

（2）静电水。用于浸泡尘推,增强其吸附灰尘的能力。

（3）空气清洁剂。空气清洁剂一般为高压罐装,具有杀菌、去异味、芳香空气的作用。

（4）杀虫剂,指喷罐装高效杀虫剂。使用时,只需将杀虫剂均匀喷洒于虫类经过或藏匿的地方,或直接射向目标,然后将房间密闭片刻,即可杀死蚊、蝇和蟑螂等爬虫和飞虫。

（5）酒精(无水乙醇)。这里指的是药用酒精,主要用于电话的消毒。

4.2.2 清洁剂的使用与控制

为了有效地使用清洁剂,充分发挥其效能,减少浪费,提高清洁保养工作的安全性,应对饭店常用清洁剂进行严格的管理与控制。在使用过程中,应注意以下几点:

（1）一般清洁剂皆为浓缩液,使用前必须严格按照使用说明进行稀释。若清洁剂溶液浓度过高,既浪费清洁剂,又对被清洁物有一定的损伤作用;浓度过低,则达不到清洁效果,不能符合星级饭店的卫生要求,影响饭店服务质量。

（2）不能使用粉状清洁剂。因粉状清洁剂多由非常细小的颗粒组成,对被清洁物表面尤其是卫生洁具表面有一种摩擦作用,会损伤物体的表层。同时粉状清洁剂在溶解过程中易于沉淀,往往也难以达到最佳的清洁效果。

（3）应根据被清洁物不同的化学性质、用途及卫生要求选择合适的清洁剂,达到清洁保养的要求。

（4）清洁剂在首次使用前,应先在小范围内进行试用,效果好的方可在大范围内使用。

（5）应做好清洁剂的分配控制工作,减少不必要的浪费。

（6）高压罐装清洁剂、挥发溶剂清洁剂以及强酸、强碱清洁剂在使用中都应特别注意安全问题。前两者属易燃易爆物品,后者对人体肌肤易造成伤害。在日常工作中服务员应掌握正确的使用方法,配备并使用相应的防护工具,严禁在工作区域吸烟等。

（7）因为任何清洁剂一次使用过多都会对被清洁物产生不同程度的副作用,

甚至是损伤,因此,不能养成平日不清洁,万不得已时再用大量清洁剂清洗的坏习惯。这种方法既费时费力,效果也不好,不要指望清洁剂对任何陈年脏垢都非常有用。

(8)饭店应根据资金状况选择合适的清洁剂。

(9)各饭店选择清洁剂时还应考虑到环保要求,尽量选择对环境污染较小的清洁剂,如无磷清洁剂等。

4.2.3 常用的器具种类

4.2.3.1 一般清洁器具

包括手工操作和不需要电动机驱动的清洁设备和工具,主要有:

(1)扫帚。主要用于清扫饭店室外或后台区域的地面。

(2)畚箕。用于撮起集中的垃圾,然后再倒入垃圾容器的清洁工具,如在前台公共区域清扫时,最好使用提合式畚箕,较为美观和方便。

(3)拖把。也称水拖把。饭店中所用的拖把有圆头型和扁平型两种,主要用于清洁干燥平滑地面,其尺寸可大可小,主要取决于使用的场所和部位。拖把头均应可以拆卸,以便换洗。使用过后要洗净晾干,挂放起来,以防霉、防滋生细菌。与拖把配套使用的器具主要有挤水器(拧拖布器)、地拖桶和地拖车。

(4)挤水器。其作用是拧干拖布,通常有滚轴式、下压式和边压式三种,其中以下压式较好。滚轴式容易损伤棉质拖布的纤维,所以较少使用。

(5)地拖桶。一般由金属、不锈钢或塑料制成。地拖桶可分为两个部分:一部分用于存放清洁剂,另一部分存放冲洗拖布用水。

(6)地拖车。由清洁桶、挤水器和车架组合而成,有单桶式和双桶式。通常挤水器可架在清洁桶沿上,清洁桶则安装在带有轮子的车上,也可将轮子直接安装于桶底。清洁桶内壁往往有定量刻度标志,以便配制清洁剂溶液时使用。

(7)尘推。亦称万向地推,主要用于光滑地面的清洁保养。一个尘推架可以配备多个尘推头,尘推头应根据所使用地面的情况选用相应的规格。

(8)抹布。抹布是清洁家具设备及其他物品表面卫生的主要用具。据清洁用途的不同,抹布应制成不同的尺寸,并选用不同质地和颜色的布料。如客房除尘和清洁卫生间的抹布应分开,清洁不同卫生洁具的抹布也应严格加以区别;擦拭玻璃、镜子不能用毛巾类的抹布,应用平纹布;擦拭电视机屏幕应选择柔软的干布如绒布等,这样既可防止抹布的交叉使用,又便于操作和提高清洁质量。

(9)玻璃清洁器。擦玻璃是服务员清洁卫生工作中比较费时费力的一项,使用玻璃清洁器则可提高工效,而且安全可靠、简便易行。玻璃清洁器主要由长杆、T形手柄橡皮刮、刷子和其他配件构成。

(10)油灰刀。用于去除黏固在地面上或其他地方的口香糖胶等难以清洁的污垢。

(11)房务工作车。房务工作车是客房服务员清扫客房时用来运载物品的工具车,多为三层,其大小应以能够存放一名服务员一天所负责打扫的客房全部所需用品和有关工具为宜。房务工作车上需配布草袋,用于存放替换下来的布草;配垃圾箱或垃圾袋,用于存放清理出的垃圾,以节省工作中送取用品的时间,从而减轻劳动强度,提高工作效率。通常安装两只定向轮、两只万向轮,便于转向移动。为防止房务工作车行进时碰伤墙纸、门面等,房务工作车底部应有泡沫或采取其他防撞措施。另外,当房务工作车停在客房门口时,也可以成为"正在清扫房间"的标志。

4.2.3.2 吸尘设备

饭店的吸尘设备主要是指吸尘器。吸尘器全称为电动真空吸尘器,它的应用范围很广,包括地板、家具、帘帐、垫套和地毯等,吸尘器不但可以吸除其他清洁工具难以清除的灰且不会使灰尘扩散和飞扬,清洁程度和效果都比较理想。吸尘器是饭店日常清扫中不可缺少的清洁工具。

饭店中常用的吸尘器有:直立式、筒式、混合式、干湿两用式和背式等。

(1)直立式吸尘器。直立式吸尘器是利用装在吸嘴内的电动旋转震动刷,将地毯的绒毛拨开,使深藏其中的尘土、污垢、砂粒等从绒毛中松脱出来,然后再把它吸走,吸尘效果较好。另外,用直立式吸尘器吸尘,使用者不用弯腰曲背,非常方便。但直立式吸尘器的吸嘴通常较为高阔,在清洁"矮脚"家具底下或楼梯部分时,不如筒式吸尘器。

(2)筒式吸尘器。筒式吸尘器是完全靠吸力去完成工作的。由于没有电动旋转刷的辅助,清理地毯的效力不如直立式吸尘器显著,适合于清理不太脏的地毯。但通常备有一些特别的配件,用于清理地板、家具、帘帐、织物垫套等,效果不错。

(3)混合式吸尘器。混合式吸尘器在外形方面与筒式大致相同,多采用圆筒形的设计,这类吸尘器在构造上集合了筒式和直立式的优点,除了具有强劲的吸引力,还备有电动的震动清洁刷,可随时装上备用。因此,在清洁效能方面,可以同时发挥二者的长处。

(4)干湿两用式吸尘器。既有储水桶,又有积尘袋,可根据需要灵活转换。以用来吸尘、清理地板、家具和帘帐,或用于吸水或在潮湿的表面上使用。

(5)背式吸尘器。为方便登高吸尘或楼梯吸尘,可选用背式吸尘器,它通常体积小、重量轻,既可接电源,也可配蓄电池使用。

4.2.3.3 洗地设备

它主要指饭店进行地面清洁保养工作的清洁设备。

(1)洗地毯机。洗地毯机的种类很多(图4-6)最常用的有:

1)喷汽抽吸式洗地毯机。这种洗地毯机在操作时中喷液、擦地吸水同步进行,洗涤力特别强,去污效果也好。但操作起来较笨重,而且对地毯破坏性较大,所以不宜多用。

2)干泡洗地毯机。干泡洗地毯机有滚刷式和转刷式两种。操作比较简便,对不脏的地毯和纯羊毛地毯清洗效果较佳,对地毯损伤较小。

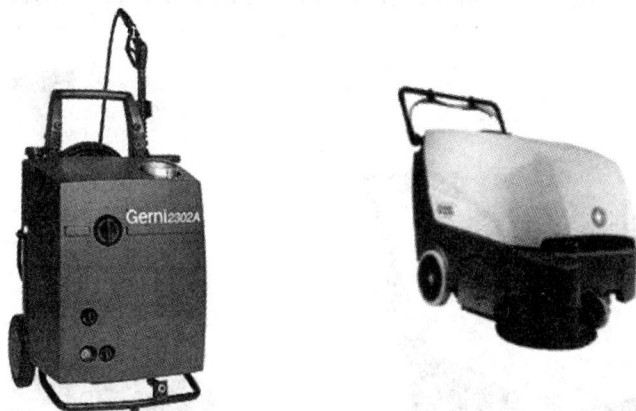

图4-6 洗地毯机

(2)吸水机(图4-7)。吸水机除吸水功能外,还可与洗地毯机配套使用,能彻底抽除地毯根部顽固的残渣和污水,达到彻底清洁地毯的效果。

(3)吹风机(图4-8)。可缩短地毯及其他地面清洗后的干燥时间,达到使地面快速干燥的目的。

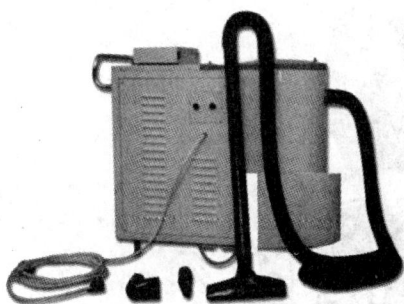

图4-7 吸水机

图4-8 吹风机

(4)洗地机(图4-9)。洗地机又称擦地吸水机,具有擦洗机和吸水机的功能和长处。这种洗地机装有双电动机,可集喷、擦、吸于一身,将擦洗地面的工作一步完成,适用于饭店的大厅、走廊、停车场等大面积的地方,是提高饭店清洁卫生质量必不可少的工具之一。

（5）打蜡机（图4-10）。打蜡机有单刷、双刷及三刷机，流行最广的是单刷机。单刷机按速度分又有四种：低速机、中速机、高速机和超高速机。通常，洗地时，要求转速较低，底刷（刷盘）较硬；打蜡抛光时，要求转速高，底刷（刷盘）应细软。因此，前两种较适合于洗擦地板用，后两种多用于打蜡及喷磨工作。为节约资金及储存空间，也有些饭店选用多用途的打蜡机，可调速，但这种机器对保养维护要求较高。

图4-9 洗地机

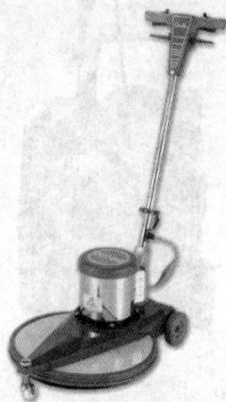

图4-10 打蜡机

（6）高压喷水机（图4-11）。一般有冷、热水两种设计，可用于垃圾房、外墙、停车场、游泳池等处的冲洗。附有加热器的喷水机水温可高达沸点，故更适用于清除有油污的场所。

图4-11 高压喷水机

4.3　公共区域清洁保养的准备工作

做好充分的准备是保证公共区域清洁保养质量的基础和前提。

4.3.1　安排好清洁保养时间

公共区域是客人活动频繁的场所,在进行清洁保养前,应根据客人活动的时间规律,安排好不同区域的清洁保养时间,原则上不能影响客人的正常活动。日常清洁可在营业时或客人活动的间隙进行,而彻底的清洁保养则应在营业结束后或基本无客人活动时进行。

4.3.2　领取工作钥匙和有关的工作报表

清扫前,服务员应先到领班处领取某些公共区域如餐厅、酒吧、商场、康乐场所、行政办公室等处的工作钥匙和有关的工作报表,同时应听取领班对当天工作任务的安排和要求。

4.3.3　准备好清洁剂和清洁器具

(1)清扫公共区域前,先根据不同的清洁区域和清扫任务,准备好相应的清洁设备和各种清洁工具。

1)清洁高处,应准备好梯子等清洁工具,使用前先检查是否完好,有无损坏。

2)清洁地面,应准备好吸尘器、洗地毯机、打蜡机、拖把、尘推等。清洁器具应保持干净,完好无故障。若发现机器设备有漏电等异常现象,不得使用并应及时报修。

3)清洁其他场所,可根据情况准备好玻璃清洁器、抹布、扫帚、畚箕等。

(2)根据被清洁对象的化学特性及要求,准备好各类清洁剂,并按规定进行稀释。

4.3.4　做好公共区域场地清洁前的准备工作

清扫公共区域前,应根据清洁任务的不同要求,对某些场地做些准备工作。

(1)地毯吸尘前,最好把家具先挪开,等吸完尘再复位,以确保吸尘效果。

(2)清洗地面前,应先把家具等搬开,等清洗完毕地面干燥后(地毯应吸好尘),再把家具等复位。若清洗地毯,应先除去地毯上的污渍;若清洗硬质地面,应先吸尘;硬质地面打蜡前应在场地上放好标志牌,告知客人注意行走安全。

4.4 主要清洁设备的操作与保养

4.4.1 操作和保养吸尘机

在清洗地面时,吸尘机是必不可少的,怎样正确使用它,对我们员工自身的安全和机器延长使用寿命、提高工作效率都有着非常重要的意义。

4.4.1.1 操作程序

(1)检查机器的电线、插头是否破损,防止漏电。

(2)插电源时双手应保持干燥,防止触电,接通电源,打开电源开关。

(3)吸尘时双手扶着吸管,人的身体略弯,吸尘时从里往外。

(4)接通电源,直线拉动电线进行吸尘,一行移至另一行,直到结束为止。

(5)关闭电源,把垃圾箱清洁干净,擦干净机身,放回原位。

4.4.1.2 保养程序

(1)运送机器时应把吸耙翘起进行推或拉行走,不可以拖,防止吸耙跟地面摩擦而损坏。

(2)在尘袋内装满灰尘时,要及时清倒,因为下面是马达,防止发动机烧坏。

(3)用完机器后要把机器清洁干净,特别是尘袋内。

(4)清洁机器时,要将吸耙内部的毛发清洁干净。

(5)拔插头时不要站在远处拉动电线拔插头,这样容易拉断电线。

(6)插(拔)插头时,双手要干,防止触电。

4.4.2 操作和保养高速磨光机

在进行大理石地面的日常保养工作时,高速磨光机起着非常重要的作用,公众区域地面大部分都是大理石地面,因此正确的操作方法和保养方法对我们员工自身安全及延长机器寿命,提高工作效率都是有着非常重要的意义。

4.4.2.1 操作程序

(1)检查电线、插头是否有破损和断裂。

(2)在机器底部装上黄色的垫子,调节好垫子的高度。

(3)接通电源,打开电源开关。

(4)机器的行走路线是竖的直线逐行推拉进行。

(5)机器用完后,关掉电源,移离地面,拔下插头,取下垫子。

(6)垫子用热水及板刷刷干净。

(7)把机器清洁干净,放回原位。

4.4.2.2 保养程序

(1)机器运送以拉、推为主,运送时应以机器的轮子进行,机身不要着地,防止机器与地面摩擦而损坏。

（2）关掉电源开关时要再一次进行检查，防止下次使用时接上电源，机器马上开动。

（3）要定期清洁机器内的尘袋，把垃圾倒掉。

（4）使用机器时电线要离开机身一段距离，防止电线与机器摩擦而发生意外。定期给机器上油。

4.4.3　操作和保养吸水机

在清洗地面时，吸水机是必不可少的，怎样正确使用它，对我们员工自身的安全和机器延长使用寿命、提高工作效率都有着非常重要的意义。

4.4.3.1　操作程序

（1）检查机器的电线、插头是否破损，防止漏电。

（2）插电源时双手应保持干燥，防止触电，接通电源，打开电源开关。

（3）吸水时双手扶着吸管，人的身体略弯，吸水时从里往外。

（4）接通电源，直线拉动电线进行吸水，一行移至另一行，直到结束为止。

（5）关闭电源，把污水箱清洁干净，擦干净机身，放回原位。

4.4.3.2　保养程序

（1）运送机器时应把吸耙翘起进行推或拉行走，不可以拖，防止吸耙跟地面摩擦而损坏。

（2）在污水箱内装满水时，要及时清倒，因水箱下面是马达，防止发动机烧坏。

（3）用完机器后要把机器清洁干净，特别是污水箱内（经常要把浮波架垃圾除去，否则垃圾会将浮波架缠住，影响操作及损坏马达）。

（4）清洁机器时，要将吸耙内部的毛发清洁干净。

（5）拔插头时不要站在远处拉动电线拔插头，这样容易拉断电线。

（6）插（拔）插头时，双手要干，防止触电。

4.5　公共区域的日常清洁工作实训

4.5.1　推尘工作实训程序

（1）从布草房领取干净的尘推头。

（2）将尘推头套在尘推架上。

（3）从左至右开始推尘。

（4）尘推与脚大概呈45度角。

（5）每推尘一次要换个方向。

（6）保持肘部接近身体。

（7）每次推尘的印记要与前一次有重叠部分。

（8）使用手刷和簸箕。

（9）用吸尘器的硬毛刷部分清洁尘推头。

（10）擦干净手柄。

（11）如果尘推头特别脏，送到布草房换个干净的。

（12）不要靠近水面存放，挂在墙上的工具架上，或正面朝下放好。

4.5.2 手工洗墙壁实训程序

（1）墙壁除尘。

（2）用拖把将墙壁从上到下擦拭一遍。

（3）放置"小心地滑"警示牌。

（4）开始工作前放置在工作区域的前面。

（5）准备清洁剂。

（6）在地面上放报废布草接墙上滴下的水。

（7）在榨水车清洁桶里倒入温水。

（8）加入清洁剂（参照稀释）。

（9）在第二个桶里倒入干净的温水。

（10）从上到下开始工作。

（11）使用海绵百洁布清洁墙壁，对重污用硬的那面。

（12）脏了以后换水。

（13）每刷洗一部分，就要清洗一遍。

（14）用抹布蘸清水清洗。

（15）墙壁擦洗完毕。

（16）立即将清洗完毕的墙壁擦干。

（17）用干布擦干。

（18）撤走报废布草。

（19）拖干地面。

（20）清洗海绵。

（21）清洗清洁桶，并擦干。

（22）清洗拖把并存放好。

（23）清洁并擦干净榨水车。

（24）将脏的抹布，拖把头，报废布草送到洗衣房洗。

4.5.3 清洁客人洗手间实训

饭店的客用洗手间地处大堂、各餐饮区域、康乐、办公室等区域，直接面对顾客的场所。因此它的清洁是非常重要的,这也关系到顾客对饭店整体清洁卫生程度满意程度,同样清洁员是否采取正确的清洁程序,也影响到清洁程度及所花费的时间和体力。

(1)准备好清洁洗手间的专用工具:水桶、水舀、胶手套、百洁布、抹布、玻璃清洁剂、快活全能清洁剂、洁厕剂、滴露、马桶刷、清洁指示牌等。

(2)将清洁指示牌放在洗手间门口。

(3)进入洗手间。

1)将清洁用品放在地面上。

2)戴上胶手套。

3)开动洗手盆的热水开关。

4)将皂碟、烟缸放入洗手盆内,用热水加快活全能清洁剂及百洁布清洗。

5)将清洁过的烟缸及皂碟放回洗手盆旁的云石台上。

6)用清水将烟缸、皂碟、出水擎、洗手盆、云石台面清洗,注意活塞下面也要清洁。

7)用干抹布将皂碟、烟缸、镜子、洗手盆及云石台面擦干。

8)将皂碟、烟缸放回原位,把不锈钢开关擦亮。

(4)进入卫生间。

1)先将抽水马桶、小便池内用清水冲洗一遍。

2)将调试好的清洁剂倒入抽水马桶、小便池内。

3)将水箱盖打开,用百洁布擦水箱内壁及水箱盖。

4)用调试好的清洁剂擦洗抽水马桶的盖板、坐板和外壁及底座。

5)用马桶刷洗抽水马桶内壁和出水孔,特别注意出水口的弯口。

6)用清水将抽水马桶的水箱盖和外壁、抽水桶的外壁底座、盖板、坐板等冲洗干净。

7)用调试好的快活全能清洁剂擦洗小便池的外壁。

8)用百洁布擦洗小便池内壁,特别注意出水孔的黄渍,因这是水垢,用百洁布多擦一些时间黄渍是可以去除的。

9)用清水将小便池内外清洁干净。

10)将抽水马桶的水箱、盖板、坐板、底座和小便池的外壁擦干。

11)将工具整理好,放置门外。

12)最后将地面拖干净,环视一下是否遗漏的位置,将清洁指示牌和工具拿进工具房。

4.5.4 清洁客用电梯实训

饭店的电梯是顾客上下楼的主要工具,因而它们的清洁程度关系到饭店的形象和档次,特别是观光梯,因此清洁重要性更是不言而明的,故高标准、有效的、彻底的清洁是必须的,如何能快速、有效、正确地清洁是我们要学习的。

(1)准备好工具:抹布、水桶、玻璃清洁剂、玻璃刮、不锈钢油、吸尘器、松毛机、洁而亮清洁剂、板刷、1.5米铝梯。

(2)将电梯顶棚拆下来,把塑料装饰物全部取下。

(3)将电梯顶上的通风口、顶灯、顶棚用湿布、干布把它们擦干净,特别是一些角落位置、电线也要擦。

(4)将塑料装饰物用湿布擦干净,不锈钢顶棚也用湿抹布、干抹布擦干净。

(5)将塑料装饰物重新装在不锈钢顶棚上。

(6)把装好的顶棚装在电梯上。

(7)电梯内的玻璃、镜子用清洁剂刮干净,不锈钢镜框用干布擦干、擦亮。

(8)电梯内所有的不锈钢用洁而亮清洁剂清洁干净,使用时过水一定要干净。

(9)电梯的里外门打上不锈钢油,方法是将不锈钢油喷在不锈钢上,用力将它擦匀,要快速进行。

(10)电梯的门轨用吸尘器配特别吸管吸干净。

(11)电梯的踏板用板刷、清水刷干净(如特别脏,可使用清洁剂并擦干)。

(12)电梯的地毯用松毛机进行吸尘。

4.5.5 清洁办公室实训

饭店办公室的清洁程度对饭店的管理人员、员工和访客都是非常重要的,清洁的办公室能提高管理人员对工作环境的满意程度也有助于提高工作效率,能给访客以良好的饭店形象,当然也能反映PA员工的工作成效,故坚持高标准的清洁是非常必要的。准备好工具:吸尘器、抹布、小毛巾、水桶、百洁布、垃圾袋、空气清新剂。

(1)敲门进入办公室拉开窗帘。

(2)把桌子上的杯子拿到开水间内用热水、百洁布擦洗干净,并且用小毛巾将杯子擦干。

(3)擦干净茶盘,把干净的杯子放回原位。

(4)进行抹尘,抹尘时应从高到低,从左至右,不要遗漏每一个角落和物体,办公桌上放着的文件不可翻看。

(5)把垃圾桶内的垃圾倒掉,装上干净的垃圾袋。

(6)把开水打满,把水壶外面的水渍擦干净。

(7)进行吸尘,从里到外,边角位置用软管进行吸尘。

(8)喷上空气清新剂,拉上窗帘,环视一下是否有遗漏的地方,然后关门出去。

(9)把清洁工具清洁干净放回原位。

注意:办公室为行政人员办公用地,有许多东西、文件,涉及机密性,PA人员在清洁时,不可随意乱动、乱翻办公室内的任何物件。

4.5.6　清洁烟灰缸

饭店为了方便客人吸烟会在一些宾客休息的地方或者宾客进行入店登记的前厅接待处摆放一些烟缸,同时也能体现饭店的形象、档次及公众区域员工的工作表现,因此,及时清洁烟灰缸是必要的。

4.5.6.1　工作程序实训

(1)将干净的烟灰缸用左手托着,右手拿一块干净的抹布。

(2)将干净的烟灰缸叠在脏的烟灰缸上,同时把烟灰缸拿到自己的身体右侧。

(3)将干净的烟灰缸放在原来的位置。

(4)将脏的烟灰缸拿到洗手间内进行清洁。

1)将烟灰缸内的垃圾倒在垃圾桶内。

2)用热水冲洗干净,如特别脏的可用清洁剂进行清洁,过水干净。

3)左手拿起抹布,将烟灰缸放在上面,右手提起抹布另一端,将烟灰缸擦干。

4)将干净的烟灰缸放在工具箱内,以备下一次更换。

4.5.6.2　落地烟缸清洁程序

(1)准备好干净的鸟石和一个倒有漂白水的水桶、抹布、一个空水桶。

(2)将烟缸内的烟蒂、纸屑等垃圾捡出扔进准备好的空桶内。

(3)将脏的鸟石倒在有漂白水的桶内。

(4)将烟缸擦干净,污渍可用湿布擦去,如擦不掉可用铜油擦(如烟缸是用铜做的)。

(5)装上干净的鸟石。

(6)将落地烟缸内的垃圾筒清洁干净,如垃圾筒可拿出,只要从中把垃圾袋拿出,用湿抹布擦干净垃圾筒的内外,装上新的垃圾袋,放回原位即可;如垃圾筒不可拿出,用火钳把垃圾捡出,用湿抹布将其擦干净。注意在倒垃圾时手不可以直接伸入垃圾桶内,防止手受伤。

(7)将装有鸟石的烟缸放回原位,并把落地烟缸的外表擦干净。

(8)将脏的鸟石用漂白水清洗干净、晾干,以备下次使用。

4.5.7　清洁窗户实训

饭店的窗框是采用茶色的铝窗框,而且窗门的面积甚大,这些窗户每天要吸附很多的灰尘,失去原有的明亮,因此要经常清洁。

(1)准备好专用的清洁工具:水桶、伸缩杆、玻璃涂水器、玻璃刮、玻璃清洁剂、干抹布。

（2）将玻璃清洁剂调水稀释30倍，盛于水桶内。

（3）用涂水器擦干玻璃，高的地方可配伸缩杆进行。

（4）再用玻璃刮将污水刮掉，刮到方法是从右上角开始，刮的左方稍向下倾斜，并保持向玻璃45度角，向下刮，一行行地由右至左清刮，刮完后用干抹布或海绵把窗框上的水渍和污渍抹去。特别脏的玻璃可用玻璃刀铲一遍，再进行清洁，窗框上的漆灰用特别的清洁剂擦，不可用铲刀铲，会损伤电镀层，用完后把涂水器清洗干净，晾干，放回原位。

4.5.8　刮玻璃镜子实训

饭店的公众区域和客房都装有大量的玻璃镜子，既有装饰的作用又有实用的作用。镜子如果脏了或遇水留有痕迹，会失去原有的效果，破坏整体美感，因此要经常清洁玻璃镜子。

（1）准备好专用清洁工具：水桶、涂水器、玻璃刮、玻璃清洁剂、干抹布、伸缩杆。

（2）将玻璃清洁剂调水稀释30倍，盛于水桶内。

（3）把调好的清洁剂涂于玻璃镜面上，高处可配伸缩杆使用。

（4）把污水用玻璃刮刮去，方法是从右上角开始，刮的左方稍向下倾斜，并保持向玻璃45度角，向下刮一行行地由右至左清刮，刮完后用抹布将镜子框上的污渍和水渍抹去。

4.5.9　衣帽间的程序

对客人提供一致的服务，让客人满意。

（1）收集所需物品，根据号码准备存衣牌和衣架。

（2）接收。

1）微笑着跟客人问候：您好，并有眼神的接触。

2）当客人脱掉外套时提供帮助，说：让我来帮你吧。

3）提醒客人保管好贵重物品，"请保管好您的贵重物品"。

（3）领取衣物。

1）给客人相应的存衣牌。

2）这是存衣牌，请您拿好。

3）将外套挂在衣架上后，如必要则用刷子刷一下。

4）请客人出示存衣牌，并要有眼神的接触，"您好，请拿出您的存衣牌"。

5）根据存衣牌的号码找出相应的衣服还给客人。

6）存衣牌和衣架夹在一起，以便下次使用。

7）如果你下班时，客人还在餐厅没走，你可将衣物交接给餐厅经理。

8）确保所有衣物会还给客人。

9）整理和点数所有衣架和存衣牌。

（4）锁门。

4.5.10　大堂的清洁实训

（1）准备。准备吸尘器、抹布、尘推、家具蜡、高速抛光机及抛光盘、垃圾袋、软刷、玻璃刮子、万能清洁剂。

（2）收垃圾。

1）收出垃圾桶的垃圾。

2）将烟灰缸或烟灰筒里的烟头收出，然后用湿布擦干净。

3）将金属部分用干布抛光。

1）抛光金属表面。

2）清洁植物/鲜花容器。

3）用夹子夹出花盆里的烟头。

4）如果护墙板脏了，用吸尘器的毛刷头吸尘。

5）清洁灯罩。

6）用软刷清洁所有灯罩。

7）用潮布清洁所有画框和玻璃。

8）将灯泡擦干净。

9）将桌子和腿擦干净。

10）将接待台的上部和底部用潮布擦干净。

11）用潮布将所有木制品擦干净，如必要，打家具蜡。

12）用潮布将柱子清洁干净，如需要，使用梯子或拖把头。

13）用吸尘器将沙发和椅子垫的缝隙吸干净。

14）擦拭每个服务出口门，包括顶部、闭门器、里外表面。

15）大理石地面边角用潮布擦拭除尘。

16）用清洁剂清洁电话，确保电话机消毒，无尘土、指纹印和异味。

4）清洁客梯区域。

1）清洁电梯内部。

2）将电梯叫下，用潮布清洁天花板。

3）用玻璃水和玻璃刮清洁玻璃。

4）用潮布清洁所有木器表面。

5）用潮布清洁干净地面，注意边角。

6）清洁电梯滑槽，用万能清洁剂、百洁布、抹布和吸尘器。

7）如果需要的话，使用去污粉。

8）用潮布将电梯门里外都擦干净。

4.6 公共区域清洁保养技术实训

4.6.1 地毯的清洁保养

4.6.1.1 清洁地毯实训

清洁地毯可分为二种,一种是干泡式清洁地毯,一种是抽洗式清洁地毯。楼层主要是干泡式清洁地毯,餐厅等地方则采用抽洗式清洁地毯。

(1)实训内容:干泡式清洁地毯。

工具:单擦机、水桶、喷壶、地毯刷、软毛刷、地毯去渍剂、地毯除油喷剂、吸尘器、打泡箱、干泡地毯水。

(2)实训过程。

1)先用吸尘器吸尘(图4-12)或用松毛机吸尘(图4-13)(吸尘器的一种)。

2)清除油溶性污渍。

3)清除水溶性污渍。

4)将打泡箱装在单擦机上,把干泡地毯水调水稀释20—30倍,加入打泡箱内。

5)接上电源,把地毯刷装在单擦机底盘上,要顺方向装。

6)打开泡量擎,等泡沫充满地毯刷后,再开单擦机,然后将清洁的泡沫刷入地毯中。

图4-12 吸尘器

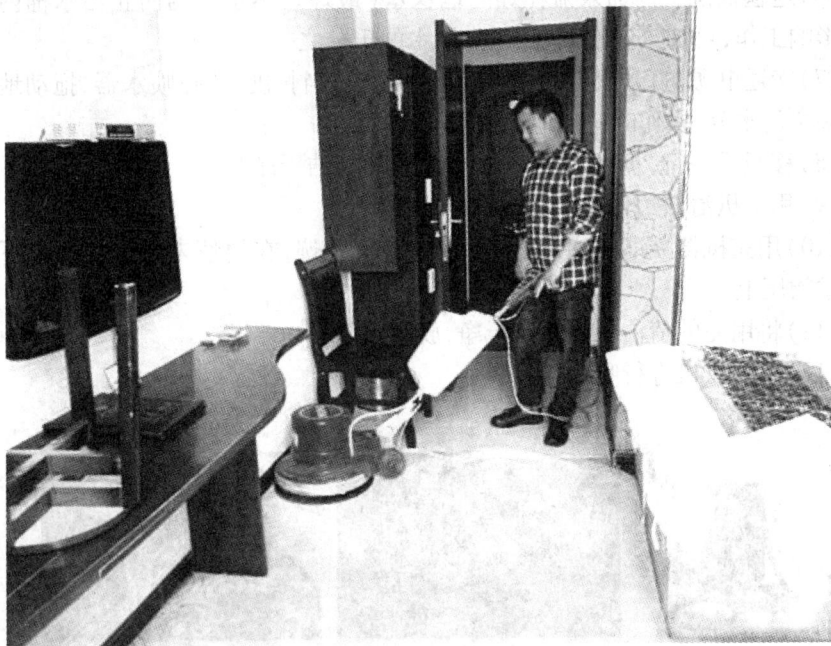

图4-13　松毛机

7)操作时方向是横向,由左至右,移到另一行,从右到左,依次类推。

8)待地毯完全风干后,用湿的抹布刮去地毯边缘绒毛,然后彻底吸除被清来的污物。

9)当机器停下来时立即移离地毯面,以保护地毯,使用时应从里到外清洗,洗完后的地毯在有空调的环境下,约30分钟干透,地毯的污物将被清洁剂溶解后结成为粉状晶体,要用吸尘机吸去,最好使用松毛机,用完的机器要彻底清洁,泡箱内剩余的溶液要倒掉,并擦干,最后将机身擦干净。

平时要注意保养地毯,每天吸尘,每周用松毛机松毛,如有污渍应及时去除。

4.6.1.2　抽洗清洁地毯实训(图4-14)

(1)将专用工具准备好:松毛机、地毯抽洗机、软毛小刷、干抹布、小喷壶、水桶、鼓风机、地毯除渍剂、消泡剂、地毯除油剂。

(2)用松毛机进行彻底吸尘。

(3)除油溶性污渍。

(4)除水溶性污渍。

(5)将地毯除渍剂调5倍的水稀释,加入小喷壶内,均匀地喷在地毯上,有污渍的地方可多喷点,约候10分钟等污渍溶解(如地毯特别脏可用单擦机配软刷磨一遍)。

（6）地毯抽洗机内加入稀释好的地毯水（最好是热水），为防止污水桶内的泡沫而影响工作，可加入消泡剂，分量为用水的千分之一。

（7）接通电源，打开机器，直线拖动地扒至适当长度，关掉喷水器，拖动地扒以吸去多余的水分，操作时避免地毯过湿。

（8）移至另一行，重复上述操作，直至全面清洁干净。

（9）用手扒清洁边位。

（10）用完机器立即移离地面，不然会留下痕迹，在地毯未干透的情况下避免人或重物压上。

（11）将用完的清洁工具清洁干净，放回原位。

（12）用鼓风机进行吸干。

图4-14　抽洗清洁

4.6.1.3　保养地毯实训

地毯给人的感觉是高贵、豪华、美观、舒适，同时还有吸声的作用，东西掉在地上，不易打碎，当人不慎跌倒时，能令伤势减轻，还能吸收地毯上的尘埃、沙砾。因此，饭店内许多地方都铺有地毯，若要保证地毯清洁，保养是很重要的。

（1）日常保养：在保养地毯过程中，吸尘是最重要的，亦是必要的。所以会占大部分的清洁时间，起渍要根据需要而定，通常是吸尘后进行，任何污渍要尽快清除，若时间长久，很难将污渍清除。

1）各区域每天都要进行吸尘，在客人频繁的区域要每天用松毛机进行吸尘，这样能吸去藏在纤维内的沙砾、污尘。

2）每天要即时清除污渍，起渍时要因污渍的不同而选用合适的去渍剂。

（2）去除油溶性污渍。

1）准备好专用工具：软毛小刷、干抹布、小喷壶、地毯除油喷剂、地毯除渍剂。

2）将地毯除油喷剂从外到内喷在污渍上，将污渍包围。

3）用软毛小刷向内轻擦，将污渍去除后，用干抹布吸去污渍。

4）将地毯去渍剂调水5倍稀释，放在小喷壶内。

5）从外至内喷在污渍上，用软毛小刷向内轻擦，将污渍去除后，用干抹布吸干。

（3）去除水溶性污渍。

1）准备好专用工具：软毛小刷、干抹布、小喷壶、地毯除渍剂。

2）将地毯除渍剂调水5倍稀释，放置小喷壶内。

3）将地毯去渍剂从外至内喷在污渍上。

4）用软毛小刷向内轻擦，将污渍去除后，用干抹布吸干。

地毯上有些特别的污渍是用去渍水去除不掉的，要用专门的清洁剂进行除渍，如饮品渍、香口胶等，地毯使用一段时间后，会变脏，失去原有的美观和松软，因此要进行清洁地毯。

4.6.2 木地板打蜡实训

饭店某些区域是用木地板来装饰地面的，它比一般的石材地板容易磨损，颜色也较浅，很容易脏，如清洁不当则会影响其使用寿命和装饰效果，因此要经常对木地板进行清洁保养工作。

实训程序：

（1）准备好专用工具：水桶、拖把、抹布、高速抛光机（图4-15）、鼓风机、木地板蜡、调好的清洁剂、洗地机、涂水器、伸缩杆及垫子。

（2）把调好的清洁剂（中性）注入洗地机，将木地板清洁干净。

（3）地面用热水再拖洗一次，把残留的清洁剂去除，用抹布擦干。

（4）用鼓风机将地面吹干。

（5）把地板蜡倒在木地板上，不要过多，防止蜡干透，用涂水器配伸缩杆把地板蜡逐行均匀地涂在地板上，进行时应从里到外、有秩序地进行。

（6）待整个地面都打上蜡后，再重新打上一层，方法同样。

（7）待地面的蜡干透后，再重新打上一层，方法同样。

（8）整个地板干透需24小时，待地面干透后，用高速抛光机进行打磨。

1）在高速抛光机上装上垫子。

2）接通电源，打开电源开关。

3）把高速抛光机直线地拉行或推行，注意一些拐角等位置也要拉到位，直至整个地板完毕为止。

4）把机器拉离木地板，把垫子取下，用板刷、热水将其清洗干净。

5)把机器擦干净放回原位。

（9）整个地面打磨完后要把地面的一些死角位置用干抹布擦一遍。

（10）将使用后的涂水器用热水清洗干净，其他清洁工具也须清洗干净并放回原位。

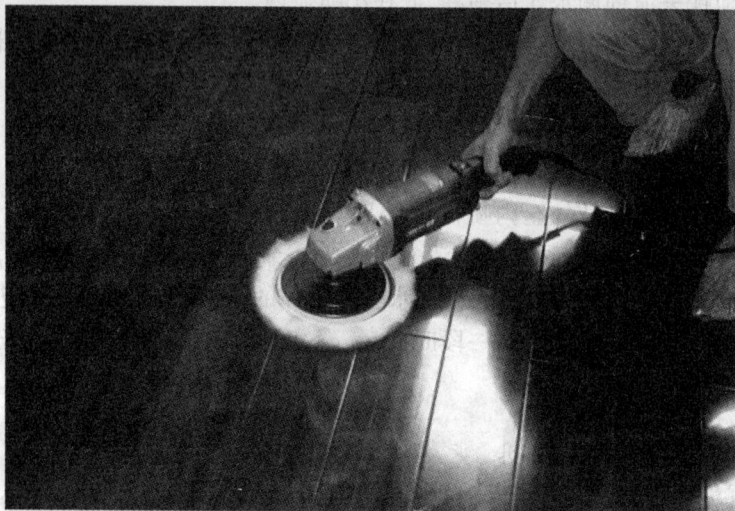

图4-15　抛光机

4.6.3　擦不锈钢和铜制品实训

饭店内外存在着大量不锈钢制品和铜制品，如玻璃门上的不锈钢框、各区域的指示铜牌等，它的清洁度及光亮度会使客人对饭店的卫生状况留下深刻的印象，因此我们每天必须清洁保养。

4.6.3.1　省铜

（1）省铜之工具：干净抹布若干条、塑料桶。

（2）清洁剂：省铜水。

（3）省铜之办法及程序。

1）将需省铜的部分用抹布抹去尘垢及泥沙，这样就避免泥沙磨花铜器。

2）将省铜水均匀倒在抹布上，轻轻擦拭，就是无须省铜的部分也擦拭，原因是铜水需要时间进行化学反应作用，从而将污渍软化，便于除去。

3）等省铜水略干，用另一块干净之抹布在铜器面上按一定方向擦拭。有时一些污渍无法轻易擦去，因为很少化学物品能腐蚀铜，所以需多擦拭几次以去除顽渍，达到省铜之目的。

（4）注意切勿将省铜水滴漏在地上或玻璃上，否则会带来比省铜本身更大量的补救工作,也切勿把省铜水弄在身上,以避免损伤皮肤,因为省铜水是化学药剂,特别注意不要滴在眼睛里。

(5)铜面光洁标准:铜面光洁需无尘,无手印,无污渍,用省铜水擦能光亮照人,且在铜器上无磨花之痕迹。

(6)铜面光洁保持:铜面光洁需要服务员每天去擦,保持饭店所有铜面之光洁,保证饭店卫生质量。

4.6.3.2　擦钢

(1)擦钢之工具:抹布、水桶。

(2)清洁剂:擦钢水。

(3)方法及程序:

1)把擦钢水喷在不锈钢上。

2)在不锈钢上按一定的方向擦抹不锈钢上的手印及污渍,擦不锈钢后能使钢表面光亮滑润,保持钢表面的寿命,擦的时候,应从左到右,从上到下,按顺序逐行擦下来。

3)一般这样的擦钢过程每月1—2次,节省开支,进行周期性保养。

(4)注意:在擦钢水喷在抹布上时,用量适当,避免浪费,同时也不要把擦钢水喷落在地面及其他物品上,这样会使其他物品遭受损坏,也会使人滑倒,造成损伤。擦钢水擦过的钢表面会有一层油质,可为下次擦钢作准备。

4.6.4　大理石、花岗石地面的清洁保养

大理石、花岗石地面的清洁保养程序如下:

4.6.4.1　日常清洁

(1)推尘:

1)用尘推推尘是利用尘推与地面摩擦时产生静电,从而将灰尘吸起,达到除尘的目的。

2)推尘的正确姿势应是握杆的手靠在腹部,尽量保持直线向上抬起,以免灰尘飞扬。

3)拐弯时,尘推应做180度转向,始终保持将尘土往前推。

4)尘土积到一定程度时,应将尘土推至一边,并用吸尘器将其除去。

5)尘推积尘过多应及时更换,以达到较好推尘效果。

6)尘推用好后应拿到工作间及时处理干净,推头向上挂放。

(2)喷磨:(图4-16)

1)对推尘去除不掉的蜡面局部脏迹和一些走动较多的、有磨损印或鞋跟印的地面,喷上蜡后,用单擦机加粗细合适的尼龙百洁刷盘进行喷磨。它可以将落下的面蜡屑带入百洁刷盘内,而且喷磨后,会在地面上留下一层薄薄的新蜡,起到光洁

地面的作用。

2）喷磨时，操作人员先对机器前方地面喷蜡，然后再用机器磨，注意调节好喷嘴，不要将蜡喷得太远，以免机器磨到时，蜡已干了，还需注意不要喷到墙上、家具上，一般喷至离墙、家具 70 厘米左右地方即可。

3）在进行喷磨时，当百洁刷盘沾满脏物时，应及时更换或翻转刷盘。

4）喷磨完成后，用尘推将被磨散的蜡屑和灰尘推走。

5）在工作间对刷盘进行彻底冲洗，若刷盘有重污或已变硬，可将其浸泡在去蜡水溶液中洗涤。洗涤干净后晾干备用。

图 4-16　喷磨

4.6.4.2　定期清洗

当推尘和喷磨无法去除地面的脏迹和磨损或不能使之恢复光滑的状况时，可进行彻底的清洗和打蜡。地面洗涤周期一般应不超过半年到一年，主要视脏的程度而定。

（1）清洗地面前，将所有物件撤离，准备好适用的清洁器具和清洁剂。

（2）推尘，除去地面浮尘。

（3）除去旧蜡：

1）用拖把将起蜡水均匀布于待洗地面。

2）用洗地机擦洗，擦洗后应迅速用吸水机或拖把将起蜡溶液吸走。否则，地上溶液会很快变干且去除难度与重新起蜡一样大。因此，若洗涤面积较大，可分区域起蜡。

3）注意起蜡水不可过量使用，或停留时间过长而使其碱性破坏地面的颜色或溶液渗入使地面受损。

4)旧蜡必须完全去除,可采用侧面对着光线查看的方法进行,若有斑迹,可使用点清洁方式而不必再大面积去蜡,如用钢丝绒擦除墙角边陈蜡。

5)地面旧蜡完全去除后,地面上仍留有一层薄薄的清洁剂,要用清水反复漂洗过清地面后用吸水机或拖把吸走,从而为打蜡提供真正干净的地面。

(4)打蜡、抛光。大理石、花岗石地面所用的封蜡和面蜡应为水基蜡。

1)待地面完全干透再上蜡,否则蜡上会出现水泡印,蜡面光泽不好,容易起皮。

2)用干净的棉拖或专用的落蜡工具将第一层蜡(封蜡)均匀涂于地面。操作中应避免前后动作,以免使蜡起泡,影响蜡面美观。最好使用榨水器,挤榨蜡拖,使蜡面薄而均匀。

3)待蜡层风干 20～30 分钟后,用抛光机轻度打磨,使蜡面平滑牢固。其完全干透需 4 小时。

4)上第二层蜡(通常为面蜡)。必须等第一层蜡完全干透后再上第二层,否则可能使第一层蜡再乳化,轻则使地面色泽暗淡,严重时地面会起泡或变成粉状。

5)上第三层蜡并抛光(面蜡)。通常在第二层蜡干透(需 4～8 小时)后再涂上一层很薄的面蜡。刚上过蜡的地面不宜立即踩踏,最好在上完最后一层面蜡 2 小时后再让人行走,可能的话,最好过 12 小时再进行抛光即可。

6)地面打蜡后要防止水的溅滴和冲洗,日常情况只能用溶剂型清洁剂。

7)全部完成后 24 小时左右,撤除防滑警示牌,家具物件复位。

8)及时检查并清洁各种清洁器具,妥善存放以备用。

大理石及花岗石地面的清洁保养最新工艺是进行晶面处理和石料翻新,晶面处理是使用一种弱酸性的晶面处理剂,与大理石的钙产生化学反应,形成一层晶亮的坚硬的表面层,达到保养效果,可节约大量人力。而石料翻新是一种物理的方式,主要使用翻新机和钻石垫,对被磨损的大理石、花岗石通过磨的方法,使之达到所希望的光洁度和保养效果。

【本章小结】

本章详细介绍了 PA 工作常用的清洁剂和清洁器具,并对最常用的清洁设备的使用和保养进行了详细的介绍,对 PA 各项工作的程序进行了分解。学生在实训过程中按照操作程序有计划有步骤地进行实训,对每个环节和过程详加了解,并能熟练操作。

【重点概念】

清洁剂　清洁设备　抽洗地毯　清洁客用卫生间

练习题

1. 怎么对大理石进行保护?
2. 如何清洁地毯?
3. 如何做好客用卫生间的清洁卫生工作?
4. 饭店常用的清洁剂有哪些种类?
5. 大厅每周清洁保养和每月清洁保养、每季清洁保养有什么不同?
6. 在大堂清洁保养工作中应注意哪些问题?

本章案例

案例一

一天上午10:00,某饭店大厅内热闹非常,有一个20人的团队正在办理入住登记手续,还有五六个客人坐在大厅的休息处聊天。大堂吧内也有很多客人在喝茶。此时,公共区域洗涤工小张和小许推着地面清洁设备来到大厅,小张很快接通电源,开始对地面进行喷磨,小许协助他喷洒清洁蜡。在机器的转动声中,大厅内顿时显得忙乱而嘈杂。小张和小许不断地对正在办手续的团队客人说:"对不起,请让让。"客人们自觉地避让他们。最后,他们推着机器来到大厅休息处,准备对大厅休息区域的地面进行喷磨时,小张在插电源,小许对坐在沙发上的客人非常有"礼貌"地说:"对不起,先生,请您让一让,我们很快就好。"大部分客人站了起来,准备离开休息处。但有一位客人与他们起了争执,他激动地说:"你看客人都给你们吵跑了。"小许和小张回过头环视大厅,才发现刚才还热闹的大厅现在已经变得安静了……

案例二

某饭店的会议大楼内一片繁忙,因为正值"两会"期间,饭店会议楼的1~3层所有的会议室都已租出。由于会议档次较高,全体会议服务人员都一丝不苟地在会场内服务,生怕出现差错。上午10点,会议中途休息时,却发生了一件意想不到的事,一位老先生从二楼的洗手间内被扶出来。原来是洗手间因使用过于频繁,又无人打扫,所以地面非常湿滑,客人刚进洗手间就一脚滑倒在地上,再加上客人年岁已高,受伤不轻,立即被送往医院。事故发生后,会议组织方和饭店进行协调,认为饭店没有提供安全的服务环境，应对此次事故负责。饭店也在事后马上进行调查核实。在调查中发现，当天会议楼安排的三名公卫组服务员却只有两位服务员在岗，因其中一位服务员临时请假，公卫组领班没有增派人手，要求三楼和一楼的服务员兼顾打扫二楼的卫生，但由于会议楼实在太忙，两位服务员顾不上二楼的卫生，因此出现上面的失误。在调查清情况后，饭店认为此次事故的主要责任在于饭店，同意赔偿客人因此而造成的所有损失。

案例三

某公司决定下月将举办为期三天的新产品展示会，办公室赵主任和文员小王一起到一家四星级饭店考察会议场所。两人在饭店公关部经理的陪同下参观了饭店会议室。会议室的布局、设施设备以及面积都符合会议的要求。公关部经理觉得这次合作的可能性很大。但是赵主任一行在会议室待了一会儿，总觉得有不对劲儿的地方，原来是会议室内不时散发出轻微的霉味。后来发现，怪味来自软墙面，再仔细一看，金色的软墙面上出现一点点黑色霉斑。赵主任对饭店公关部经理说："谢谢你们带我们参观，我们会认真考虑合作的。"事后，赵主任联系去另一家同等级的饭店举办了这一次新产品展示会。

第5单元 洗衣房工作实训

通过本章的实训使学生们了解饭店洗衣房的运作程序,知道布草房的服务过程,熟悉洗衣房各类机器设备和洗涤剂,掌握干洗、湿洗、熨烫等主要工作环节,掌握餐厅布草、客房布草以及员工制服的领取过程。

5.1 洗衣房概述

洗衣房是负责饭店布草用品、员工制服和客人衣物洗涤与整理的一个工作部门。洗衣房通过一定的技术手段,以追加劳动的形式,延长布草用品、员工制服和

客人衣物的使用寿命,恢复其使用价值。(图 5-1)

图 5-1 洗衣房

5.1.1 洗衣房的工作任务

洗衣房要负责饭店布草用品、客人衣物、员工工装的洗涤质量和服务质量,还要按照衣物的洗涤要求、时间要求进行洗涤、熨烫、保管,并送达到用户手中,为客人提供生活的便利,为客房提供符合标准的布草,为员工提供清洁挺括的工装。洗衣房的主要工作任务有以下 3 个方面:

5.1.1.1 负责洗涤业务

(1)做好客衣洗涤工作:包括客衣收取、分类检查、打号送洗、干洗、湿洗、手洗、熨烫、挂架、送回等工作。客衣洗涤工作可以满足客人的生活需要,也可以增加饭店的经济收入。

(2)做好布草洗涤工作:饭店客房、餐厅、康乐等部门每天有大量的布草需要洗涤,包括收取、交换、挑选、洗涤、压平、更新、入库等工作。布草洗涤工作可以保证客房、餐厅、康乐等部门的业务需要,又可以保证饭店接待服务规格,为客人创造良好的生活条件。

(3)做好员工制服洗涤工作:饭店员工的着装和仪表是饭店形象的重要表现形式之一,饭店要求员工着装整齐、干净、美观大方。员工制服的洗涤工作包括分类、去渍、水洗、干洗、烘干、熨烫、整理等工作。(图 5-2)

5.1.1.2 负责洗涤衣物的安全无损

无论是客衣、员工制服,或者是饭店布草,洗衣房都要按照洗衣程序认真填单

图 5-2　缝补衣服

登记、检查分拣、发送、洗涤、烘干、熨烫、折叠整理、入库保管,每个工作环节都要指定负责人,认真管理,保证各种洗涤品的安全无损,不得出现任何差错。

5.1.1.3　负责洗衣设备的维护和保养

现代化的洗衣设备不但有很高的机械程度,还有很高的自动化程度,当然投资也同步增高,因此做好洗衣设备的维护和保养工作,延长洗衣设备的使用寿命,降低设备的运行成本就显得非常重要。

洗衣房通常由客房部或管家部所属,洗衣设备的日常使用和维护保养由操作人员负责。洗衣设备的维护检修由设备部负责。维修洗衣设备要有一定的专业技术,应配备专职的维修人员。

5.1.2　洗衣房的设置

国内大多数饭店都设有洗衣房,负责饭店布草、员工制服和客人衣物的洗涤工作。如果饭店的洗衣房设备较好,技术力量较为雄厚,还可以兼营店外的洗涤业务,增加收入。饭店是否设置洗衣房,应综合考虑下列因素。

5.1.2.1　饭店规模

饭店规模的大小是设置洗衣房的重要因素。规模较大的饭店,布草的日常洗涤量也很大,如果送到店外洗衣公司洗涤,一是洗涤费用高,二是洗涤质量不易控制,三是布草消耗量大,四是周转速度慢。所以,大中型饭店一般都设有洗衣房,而小型饭店由于布草洗涤量较少,以及资金、场地、技术力量等原因,一般不设洗衣房。

5.1.2.2 饭店的场地

洗衣房内设置有不同的洗涤区域,安装有各种洗衣设备,占地面积比较大。如果饭店场地较大,可以考虑设置洗衣房;如果场地较小,但空间条件允许,也可以考虑在大楼的地下一层或二层设置洗衣房;反之则不予考虑。

5.1.2.3 饭店的资金

饭店洗衣房的洗衣设备价值比较高,投资比较大,饭店是否设置洗衣房,还要考虑饭店的资金状况,考虑投入和产出的关系。

5.1.2.4 饭店的技术力量

洗衣房设备的使用技术、设备维修技术及洗衣技术要求很高,饭店必须考虑自身的技术力量能否达到,有无技术力量也是确定是否设置店属洗衣房的条件之一。

5.1.2.5 本地区洗涤业的社会化程度

饭店所在地洗涤业的社会化程度如何,也是考虑饭店是否设置店属洗衣房的主要因素。如果当地洗涤业的社会化程度较高,饭店可考虑与店外洗衣公司签订洗涤合同,由洗衣公司负责饭店的洗涤衣物。如香港地区的社会化服务程度较高,饭店基本都不设置洗衣房,而有专业的洗衣公司来承担洗涤业务。

5.1.3 洗衣房的布局

洗衣房的布局应根据洗衣流程来设计,其设计的基本要求是必须使布草按照单向流动的方向进行:污垢衣物从入口进入,洁净的衣物从出口送到布草仓库。根据洗衣房的工作任务和洗衣流程要求,洗衣房通常要有以下几个功能区域:脏布草入口和处理区、干洗区、熨烫区、折叠区、水洗区、仓库和办公室等。

5.1.3.1 脏布草入口和处理区

脏布草和脏衣物与干净的布草、衣物,应从不同的出入口进出。送入洗衣房的脏布草和脏衣物应在脏布草入口进入,进入处理区内进行分拣,并对衣物打码编号,对布草称重。

5.1.3.2 水洗区

水洗区应设在处理区附近,安装有不同容量的水洗机若干台,水洗机的数量视饭店规模、洗衣数量和洗衣房的面积大小而定。水洗机旁边放置有烘干机,以利于按洗衣程序操作。(图5-3)

5.1.3.3 熨烫区和折叠区

在靠近烘干机的地方设置熨烫区和折叠区,以便对洗净、烘干过的布草进行熨烫和折叠处理。熨烫区和折叠区配有熨烫机、折叠机等设备。熨烫区和折叠区应邻近布草仓库入口,方便布草的入库和存放。(图5-4)

图 5-3　水洗机

图 5-4　熨烫区

5.1.3.4　干洗区

衣物干洗是一个独立的洗衣程序,在洗衣房应设在独立的干洗区,并将所有的与干洗有关的设备都放置在干洗区内,如干洗机、熨衣机、人像熨衣机、抽湿机等。衣物的熨烫和折叠处理是干洗的最后程序,应邻近衣物仓库入口,方便衣物的入库和存放。(图 5-5)

5.1.3.5　仓库和办公区

仓库通常设在水洗区和干洗区的出口处,方便衣物和棉织品的入库和存放。办公区一般设在洗衣房的进出口处,相对比较安静,也便于管理。办公区内设有办公室和洗衣用品储藏室。

图5-5　干洗区

图5-6　仓库

5.1.4　洗衣房的设施设备

为了做好衣物和布草的洗涤工作,洗衣房应配备各种洗衣设备,以提高洗衣效率,提高洗衣质量。常用的洗衣设备有:

5.1.4.1　湿洗机

主要用于洗涤床单、枕套、毛巾等布草。湿洗机的种类可分为全自动、半自动和机械操作三种,每一类又有大小不同的洗涤容量。洗衣房应视饭店的洗涤需求来选择和配备。为了方便使用,洗衣房最好能同时配备大小容量不同的湿洗机,既能保证大件布草的洗涤,又能满足小件衣物的洗涤需要,节省能源。(图5-7)

图5-7　湿洗机

5.1.4.2　烘干机

经湿洗机洗净甩干后的棉织品和衣物仍含有较多水分,若直接整烫,既耗力又耗时。所以,洗衣房应配备不同容量的烘干机,对洗净甩干后的棉织品和衣物进行烘干处理,以利整理和熨烫。烘干机分为电和蒸汽两种,饭店应根据能源供应情况来选择配备。(图5-8)

5.1.4.3　布草熨平机

布草熨平机专门用于熨烫床单、枕套、台布等面积较大的布草。其原理是:通过电或蒸汽加热熨平机的杠杆,高温的杠杆对布草进行滚压、平整和干燥处理,完成布草的熨平工作。新一代的熨平机只需人工将甩干的布草平整送入熨平机传送带,机器便自动进行熨平、熨干和折叠,极大地节约了人力和时间。(图5-9)

5.1.4.4　干洗机

干洗机用于洗涤不能水洗的衣物,洗涤程序是:洗涤所需的溶液不是水而是干洗剂。由于干洗剂价值较昂贵,可以回收使用,所以干洗机必须有干洗剂的回收装置。(图5-10)

图 5-8　烘干机

图 5-9　布草熨平机

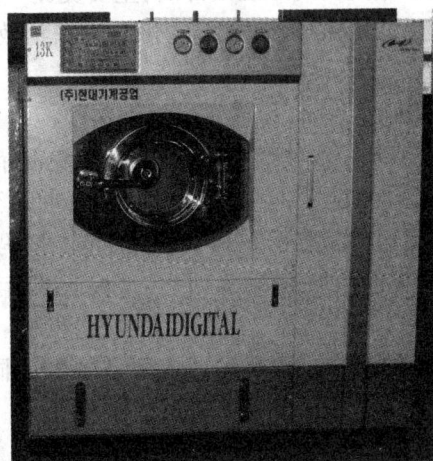

图 5-10　干洗机

5.1.4.5 人像熨烫机(图5-11)

人像熨烫机是根据熨烫的原理设计的,它利用蒸汽和压力的共同作用来达到平整、定型衣物的效果,由于外形像人体,故称"人像熨烫机"。该机器主要用于上衣的熨平,如:西服、夹克、衬衣、运动衣等。人像熨烫机的一些部位可以调节,如肩膀的宽窄;胸部、腰部、下摆的大小等,使用非常方便。

5.1.4.6 绒面蒸汽熨衣机(图5-12)

绒面蒸汽熨衣机是根据熨烫的原理设计的,可以熨烫多种衣物,因而有万能熨衣机之称。该机操作方便、熨烫质量好、省时省力。(图5-12)

图5-11 人像熨烫机

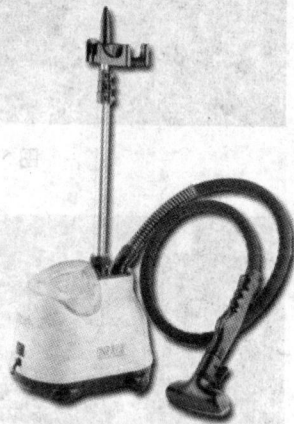

图5-12 绒面蒸汽熨衣机

5.1.4.7 光面蒸汽熨衣机(图5-13)

光面蒸汽熨衣机是根据熨烫的原理设计的,主要熨烫一些能耐一定温度,并可以直接加热的纤维织物,对纯棉、混纺或某些化纤类织物效果更好,具有省时、省力、效率高、质量好的特点。

5.1.4.8 打码机(图5-14)

为了区分不同的衣物,须将衣物编号后再洗涤,以免混淆。打码机就是专用于衣物打码编号的小型工具,它是以加热的方式将不干胶打压到衣物上,打压的同时将编号印在不干胶片的上面,迅速完成打码编号工作。打码机替代了人工将编号写在布条上,再缝在衣物上的烦琐工作,省时省力,快速准确。

5.1.4.9 其他用品用具

除了上述各种机械设备之外,洗衣房还要配备各种不同的用品用具。如:烫床、烫台板、地磅、桌子、熨斗、喷壶、棉枕头、刮板、去渍刷等。

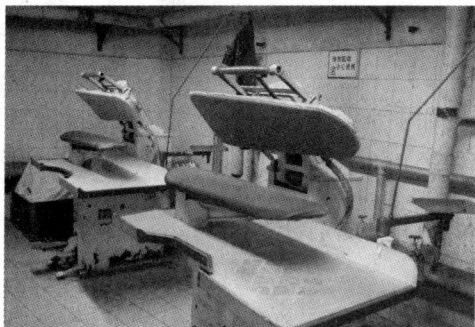

图 5-13　光面蒸汽熨衣机　　　　　图 5-14　打码机

5.1.5　洗衣房常用洗涤剂

要保证洗涤效果达到四、五星级饭店要求,洗涤剂的选用是至关重要的。洗衣场常用的洗涤剂有:

(1)棉织品主洗剂(pH=10)。一般有液态和粉状两种,前者质量好,含有机成分多;后者因含碱量高,除垢效果好,但缺点是不能完全溶化和均匀分布。全自动控制的洗衣机最好使用液态主洗剂。

(2)化油剂(pH=13~14)。这是专门为去除餐巾和台布上的油污而配备的,与主洗剂同时使用,也可去除衣物上的各种油污。

(3)酸粉(pH=3)。一般为柠檬酸和醋酸,用于中和碱。主洗剂的碱性在漂洗时不易过清,则会缩短织物寿命,使人体皮肤感觉不适,因此,在最后一次过水时,一般要加入适量酸粉去中和碱,能使织物的 pH 值降至 6~6.7,与人体皮肤的相等。

(4)氧漂剂(pH=3~4)。即过氧化氢漂白剂,这是专用于彩色织物的,主洗时加入,可避免碱对色彩的作用,从而保持织物原有光彩。一般彩色棉织品较易褪色,所以在洗涤时还需适当加大剂量。常用的冰醋酸对纯毛、纯丝和掉色的织物都可起固色作用。

(5)氯漂剂(次氯化钠 pH=8~9;过硼酸钠 pH=10)。若织物除需增白外,还要去除浅色斑渍,用过硼酸钠效果好;次氯化钠一般用于丝、毛织物效果较好。

(6)上浆粉。主要用于台布、餐巾,使之经高温熨烫后能挺括、美观。

(7)柔软剂。在洗涤中使用可使毛巾类织物恢复和保持柔软度,又称软化剂。

(8)干洗剂。用于干洗织物的专门洗涤剂,现采用四氯乙烯较多,但因为四氯乙烯作为干洗剂对纽扣腐蚀相当严重,目前也有不少饭店已采用二氯乙烯作干洗剂。

（9）衣领净。主要用于去除客衣污渍,洗涤前使用,可洗去油污。

5.1.6　常见的国际洗涤符号

水洗,用洗涤槽表示,包括机洗和手洗。

最高水温:40℃;机械运转:常规;甩干或拧干:常规。

最高水温:30℃;机械运转:缓和;甩干或拧干:小心。

手洗,不可机洗。

中温熨烫,熨斗底板最高温度150℃。

垫布熨烫。

蒸汽熨烫。

不可熨烫。

不可拧干。

不可氯漂。

转笼翻转干燥。

悬挂晾干。

5.2　洗衣房工作岗位服务程序实训

5.2.1　布草折叠、收发工工作实训

5.2.1.1　上岗

按规定着装,要求工装平整、挺括、干净、无损坏,佩戴铭牌、领带,确保仪表仪容符合要求。

5.2.1.2　班前准备

（1）打扫台面卫生和地面卫生,无污迹、无杂物,确保区域卫生清洁。

（2）到制服仓库拖干净、空好的货架,数目适中,准备好长短适中的包装绳和干净的用于存放重洗毛巾的周转箱,用于修剪毛巾的毛边和抽丝的剪刀。

5.2.1.3　折叠毛巾

（1）首先检查毛巾的烘干情况,必须是安全烘干的、冷却的,和毛巾的质量,干净、无破损、无抽丝,再检查毛巾是否符合要求,如不是本饭店的毛巾要上交领班。

（2）用正确的方法手工折叠所有的毛巾,有污迹的重洗投入周转箱内,有破损的为报损单独剔出摆放。

（3）将叠好的毛巾用包装绳进行捆扎,数量准确,规格一致,捆扎松紧要适中,并检查捆扎好的毛巾四周是否整齐,大浴巾为 4 条一捆,脸巾为 20 条一捆,方巾为 50 条一捆,地巾为 10 条一捆。

（4）按规定的位置将毛巾摆上货架,上层大浴巾,中层脸巾和方巾,底层为地巾,且按照每层的数量进行摆放,大浴巾 90 条,脸巾 200 条或 160 条,方巾 400 条,地巾为 120 条。

（5）准确记录毛巾数后将货架推到制服仓库,注意必须是两人推车,防止货架碰到墙壁后毛巾的再次污染。

5.2.1.4　布草收发

（1）按从高楼层到低楼层的顺序收取楼层脏织品,将脏织品用旧布草盖好,防止丢失、拖脏,再将棉织品车推下,每次最多推 2 辆车,防止通道堵塞,安全使用电梯,也不可用棉织品车堵档电梯。

（2）将收下的脏织品按毛巾、床单、枕套、被类分别放入四辆准备好的大布草车内待洗,绝对不可以混装,分类时注意将所有织品每条抖开检查,防止织品中混入其他衣物,将人为造成的脏织品剔出,上报领班。

（3）将卸空的楼层布草车推到制服仓库,操作要轻,按楼层棉织品需求单上的需求量配干净织品,品种、数目准确,且制服仓库的织品要循环使用,用干净的布袋将配好的织品包住,防止污染,再核对需求单上的楼层是否与楼层布草本上的楼层号码一致,确保楼层准确,配货时,将垫脚布放平在最上层,防止压皱影响质量。

（4）将配好的干净的织品按楼层送上,放在楼层的指定地点,用力适中避免撞堵,再将棉织品需求单一并交该楼层服务员验收,数目核对后并让其签名。

5.2.1.5　交接

（1）将叠好的毛巾数交接制服仓库员工,数目准确,摆放标准。将叠好的抹布交接制服仓库,按规定的地点摆放整齐,数目准确。再将叠好的浴衣交到制服仓库并核对,摆放整齐。

（2）将重洗的毛巾放入棉织品车内交给大湿洗重洗,再将报损的毛巾放入指定地点,最后将所叠的毛巾数目准确地记录好,交给晚班值班领班登记。

5.2.1.6　结束工作

（1）整理制服仓库的货架,将发剩余的织品分别归类,腾出空的货架以备第二天使用,再将货架分别摆放整齐,将地面扫净,拖净。

（2）打扫洗衣场叠毛巾处的区域卫生,将剩余的包装绳整理好,工作台面清理干净,周转箱放到指定地点,剩余布草车摆放整齐,最后将地面扫净,待领班检查合格后下班签走。

5.2.2 洗涤部大湿洗工工作实训

5.2.2.1 上岗

按规定着装,要求工装平整、挺括、洁净、无损坏,佩戴铭牌、领带,确保仪表仪容符合要求。

5.2.2.2 开机器准备工作

(1)清洁工作台面,要求无杂物、无污迹,浸泡好洗衣粉,检查洗涤剂的储存量,保证充足,确保区域卫生清洁。(图5-15)

图5-15 洗衣房

(2)按照安全操作规范标准接通电源,检查电器是否通电、漏电,再进行试机。确保机器设备安全工作。

5.2.2.3 洗涤

(1)打开机门,将所需洗涤的织品平均装载两边洗衣槽内,关上机器小门,注意检查不要夹住织品,检查插销是否插好,再关上机器大门,操作要轻。

(2)按照标准程序进行洗涤。机器在运转时,操作人员不能离岗,要密切注意,防止意外事故发生,注意放水时,一定要在机器顺时针运转时进行,当脱水时,一定要将水全部放空后才能进行,确保机器的安全运转。

5.2.2.4 烘干

(1)打开电源、蒸汽、回水阀门,注意安全操作,检查烘干机传送皮带、链条无脱离、断开,再打开烘干机机门检查内部无异物卡在滚筒上,关上机门空转约10分钟预热,并观察机器的运转,确保正常工作。

(2)打开烘干机门,装载所需烘干的衣物,严禁超载,一般最高装载2/3关好机门,检查不要夹住衣物,把烘干机的温度调到织品或衣物所需温度,随时注意观察机器运转情况和衣物的烘干程度,并随时调整。最后待衣物烘干后,打冷却风,降低衣物的温度,必须待衣物完全冷却后方可拿出。机器运转中,如发生链条或皮带脱落,应首先关闭电源,然后复位,确保人身安全。

5.2.2.5　手工处理床单

将大烫组剔出退回的脏布草要进行分类,根据布草脏的程序进行单独洗涤或进行局部处理,要先手工处理后,再机器洗。重新处理的布草,洗涤剂量可适当加大,确保布草洗涤干净。

5.2.2.6　设备清洁保养

工作结束后,关闭洗衣机、烘干机电源开关,关掉烘干机蒸汽阀门和回水阀门,用抹布清洁烘干机表面卫生,清洁毛尘箱,要求无积灰。严禁用湿抹布、水清洁电器,延长机器的使用寿命。

5.2.2.7　洗涤用品保管

每天开机前检查洗涤剂储存量充足齐全,按规定分类摆放整齐,在使用过程中,随时将洗涤剂桶盖子盖好,防止进水受潮。洗涤结束后,及时补充洗涤剂,将所使用的清洁剂量杯冲洗干净,摆放整齐。确保洗涤用品的成本控制。

5.2.2.8　发现异常情况及时汇报

在操作过程中,认真仔细观察机器的运转情况,发现问题及时反映、报修并停止使用,待工程部检查维修后,先试机,再开机操作。确保机器安全运转。

5.2.2.9　结束工作

(1)关闭洗衣机、烘干机的电源、水源、气源,并抹净机器表面卫生,清理洗衣机的加料口、下水口,关闭茶水炉开关并放掉茶水炉内的剩余水。

(2)补充洗涤剂、清洗量杯,将地面扫净、拖净,将所有棉织品归位,整齐放好,并清理布草车内的垃圾。

(3)关闭洗涤部的总蒸汽阀、总电源,锁好大门后到客房服务中心签到后下班。

5.2.3　大烫工工作实训

5.2.3.1　上岗

按规定着装,要求工装平整、挺括、干净、无破损,佩戴铭牌、领带,到洗涤部签到,确保仪表仪容符合要求。

5.2.3.2　开机准备

(1)抹工作台面,将大烫机的机罩打开清洁,要求干净、无污迹,将地面拖干净,再用专用布草将传送带下面铺好,防止织品污染。

(2)接通电源、气源和空压气管道,注意安全操作,降下大烫机滚筒,启动机器,进行试机。

(3)用铁砂布清洁大烫机锅底,将制作好的专用腊布清洁大烫机滚筒上的毛毡,再用湿的报损布草来回走几遍,注意每片均要走到,直到没有脏为止,将破损的或空缺的大烫带补替齐全,松紧适中。

(4)到制服仓库拖干净的空好的货架,数量适中。

5.2.3.3　按规定程序进行操作

(1)检查织品是否洗净,将脏的织品剔出重洗,破损的织品剔出报损,确保织品干净,无破损。

(2)按规定程序进行熨烫,将烫出的织品及时装上货架,摆放整齐,分类摆放,在熨烫过程中,随时注意织品堵塞、烫绳脱落等机器故障,但必须关闭电源后再处理。

(3)记录货架上的织品数,要求数目准确,将货架推到制服仓库交接,但货架必须两人推,防止污染,餐饮布草必须在12:40交接。

5.2.3.4　设备清洁保养

(1)检查电源、蒸汽回水、压缩气阀门,注意安全操作,开机前要让机器空转约1分钟,观察机器运转是否正常。

(2)在操作中要注意,熨烫布草前和结束后均要求打蜡布,根据所烫的布草的种类调整机速,床单20米/分,台布、口布为10米/分,枕套为12米/分,再根据所烫布草的种类调整打折方式,熨烫时如有布草被卡住或其他异常情况,一定要关闭电源,然后取出补卡的布草或除去故障。

(3)清洁时要关闭电源、蒸汽、回水阀门、压缩气阀门,用抹布清洁机器表面灰尘,传送带灰尘,但禁止用水或湿抹布清洁电机,延长机器寿命。

5.2.3.5　结束工作

(1)熨烫结束后,立即关闭所有电、气开关,所有物品归位放好。

(2)清理布草车内的杂物,保持车内清洁,摆放整齐。

(3)将报损的织品点数后,送到指定地点,要求摆放整齐,归类放好。

(4)打扫区域卫生,做到机器表面无灰尘,所有台面、地面无杂物,无污迹。

(5)经领班检查合格后,到洗涤部签走。

5.2.4　干洗工工作实训程序

5.2.4.1　上岗

按规定着装,要求工装平整、挺括、洁净、无损坏,佩戴铭牌、领带,确保仪表仪容符合要求。

5.2.4.2　班前准备

(1)清理工作区域,抹机器台面灰尘,将地面清洁干净,保证地面无灰尘,无杂物。到制服仓库拖衣架,保证衣架干净、无破损。

(2)做开机前准备工作,接通机器电源、蒸汽、压缩气、水阀门开关,检查各油箱的干洗液是否可供洗涤。确保机器运转正常。

5.2.4.3 看交班

（1）根据制服交接记录本，清点干洗制服，保证数量准确。

（2）根据门市交接本记录和晚班交接留条，清点门市衣服，保证数量准确。

5.2.4.4 接受衣服、杂品

（1）接受并清点客衣组送来干洗客衣的件数，并记录特别要求，将贵宾房和加快客衣单独剔出，优先洗涤，保证按时完成，保质保量。

（2）接受制服仓库送来当日需加快处理的制服，并做好记录，保证及时完成。

（3）接受制服仓库送来餐饮部的台呢、椅套等，客房楼层的窗帘、靠枕等，并做好记录，保证数量准确。

5.2.4.5 洗前检查

（1）认真仔细地检查衣物是否有破损、褪色、染色、少扣等现象，若有问题，及时向领班反映，与客人联系后再洗涤。

（2）检查衣物品袋内是否有污染性物质，如唇膏、圆珠笔等，并检查口袋内是否有钱物、票据等，确保安全洗涤。

（3）检查衣物的饰物是否会影响洗涤或伤害衣物，如：胸花、金属纽扣或其他尖锐性东西等，若有在洗涤前全部撤下，洗后再缝上。确保衣物完好无损。

（4）对于绒类织物，衣物上有仿皮物质、油漆类物质及比较旧的深色衣物，干洗易出现问题的衣物，洗前需向客人说明后再洗涤。

（5）检查衣物是否适合干洗，洗涤标志是否正确，若有问题，及时向领班反映，与客人联系后再洗涤。

（6）根据衣物的颜色、衣物的结构来分类，根据干洗的特点来分类，对于重污迹的衣物剔出先进行去污处理，确保洗涤达到良好效果，保证被洗衣物安全洗涤。

（7）对于衣物上特别的污垢及局部的污渍，在干洗前，需进行预去污处理，保证衣物达到良好的洗涤效果。

（8）将检查、分类和预去污处理后的衣物放进干洗机，关好机门，注意不要夹住衣物。根据干洗的洗涤程序进行清洗，保证安全操作。

5.2.4.6 检查产品质量

（1）检查洗后的衣物是否有斑迹未洗净，如有再进行处理，若经处理后，仍有污迹，向领班反映，并告客衣组放污变说明条，确保洗涤质量。

（2）检查衣物是否少扣、绕线，拉链是否完好，是否被染色、褪色，是否破损、变形等现象。确保被洗衣物完好无损。

（3）根据工作单上的交接记录情况进行核对检查特别要求是否落实。确保无遗漏。

5.2.4.7 做好交接

（1）将客衣在熨烫方面的特别要求，门市衣物在熨烫方面的特别要求告之手烫工,将总经理制服以及需修整的衣服交给手烫工。确保熨烫质量。

(2)将洗烫后的制服、杂品送到制服仓库,交接给制服仓库收发员,并逐一清点签名。保证数量准确。

(3)将需缝针、未洗净的制服单独剔出,交接给制服仓库收发员。

(4)将洗烫后的门市衣服送到门市,交代未处理掉污迹的衣服号码、种类,以及采取的去污方法,交接正在洗衣场未洗未烫好的衣服,将次日需洗涤的脏衣服带回,并将空衣架一块带回洗衣场。

(5)与客衣组交接贵宾房和加快客衣的洗涤情况,并交接未处理掉的客衣房号及种类。确保客衣洗涤质量。

5.2.4.8 结束工作

(1)将用过的物品放入柜中,用抹布将柜子表面抹干净,将使用过的码条、杂物和拎包、垃圾袋扔进垃圾桶内,整理衣架,保证柜中物品摆放整齐,柜面清洁,衣架整齐。

(2)清洗干洗机吸尘网袋,将脏的吸尘网袋取出,换上干净的,将脏的吸尘网袋内的灰尘倒干净,然后清洗、晾干。保证定时更换,网袋内无积灰。

(3)清洁纽扣分离器,将纽扣分离器盖打开,取出金属篮,将里面杂物清理干净,再把金属篮放入箱体,保证无杂物。

(4)清扫地面,再用拖把将地面拖干净,保证地面清洁,无杂物。

(5)关闭水、电、气开关,到办公室签到下班。

5.2.5 机烫工工作实训程序

5.2.5.1 上岗

按规定着装,要求工装平整、挺括、洁净、无损坏,佩戴铭牌、领带,确保仪表仪容符合要求。

5.2.5.2 班前准备工作

(1)清理工作区域,检查烫机垫面是否干净,机套如污迹重,到制服仓库取来干净的机套换上,将机器台面和地面、工作台面清理干净,保证地面清洁、无灰尘,机套干净整洁。

(2)做开机前准备,到制服仓库拖衣架,并用塑料水桶盛好水,保证衣架干净无破损,接通电源、蒸汽、空压气管道,将喷壶全部装满水。

5.2.5.3 接受杂品、衣服

(1)接受小湿洗送来的各类制服,并记录衣物件数,保证数目准确。

(2)接受小湿洗送来水洗后的客衣,并当面交接有关特别要求,记录并落实保证及时有效地完成,不遗漏。

(3)接受小湿洗送来的贵宾房和客衣,并剔出优先熨烫,保证熨烫质量,按时完成。

(4)接受干洗工交来的门市需机烫的衣服。

(5)接受小湿洗送来当天水洗后桌裙、椅套、绸带等杂品,做好记录,保证数目准确。

(6)接受小湿洗送来当天水洗后楼层浴帘、床罩等杂品,做好记录,保证数目准确。

(7)接受制服仓库送来需加快处理熨烫的杂品,并做好记录,保证按时完成。

(8)烫前检查衣服清洗是否干净,是否残留污渍,若有,马上退回小湿洗处理;检查衣服是否破损、少扣、染色、褪色等,若有立即向领班反映,及时处理,确保衣物完好无损。

(9)根据衣服熨烫性质、熨烫要求和衣服的种类进行分类,确保安全熨烫。

5.2.5.4 熨烫

按照规定的熨烫程序在电压板机、人像机、绒机上进行操作,熨烫衣服。保证熨烫认真细心,安全操作,贵宾房和加快客衣优先熨烫。确保熨烫质量,按时完成。

5.2.5.5 检查产品质量

(1)将烫好的衣服用衣架挂好,检查烫好的衣服是否有斑迹未洗净,如有退回湿洗重新处理,如去不掉的污迹应向领班反映,并告知客衣组,确保洗涤质量。

(2)检查烫后的衣服是否少扣,纽扣是否被压坏,若有立即交客衣组送制服仓库配扣,并向领班反映。

(3)检查烫后的衣服,特别要求是否落实,确保不遗漏。

(4)检查烫后的衣服是否符合熨烫标准,是否需手工熨烫修整,若需挂到手工烫区,保证熨烫质量。

5.2.5.6 做好交接

(1)将熨烫好的制服送到制服仓库交接,逐件清点并签名。保证数目准确。

(2)将需缝补的制服交接给制服仓库收发员。保证制服无破损。

(3)将未洗烫好以及未处理掉斑迹的制服号码,交接给制服仓库收发员。保证制服干净、平整。

(4)与客衣组交接斑迹未处理掉的客衣房号及种类、贵宾房和加快客衣的熨烫情况。确保客衣洗熨质量。

(5)与手烫工交接需手工整烫的客衣以及经理以上衬衫。保证无遗漏。

(6)将烫好的杂品交接给制服仓库布草收发员,逐一清点并签名。确保数目准确。

5.2.5.7 做结束工作

(1)将使用过的码条和杂物装入垃圾袋,清扫地面,再用拖把将地面拖干净。保证地面清洁、无杂物。

（2）整理衣架，倒掉水桶里的水，将工作台面清理干净。保证衣架摆放整齐。

（3）关闭电、气开关，到办公室签到下班。

5.3　布草和制服分类工作实训

5.3.1　布草的发放与存放

5.3.1.1　新布草的领用

通常新购入的布草由制服房统一登记保管并负责控制。制服房根据使用需求添加、替换、更新旧布草。（图5-16）

图5-16　布草房

部分饭店的流通布草由使用区域自行保管、控制。如需要更新，须向布草房领取相应数量的新布草投入使用。新布草领用时必须经过区域负责人同意，并办理相关领用手续。布草房员工应根据领用需求按实发放。发放时必须当面相互清点，避免差错。

5.3.1.2　布草的存放

（1）流通布草。

1）流通布草经过清洗后应该按规格分类存放，便于清点和发放；

2）保持存放处的洁净与通风。

（2）库存布草。

1）库存布草由于需要较长时间存储，需要另辟储藏室，并在储藏物品上面盖上遮盖物,以防污损。

2)对于易蛀的布草应在存储地放上樟脑丸等防蛀驱虫的物品。

3)库存布草应按进库日期分开放置,并做好登记。

4)如果需要使用库存布草,应根据记录的日期,按先存放先取用的原则取用。尽可能避免因存储时间过久而引起的布草损坏。

(3)报损布草。

1)所有报损的布草必须做好明显记号,避免再次混入使用。

2)出借的报损布草应注意及时收回。

3)暂时不用的报损布草,应入库存放。保持存放处的通风,并添加适量防蛀驱虫的物品。

5.3.2　脏布草的更换、清点

5.3.2.1　脏布草的更换、清点

(1)清点时必须将所有脏布草打开,抖去杂物,按种类、颜色分类,清点后投入布草车或打包。

(2)发现布草有破洞等问题应及时分开,并做好记录。

(3)发现布草有特别污渍应分开,另外包装并在送洗布草单上注明,以便单独处理。

(4)有人为损坏或重大污渍应及时联系区域负责人,协助查处。

(5)清点认真、数字目确。

(6)点数必须经送、点双方确认,并翔实记录。

(7)布草房根据点数记录发放干净布草,并做好清点确认。

5.5.2.2　送洗布草的交接、清点

(1)送洗布草必须与洗涤方清点、交接。如制服房隶属于洗衣房,不必进行此项工作,为了避免重复工作,通常由洗衣房派驻员工与布草房共同负责脏布草更换时的清点工作。外送洗涤布草须与外加工洗涤单位派驻人员共同核实确认。

(2)另行交付破损、脏污布草,并提醒洗涤部做特别处理。

(3)布草洗涤后送返时,双方除查验点数外,也要抽查洗涤的质量,发现洗涤有质量问题须退回后回洗,并记录、签名;发现破损布草,应挑出放置,与对方确认后记录签名;布草回洗量及损坏数量可以作为外送洗涤服务双方交涉赔偿的证据,因此操作应该非常严谨。

(4)查核送返数量与质量后,必须将洗好的布草整理并分类放置,整齐码放,以备发放。

5.3.3　布草的盘点、报损与利用

为了延长布草的使用寿命和控制布草数量,制服房每月应对流通的布草进行

一次盘点。盘点结束后根据汇总的数量和报损数量与基数比对,从而计算出需要申购的数量。同时,对部分报损布草进行再利用,真正做到开源节流。

5.3.3.1　布草的盘点

(1)根据盘点区域、营业情况安排盘点时间,清点时做好翔实记录。楼层布草盘点一般安排在晚上楼层日班服务员工作完毕后进行,由楼层、布草房、洗衣房同时进行。餐饮布草的盘点时由布草房员工协助餐饮部员工在午市结束后共同进行。

(2)清点各营业区域内的布草。

(3)清点布草房内部以及洗衣房内洗涤的布草数量。

(4)统计外送洗涤的布草数量。

(5)汇总清点记录,与额定数量比对。

(6)盘点后应根据情况及时补充和调整布草数量。

(7)存档汇总记录,并将复件交各区域负责人审阅、查对。

(8)盘点后,根据额定数量及时补充和调整布草数量。

5.3.3.2　布草的报损

(1)布草报损的对象:破损;无法洗净;运营需要,更替后不再使用的布草。

(2)报损布草应按不同种类分别统计,每天记录,月底汇总。

(3)汇总当月的外加工洗涤单位的布草损坏数量,便于交涉索赔。

(4)报损后的布草应分开存放并做好明显记号,避免混入其他完好的布草中。

(5)存档汇总报损数量,并经计财部审阅、查对。

(6)根据当月报损的布草数填写布草报损表,并按需填写采购申请单。

5.3.3.3　布草的申购

(1)布草的日常申购,由布草房主管控制。

(2)布草房主管在每月盘点和报损工作结束后,根据额定的布草数量计算出缺损数。

(3)根据缺损数填写布草需求表和采购申请单,由相关职能主管部门负责人审核后,递交饭店管理层审核批准后进行实际操作。

(4)新品种布草的申购必须由使用部门经理提出并经饭店管理层的认同。

(5)由布草房主管根据需求填写采购申请,并经使用部门负责人签名确认。

(6)采购申请上必须清晰地填写布草的品名、规格、数量,以及特殊要求等。

(7)经确认签名后的采购申请,由饭店管理层审核批准后进行实际操作。

5.3.3.4　报损布草的再利用

(1)对于已经报损的布草,不是做废物处理,而应有计划地进行再利用。

(2)由制服房进行相关的改制工作。报废"四巾"可改制成不同尺寸及用处的抹布待用;在抹布上缝上明显或不同颜色的线加以区分;报废床单和台布可根据工作需求予以标记和改制。

（3）暂时不用的报损布草，应入库保存。

（4）较大批量的报损布草可以通过饭店计财部联系需求方转卖。

5.3.4 客房布草收发

客房布草收发一般有两种方式，其一是布草房收发员到楼层收发布草；其二是客房服务员到布草房送领布草。

5.3.4.1 布草房收发员到楼层收发布草

（1）客房服务员将清扫客房时撤下的脏布草送至本楼层指定地点。

（2）布草收发员到各楼层指定地点收取脏布草，收取时应仔细清点数量、品种，破损布草剔出另放，核对无误后，客房服务员在楼层布草每日收发记录表上签名认可。

（3）使用布草车将脏布草运至布草房。

（4）根据收取的脏布草的数量、品种，将干净布草送至楼层，交客房服务员清点无误后签字。并将布草车留在楼层备用。也有的饭店规定布草收发员根据前一日从楼层收取的布草数量、品种送干净布草至楼层，再收取当日撤换下来的布草，其数量、品种又作为次日送布草的依据。

5.3.4.2 客房服务员到布草房送领布草

（1）各楼层客房服务员将本楼层每日撤换下来的布草集中清点、分类，并记录其数量、品种，将破损布草剔出另放。

（2）分类打包后用布草车将布草送至布草房。

（3）将布草交布草房收发员清点无误后，填写楼层布草每日收发记录表。

（4）根据脏布草数量、品种，布草收发员发放干净布草，交客房服务员清点无误后在收发记录表上签名认可。

5.3.5 餐厅布草收发

（1）餐厅应按标准定额加必要的周转量配备棉织品。

（2）餐厅服务员将每日换洗的台布、口布、毛巾等棉织品定点送到布草房，由布草房收发员点清，填写餐厅布草每日收发记录表。

（3）收棉织品时，要求餐厅服务员抖净棉织品中的垃圾后再送来。

（4）布草收发员按核实的数量发放各类棉织品，保证所发放棉织品洁净无破损，并由餐厅服务员签字验收。

（5）布草房收发员对餐厅送来的污损棉织品进行鉴定登记后填写棉织品报损表，交主管签字后报损。

5.3.6 制服收发与送洗

（1）制服的收取和发放均在布草房的专用窗口进行，一般采用以脏换净的方式。制服收发员将收取的脏制服清点登记后交洗衣场查验、洗烫，洗净后再由制服管理员验收入库。

（2）一般每位员工应配备两三套制服，厨师、维修人员可再多备一两套。为保证员工制服的整洁，许多饭店将员工衬衫也包括在洗涤范围内。

（3）员工将脏制服拿到布草房，填写制服收发登记表，写上自己的部门、制服号码、件数及送洗时间等。将衣物交给收发员核收，需注意的是，制服收发员在收取制服时，必须检查制服上的编号或姓名有无脱落，以免混淆不清。

（4）由收发员拿出另一套已洗净的制服交给员工。

（5）布草房制服收发员将员工的脏制服进行检查、分类，并根据制服的号码、种类、件数填写制服洗衣单，一般分为三联，一联存根，另两联随制服一起送洗衣场。

（6）洗衣场将洗净后的制服与洗衣单进行核对，核对后的洗衣单一联和制服一起送回布草房，一联留存。

（7）布草房人员根据洗衣单验收，对熨烫洗涤质量有问题的制服，送回洗衣场重烫或重洗。对有破损或掉扣子的制服交由缝纫工修补。对洗衣场未能及时送回的制服应做好记录，并迅速查明原因。

（8）将符合标准的制服上架或挂放备用。

【本章小结】

洗衣房是负责饭店布草、员工制服和客人衣物洗涤与整理的工作部门。洗衣房的业务属于生产加工性质，它通过设备、能源、化学用品及人力资源等的投入，并运用一定的技术手段，以追加劳动的形式，延长布草用品、员工制服和客人衣物的使用寿命，并恢复其使用价值。同时，在饭店的经营活动中，尤其是客房部和餐饮部的经营运转，很大程度上是离不开布草的。布草的洗涤质量、清洁程度，以及布草的供应速度等问题都会直接影响饭店经营活动的开展乃至成败。所以洗衣房和布草房的设备配置、生产流程设计、生产运行与管理、产品和服务的质量都是重要的管理环节，不可掉以轻心。

【重点概念】

洗衣房　布草房　布草发放　干洗　湿洗　熨烫

练习题

1. 洗衣房的工作任务是什么？
2. 洗衣房需要配备哪些设备用品？这些设备用品的用途是什么？
3. 布草房需要配备哪些设备用品？这些设备用品的用途是什么？
4. 布草房在存放布草的时候注意哪些要点？
5. 如何熨烫客衣？

本章案例

案例一　尴尬的洗衣

小王是一名四星级饭店的客房服务员。一天晚上 7 点，她接到客服中心紧急电话："807 房间有客人要求洗衣服务。"忙碌中，她迅速放下手头的事情，赶往房间。小王按照服务规程敲门后，房内无回应，于是她用楼层钥匙打开房门。经过查找，不错，椅子上确实有一件衣服，绿色的 T 恤，但房内灯光较暗且天色已晚，好像看不出有什么污渍；核对一下洗衣单，还是加急的，要求 4 小时内送回！小王丝毫不敢怠慢，火速将洗衣拿到工作台，拨通洗涤厂电话，要求立即前来收取洗衣。大约 5 分钟后，洗涤厂小刘急急忙忙赶到，经过双方签字确认，衣服被送往洗涤厂洗涤。

时间嘀嗒嘀嗒过去了。3 个多小时后，小刘气喘吁吁地拿着洗好并包装精美的衣服送上楼来，递给小王，小王看了看时间，离要求的时间还差十几分钟，于是马上送入了客人房间。工作终于顺利完成，两人会意地笑了。

"你们四星级饭店，是怎么洗衣服的！好好的衣服怎么洗出来黄迹！叫我还怎么穿！你们必须赔我衣服！"第二天一早，客人怒气冲冲地指着衣服肩部的一抹黄渍向主管投诉着。刚刚上班的小王傻眼了：怎么会这样，黄渍从哪儿来的？

客房主管立即展开了调查：小王说收衣服时，光线比较暗，确实没有看清楚有无污渍；洗涤厂小刘说，衣服洗涤之前，本身就有一块污渍，并且是处理不掉的污渍；客人却说，他的衣服在洗涤之前，不可能有污渍……

污渍究竟是由哪方造成的？由于缺乏有效的证据，客房主管陷入尴尬。随后，只有和大堂经理共同与客人协商处理，可是，客人不依不饶，什么条件都不肯接受，只要求赔偿那件价值 2000 多元的衣服。

点评：

洗衣服务是四星级饭店对客基本服务项目之一。本案例中，小王和小刘工作热情、积极肯干、时间观念也很强。但是，他们却忘记了饭店"四心"（爱心、热心、诚心、耐心）服务之外最重要的一心，即"细心"。

饭店品质的高低，服务质量的优劣，是通过员工不断创造的个性化服务体现出来的，而要创造这种满意加惊喜的服务，就必须做到"细心"——细心观察宾客饮食起居，细心留意宾客习惯行为等微小环节。

从本案例来看，只要细心些，问题不难被发现。

1. 客房部小王收取洗衣时，如果能够非常细致地查找洗衣是否存有污迹，就可以避免客人投诉。有污渍，及时向客人说明，可能会处理不掉，对于刁蛮客人不合理的投诉也能直面应对；没有污渍，小王心里自然有底，也便于查找出真正的原因。

2. 洗涤厂小刘同样缺乏细心精神：如果和小王交接脏衣时多一些细心检查，就能判断有无污渍，将小王的疏忽予以弥补；如果在洗衣之前多一个心眼，发现有难以处理的污渍，多给小王打一个沟通电话，也能避免投诉的发生。（来自《中国旅游报》2006 年 8 月 16 日）

案例二　客衣纠纷引发的思考

一饭店住着某公司的一批常住客。一天，一位客人的西装套装脏了，需要清洗，见服务员小李进房打扫卫生，便招呼说："小姐，我要洗这套西装，请帮我填一张洗衣单。"小李想客人也许是累了，便答应了客人的请求，随即按她所领会的意思帮客人在洗衣单上注明"湿洗"，然后将西装和单子送洗衣房。当班的洗衣工是刚进洗衣房工作不久的新员工，她毫不犹豫地按照洗衣单上的要求对这套名贵西装进行了湿洗，结果造成衣服洗后严重缩水。

客人收到西装后，十分恼火，责备小李说："这套西装价值上万元，理应干洗，为何湿洗？"小李连忙解释说："先生，真对不起！不过，我是照您交代填写湿洗的，没想到会……"客人更加气愤，打断她的话说："我明明告诉你要干洗，怎么硬说我要湿洗呢？"小李感到很委屈，不由分辩说："先生，实在抱歉！可我确实……"客人气愤之极，抢过话头，大声嚷道："我要向你们经理投诉！"

客房部经理接到客人投诉，立刻找小李了解事情原委，但究竟是"干洗"还是"湿洗"，双方各执一词，无法查证。最后经饭店领导反复研究，考虑到这家公司与饭店的长期合作关系，尽管客人索取的赔款超出了饭店规定的赔偿标准，但为了彻底平息这场风波，最后还是接受了客人的赔偿要求。

点评：

在饭店客人的投诉中，因客衣所引起的纠纷占了相当大比例，如衣物破损、丢失，污迹未洗净，纽扣丢失，客衣染色褪色等。洗衣服务环节及涉及人员较多，往往因有关人员工作不够细致或缺乏常识而出现差错。如何有效预防客衣纠纷的发生？结合本案例，笔者认为饭店应从以下方面加强管理和控制。

首先，饭店应明确告之客人如何送洗衣物。有的饭店要求服务员每天定时逐一检查所有客房，收集住客送洗衣物，也有的饭店要求住客将洗衣袋挂在房门外待服务员收取，但这两种方法都有明显的缺点。前者容易打扰住客，后者容易丢失。所以，饭店应该在服务指南中明确告之如何送洗衣物，或住客将送洗衣物直接交楼层服务员或打电话到客服中心，由服务员上门收取等。同时请客人在洗衣单上详细填写姓名、联系电话、房号及洗涤种类数目等，以便提供后继服务。

其次，客衣的收取应严格遵守服务规范，来不得半点马虎。服务员在收取客衣时，要当着客人面清点衣物，查看口袋里有无物件，纽扣有无脱落等，如发现有破损或不能清除的污渍，应委婉地向客人解释，经其同意方可送洗衣房。客房服务员一般应婉拒客人代写洗衣单的要求，即使代客人填写了洗衣单，也应该请客人过目并予以签名确认，以作依据。本案例中因为客房服务员未遵照服务规范代填洗衣单，而错将名贵西装做湿洗处理，造成责任缠缠不清，使饭店和客人都蒙受了经济损失。所以说在对客服务的过程中只有严格执行饭店的规章制度和服务程序，才是对客人真正的负责。

服务人员应养成良好职业习惯，善待客人的洗涤意愿，提高服务质量。一些客人在选择填写洗涤方法时往往认为水洗比干洗干净或水洗价比干洗价便宜，在不了解衣服面料的正确的洗涤方式的情况下，凭个人生活经验填单；还有的客人根本不知道自己的衣服质地适合哪一类洗涤，随便找一个服务栏目填写就送洗了。在这种情况下，如果服务人员仍然"照单"操作，就会导致越来越多的洗衣投诉和客人的不满。在本案例中，洗衣房的责任首先是洗衣单上没有客人的签名不该贸然洗涤客衣；再有就是洗衣工面对"湿洗"名贵西装的不正常情况，未能敏锐地发现问题并向客人了解核实，从而错失了一个避免差错、弥补损失的良机。所以饭店在加强洗衣服务的相关人员的业务培训，提高其服务技能和技巧的同时，更要更新服务理念，培养员工良好的职业习惯，工作细致周到，从而有效减少或避免洗衣纠纷的发生，让客人享受到满意加惊喜的优质服务。

以往，很多饭店的服务员在收取客衣时一般只核对客人房间号、衣物数量和客人是否填写姓名。但是随着时代的发展，服务面料、饰物的变化日新月异，这种服务显然已不能满足客人多变的需求，所以无论是客房服务员还是洗衣工在进行衣服分类、洗涤过程中，不仅要细致核对洗衣单，还要以洗涤行业的职业习惯再次核对衣服的保养标志和手感面料质地等，在此基础上，选择最为适合的洗涤方式；在洗涤检查过程中，如发现有斑迹洗不掉或洗衣设备无法洗涤的衣物时，应及时退还客人，并附致歉信，说明不能洗涤的原因，请客人谅解。同时，在洗衣单上减去该衣物的洗涤费；衣物洗熨好后，要及时送还客人，并在流通过程中做好交接记录。同时有必要根据衣物类别进行适当的包装,如对男式衬衣和内衣进行折叠加封,对女装衬衫或外套要加套挂放等。为便于客人查收,应将衣物放在房内显眼处,切忌将衣物直接放入衣柜内,以免引起不必要的误会与麻烦。如果客人在房内,应请客人当面验收;如门外有"请勿打扰"标志,应将特制的说明纸条从门下空隙处塞入,告知客人衣物已洗好,请其与服务中心联系,或为客人电话留言等。

最后,当面对客人提出投诉,引起纠纷时,无论是管理人员还是服务员都应认真耐心听取客人意见,态度要诚恳,并迅速分析和查明具体原因,有针对性地切实为客人解决问题。凡属由饭店方面原因引起的客衣纠纷,饭店应主动承担责任,进行相关赔偿、修补或回收、回烫等,若需赔偿,赔偿费最高一般不超过洗衣费的10倍。特殊情况需经双方根据具体情况协商解决。就本案例的情况而言,由于投诉客人是长包房客,尽管客人也负有一定责任,但为稳定客源,这家饭店同意了客人的赔款要求,也是完全可以理解的。若属客人或客人衣物本身原因引起的客衣纠纷,饭店不负赔偿责任,但应耐心向客人解释,做到友好协商,事实清楚,原因明确,处理得当,让客人满意。

第6单元 客房安全管理

通过学习客房安全管理的相关知识以及实训,理解客房安全的含义、意义,了解客房安全设施的配备,切实掌握保证客房安全的措施和处理突发情况的方法。

外出旅游的人们,最基本的要求是舒适、愉快、安全。饭店对客人负有的特殊责任,就是使他们免遭人身的伤害,保护他们财物的安全,还要保障客人心理上的安全感,即客人入住后对环境、设施、服务的一种信任感。客房是客人在饭店逗留期内最主要的生活基地,也就是客人在暂居期内的"家"。客人对客房的安全期望更高。所以客房的安全状态应该是一种既没有危险也没有可能发生危险的状态。要达到这样的一种状态,在客房设计上、在设备用品的配置上、在服务与管理工作中,就要充分考虑到保证客人在客房居住期内的各种安全问题,并以具体的措施、制度及程序加以保证和落实。

6.1 客房安全管理概述

客房安全是整个饭店安全工作的一个重要方面。由于客房部负责住店客人的起居生活,管理着大量的饭店设备财产,客房部员工每天都从事着各种各样的清洁保养和对客服务工作,所有这一切都离不开客房安全问题,因此,客房部安全管理工作的内容和特点不同于饭店其他部门,具有更加重要的意义。

6.1.1 客房安全的意义

安全是指没有危险、不受威胁、不出事故。所谓客房安全是指客人在客房范围内,其人身、财产和正当权益不受侵害,也不存在可能导致侵害的因素。客房部要把各方面的客房安全的因素作为一个整体加以综合考虑,而不是单指某一方面的安全。客房安全工作的意义在于:

6.1.1.1 安全工作的好坏,直接关系到客人的满意程度

加强客房安全管理是保障客人安全,展示客房管理水平的重要标志。要满足客人的需要,不但需要完善的设施、齐全的项目、优良的服务,还要有令人放心的安全措施和制度。因为安全是客人的基本要求。如果我们一味追求热情、礼貌、高效的服务,而忽视必要的安全管理要求,就会给犯罪分子可乘之机,影响客人安全。如果缺乏安全要素,客房再整洁、美观、舒适也没有意义。

6.1.1.2 安全工作的好坏,直接关系到饭店的工作效益

安全工作不力造成的损失,不仅表现为直接的经济损失,如火灾、食物中毒的财产损失、赔偿费的支出等,更主要的表现为声誉的损失,声誉是饭店经营的一笔无形资产,如果形象受到破坏,这种损失则有一种辐射作用,往往无法直接用数字来衡量。当今世界,许多国家旅行团体或个人都把饭店安全系数列为选择饭店的主要因素,有的甚至派人专门考察饭店的安全系统。加强安全保护可以增强宾客的安全感、信任感,对树立饭店的良好形象具有极其重要的意义。加强客房安全管理能直接促进饭店的经济效益,还能促进地方经济的发展,更好地贯彻改革开放政策。

6.1.1.3 安全工作的好坏,直接关系到员工的积极性

前面提到客房安全是多方面的综合因素,不单指客人安全,还要保证员工安全,如果客房各种防范和保护措施不力,工伤事故不断,健康状况不佳,就很难使员

工积极有效的工作。

6.1.2　影响客房安全的因素

影响客房安全的因素有很多。若按照侵害因素的产生原因分类,可分为人为因素、自然因素和心理侵害因素三大类。

6.1.2.1　人为侵害因素

由于人们故意或过失行为而直接侵害饭店安全的行为,均为人为侵害因素。它又包括违法犯罪行为和非违法犯罪行为。

违法犯罪行为是人们违反了法律规定实施了法律所禁止的行为,或不去实行法律规定所必须行使的行为。行为者以客人的人、财、物作为侵害目标,作案地点大都在客人的活动范围之内。行为者的心理状态大多为故意,明知道自己的行为会危害他人和饭店的安全,而故意实施。在阶级社会,违法犯罪行为是侵害饭店及人身安全的主要因素,特别是在改革开放之后,也会或多或少地带进一些资本主义腐朽的东西,某些敌对势力、黑社会势力会混入旅游队伍,窥探时机,伺机作案。因此,饭店安全保卫人员,必须随时保持高度警觉,采取切实可行的措施,预防和制止犯罪行为的发生。

非违法犯罪行为多数属于道德问题、思想问题和习惯问题,虽然没有违反法律规范,但却是影响了饭店安全。由于不同地区、不同民族的客人之间的风俗习惯不同,他们的行为影响了饭店安全,对于这些问题的处理,必须谨慎,更须注意方法。

6.1.2.2　自然侵害因素

由于自然力作用直接影响饭店安全的因素,被称作自然侵害因素。自然侵害因素具有很大的危险性,会给饭店和客人造成严重的损失。

按人们对自然侵害因素的认识程度又可分为下列三种:

(1)人们可以预料并预防的自然侵害因素。如房屋年久失修泥灰脱落,大风刮破玻璃,电源老化引起火灾等。虽然这些自然灾害因素是可以预防和预料的,但由于他们普遍存在,往往不被重视,所以经常发生。因此要引起饭店安保部和各有关部门重视,提高警惕,尽可能减少和消除这种自然侵害因素。

(2)人们难以预料和不可抗拒的自然灾害,如台风、洪水、雷击、地震等。人们对这些自然灾害的认识虽不是一无所知,但其发生的准确时间、途经路线和危害程度,是难以预料的,人为的力量也难以与之抗衡。这些自然灾害对饭店的损失往往是十分惨重的,因此,饭店要加倍警惕,千方百计要采取科学手段和切实可行的措施,尽量减少饭店和客人的损失。

(3)无法预料的自然侵害因素。由于现代科学技术的限制,人们对某些物质的特性及其变化尚未认识。这些物质在人们并不知晓的条件下变化发生,从而造成侵害饭店和客人安全的事故。对于这种自然侵害因素,除人们密切注意饭店各方面的变化和工作上特别加以注意外,似乎别无他法,当然,在这些侵害事故发生后,要及时总结研究,以便找出防范措施,改进饭店的安全保卫工作。

6.1.2.3　心理侵害因素

威胁客人心理安全的因素主要来自饭店方面,有以下几个方面:

(1)服务人员服务方式不当,如不敲门进客人房间、随便乱翻客人东西、对客人狐疑地打量、对客人指手画脚、对客人态度冷淡或过于谄媚等,都容易引起客人的反感和不安。

(2)饭店气氛过于紧张,如饭店"经济重地,外人莫入""厨房重地,外人莫入""注意防盗""闲人莫入"等渲染紧张气氛的标示随处可见。无形中使客人增加了对饭店的不信任感。

(3)客房结构、门窗等因素也会使客人心存不安。如:窗外放置空调的搁板、房门上损坏的窥视镜、房门无安全链、卫生间天花板缺陷、窗户无法关闭、窗帘遮挡不严密等问题都会引起客人的不安。

6.1.3　客房安全管理的任务

根据公安部门的有关安全工作的规定,饭店保安部对客房部安全工作的要求和客房安全工作的特点,客房部安全管理工作的主要任务有以下几点。

6.1.3.1　加强安全教育和安全培训工作

客房部要教育和培训员工增强客房安全意识,熟悉客房安全工作内容,掌握客房安全设备的使用方法,克服麻痹心理,当好客房楼层的"保安员"。

6.1.3.2　制定安全管理制度和安全防范措施

客房安全必须以严密的制度来保证,客房部要制定出周密细致可行的安全制度,如客房安全管理制度中的多项制度;为了确保安全,客房部还要针对可能发生的安全问题,制定出防火、防盗、停电、防爆等突发事件的安全防范措施,使员工遇事不慌,有章可循,有法可依。

同时,服务工作也是安全工作,如及时清除卫生间地面的积水,防止客人滑倒;发现客人没关门窗,及时提醒或帮助关闭,防止客人财产损失;观察客房动态,防止和阻止不法行为的发生。

6.1.3.3　保证设施设备的安全运行

客房部各级员工在工作中,注意巡视检查楼面及客房的安全装置和其他设备设施的安全性能,尤其是防火防盗设施,要保证紧急时期的正常运转,发挥正常作用。要经常检查安全制度的执行情况,安全制度不仅是写在纸上、贴在墙上,更要落实在行动上。

6.1.3.4　保护客房和客人的财产安全

客房安全管理不仅是为了保证客人安全,也是为了保护饭店财产安全。事实上却有个别低素质的客人对客房设备设施不爱护,或有意无意地使其损坏,给饭店造成或大或小的经济损失。对于这样的行为,服务员应把好关,通过查房及时发现问题,通知总台和管理人员处理。至于不良分子恶意偷盗,更是要配合保安部严厉打击。

6.1.4　客房安全控制

饭店客人很多,如入住客人、来访客人、就餐客人、会议客人等,出于不同的需要和目的,他们往返与楼层和客房之间,为了保证安全,客房部需要在许多重要的地方进行安全监控。

6.1.4.1　入口控制

饭店不应设有多个入口处,并且应在有限的入口处采取有效的控制措施。这种控制是指由门卫和电视监控系统进行控制。饭店大门的门童既是迎宾员又是安全员,应对门童进行安全方面的训练,使他们能初步观察并识别可疑分子。另外,在饭店大门及门厅里要有专职保安巡逻员巡视。他们与门卫密切配合,对进出的人流、门厅里的各种活动进行监控。如发现有可疑人员,应及时与保安部联系,以便采取进一步的措施,制止可能发生的犯罪及伤害事故的发生。

6.1.4.2　电梯控制

电梯是到达楼层的主要通道,为保证饭店及客人人身财产安全,应对电梯口和电梯内部进行控制。一般的方法是采用人员或电视监控系统进行控制。这个岗位上的服务人员应经过安全训练,能够发现、识别进入楼层的可疑人员。发现疑点,及时与在楼层巡视的保安部人员联系,进一步监视或采取行动,制止不良行为或犯罪行为的发生。电视监控人员通过电视屏幕,也可以发现可疑人员,进而与保安部联系,制止不良行为或犯罪行为的发生。也可录像存档,日后作为佐证和对比材料使用。

6.1.4.3　客房走道安全控制

客房走道应设安全巡视员进行日常巡视。在巡视中,应注意走道上有无徘徊的陌生人员,有无不该进入客房或客房区的员工。应注意客房的门是否锁好,如果发现某个房门虚掩,应礼貌地敲门询问,如果客人在房内,应提醒他关好房门,如果没人应答,应直接进入房内检查是否有异常情况发生,即使一切正常,事后也应提醒客人注意安全。装有电视监控系统的饭店,应在每个楼层上装上摄像头,协助巡视人员对客房走道进行监视与控制。此外,客房走道的照明必须正常,地毯必须铺设平坦,以保证客人行走安全。

6.1.4.4　客房安全控制

客房为防止外来的侵扰,房门上的安全装置是必要的,包括双锁的装置、安全链及广角的窥视眼(无遮挡视角不低于160度)。客房内的各种电器、家具都应保证安全。电器包括客用电视机、开关插座、灯具等要有防爆、防漏电功能,家具设施如桌椅、床、行李台、茶几应保证牢固安全,保证客人使用时免遭伤害。在客房桌上应展示有关安全问题的告示或须知,如紧急求救的联络电话,房内的设备和装置的使用方法。提醒客人不要随意将房号告诉陌生人,防止不良分子冒充饭店工作人员进入客房。必须注意的是一定要在房门后面张贴"消防紧急通道图示"。这是饭店安全管理的重要规定之一。

6.1.5 客房安全管理制度

为了保证客房安全,饭店和客房部制定了一系列的严密的安全管理制度,列举如下:

6.1.5.1 入住验证制度

无论是国内或国外的客人,凡入住饭店必须持有本人有效证件,入住验证工作由总服务台接待处负责。设有楼层服务台的服务员负责查验总台签发的客人入住单,核对无误后方可引领客人进房。

6.1.5.2 来访登记制度

为了维护饭店客房秩序,保证客人和客房的安全,对来访人员必须进行登记后,方可访问入住客人。设有楼层服务台的客房,应由楼层服务员负责登记、验证。无楼层服务台的,应由总台负责登记、验证。

6.1.5.3 跟房检查制度

在客人外出或退房后,服务员必须及时进入房间检查,检查内容有:房内设备、物品有无丢失或损坏;酒水的饮用消费情况,并填写酒水单;是否有烟火隐患或其他异常情况等;及时记录客人外出时间和跟房检查时间。

6.1.5.4 巡楼检查制度

无论白天或晚上,保安人员和服务员必须定期进行巡楼检查、记录。检查内容如下:楼层有无闲杂人员;是否有烟火隐患,消防器材是否正常;客房房门是否上锁,有无损坏;客房内有无异常声响或其他情况。

6.1.5.5 治安报案制度

当遇到有行凶、抢劫、团伙斗殴等事件,或者发现爆炸可疑物品等突发事件时,应立即通知保安部和上司,或按动报警铃,做好记录(案发地点、时间、过程),控制人员,封锁现场,并对有关部门提供线索,填写报案表。

6.1.5.6 火警报案制度

发现火警,楼层服务员应立即报告消防控制中心和上司,根据火警的情况,做好疏散准备。

6.1.5.7 长包房管理制度

经常出入长包房的客人必须有登记资料,并分类归档。如房主:一般规律是白天在客房办公,夜晚在客房留宿。职员:一般是白天在客房办公,夜晚离开客房。对于前来办事的客人也要进行登记,并存档。

6.1.5.8　交接班制度

员工交接班时,必须填写交班报表。要认真填写表中的各项内容,并签署姓名、时间。详细的事情要附口头说明,防止接班员工误解,影响对客服务。

6.1.5.9　员工留宿制度

饭店不允许服务员在店内留宿,更不容许带其他客人留宿。否则,一律视为私开房间处理。因工作关系不得不在饭店留宿的,要向有关部门申请,登记留宿姓名、日期、地点。

6.1.5.10　财物保管制度

对于客人的贵重物品,总服务台要提示客人妥善保管。如可以存放在前台保险箱,存放的程序是客人进行物品登记—物品入柜—锁上保险箱双锁,一把钥匙交给客人保管,一把钥匙由前台保管。也可以放在客房的保险柜内,用密码锁锁定。

此外,还有"请勿打扰"处理规定、房匙管理制度等安全管理制度。

6.2　客房安全设施

安全设施指一切能够预防、发现违法犯罪活动,保障安全的技术装备,由一系列机械、仪表、工具等构成。

6.2.1　客房安全设施配备的原则

为了保证客人在客房内的生命财产的安全,饭店必须在客房及所属公共区域内配备各种安全设施。这些设施的配备,一定要遵循安全第一的原则。在装修时,就要考虑到材料的安全性能,不使用那些有毒、有污染、易燃的材质;在采购时,布料、地毯、家具应具有防燃性,浴室应具有防滑性;房门应具有防盗功能和自动报警系统等。饭店工作人员一定要定期检修这些设施和系统,及时排查隐患,确保客人使用安全。

客房用品主要包括客房内的家具、电器、卫生间的洁具以及一些配套设施设备。在客房管理过程中,客房设备的选择与保养是否得当,通常关系着客人需求的满足程度和客房服务质量的优劣,甚至会对客房运转带来影响。因此,客房管理者应根据饭店的特点,确定客房设备的选择标准,并对设备进行恰当的保养,延长其使用寿命,保持其如新的良好状态。

6.2.2　安全报警系统

客房安全报警系统是由多种警报器组成的自动报警系统,常用的有声控报警器、可视报警器(图6-1)。声控报警器是由一个特别敏感的话筒和放大器组成,话筒能接受很微弱的声音信号,放大器将这一声音信号放大后送入扬声器,值班人员可以很清楚地听到现场活动的声音,客人可以在发生紧急状况时,通过呼救来求援;可视报警系统是为那些听觉可能有障碍的客人而装置的报警装置,可以通过闪光灯提示发生了火灾或其他紧急情况。

图6-1　监控器

6.2.3　消防灭火系统

饭店客房区域的消防灭火系统一般由以下几种设施组成:

(1)烟感报警器:一般安装在房间天花板上,当房内烟雾达到一定浓度时,消防灭火系统会自动报警,可以使饭店消防控制中心及时发现险情的发生地点,以最快的速度扑灭火灾。(图6-2)

(2)喷淋器:一般安装在走廊和房间的天花板上,连接着水管。当火灾发生室内温度达到一定高度时,喷淋器内的水银球就会破裂,喷出水来进行降温和灭火。

(3)消防栓和消防水带:客房走廊必须配备一定数量的消防栓和消防水带,它们和消防水塔相连接,当火情发生时,可以及时打开消防栓,借助消防水带的高压水柱扑灭火灾。

(4)防火门:防火门是高层饭店防火分隔和安全疏散设计中不可缺少的建筑

构件,在火灾发生时,用来关闭和分隔着火区域,防止火灾的蔓延,它是疏散通道能真正起作用的基本保证之一。

(5)安全疏散设施:主要有安全出口、疏散楼梯、疏散通道、疏散门、应急照明灯、安全指示牌等。设置安全疏散设施是为了在火灾发生时,用于快速撤离人员,减少伤亡。

(6)安全通道示意图:客房门后张贴的安全通道示意图,用以提醒客人在发生火灾时,快速找到出口逃生。

图 6-2　烟感报警器

6.2.4　电视监控系统

电视监控系统是饭店安全设施系统的重要组成部分。它是由摄像镜头、控制器、监视器和录像机等组成的闭路电视系统。通过设置在客梯、各楼层的电梯口、楼层走道、贵重物品集中地的摄像头组成的闭路电视监控网,电视监控人员可以从屏幕上发现可疑的人、事、物,达到监视和控制作用。发现不法分子和可疑分子,可以及时做好防范措施,以确保客人和饭店的人身、财产安全。

6.2.5　通信联络系统

通信联络系统是保安部开展安全保卫工作网络化的重要手段,主要用于保安部、安全监控中心及其保安巡逻人员在各个岗位上,相互保持通信联系,即通过电话、对讲机、手机等通信器材而形成的联络网络。这个网络系统可以使饭店具有快速反应能力,对保障饭店与客人的安全起着十分重要的作用。(图 6-3)

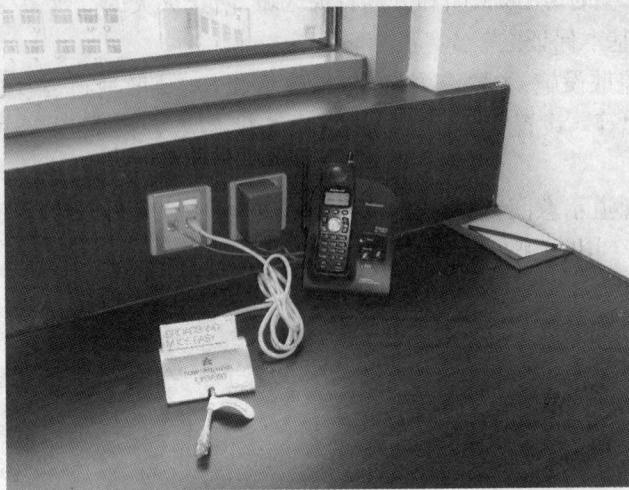

图 6-3　安全监控室

6.2.6　钥匙系统

为保证客房安全,严格的钥匙控制措施是必不可少的。客房钥匙丢失、随意发放、私自复制或被盗都会带来各种安全问题。

传统的金属钥匙系统按功能及使用范围一般分为三种:客房专用钥匙,即只能开启某一个房间,不能互相通用,供客人使用;楼层或区域通用钥匙,可以开启某一楼层或某一楼层上的某个区域内的所有客房,供客房部主管、领班及服务员用;客房全通用钥匙,可以开启各楼层所有的客房,有的还包括客房部所负责的公共区域内的场所,供客房部正、副经理使用。

金属钥匙领用应有严格的制度。每天上班时,根据工作需要,客房主管、领班及服务员来领用钥匙时,客房部办公室人员都应录下钥匙发放及使用的情况,如领用人、发放及归还时间等,并由领用人签名。还应要求客房服务员在工作记录表上,记录下进入与退出房间的具体时间。

适时更换客房门锁的锁头是保证客房安全的进一步措施。尤其是在丢失钥匙、私自复制钥匙等事件发生后,更应及时更换客房锁头。在通常情况下,饭店也应定期更换整个饭店的钥匙系统,以保安全。

随着技术的进步,如今在饭店里,一种更安全、更方便的电子钥匙系统正在逐步取代传统的金属钥匙系统。电子钥匙系统可以用于客房以及饭店的其他地方。这种系统包括一片电子密码钥匙以及能轻易识别一种或多种密码的房门控制装置,电子钥匙的密码是从几十亿种可能的组合中挑选出来的,所以基本上是不能复制的。每一位新客人入住时,都可以领到一张新的、由塑料、金属或高强度纸板制成的钥匙,客人所住客房的门锁内的组合密码只认可这位新客人的钥匙,这种程序基本上可以保证顾客的安全。

　　电子房门出入控制系统还具有别的突出的优点,比如,它可以记录什么人于什么时间进入某一区域,并能将这一信息通知中心计算机,这样设备经理就能在办公室里对出入房间的使用者的活动了如指掌,从而能轻易地制作工作报告。房门出入控制系统也可以安装报警装置,客人万一遇上被迫开门的情况,就可以发出求救信号。从长远来看,这种系统的投资要低于金属钥匙系统安装、维修与重置的成本,并且还提高了客人在饭店的安全度。规模经济将使得电子钥匙系统成为新兴饭店的必然选择。

6.2.7　房间安保设施

　　(1)门锁。门锁是保障住客安全最基本、也是最重要的设施,由于饭店规模、档次的差异,各饭店所使用的门锁各异。(图 6-4)

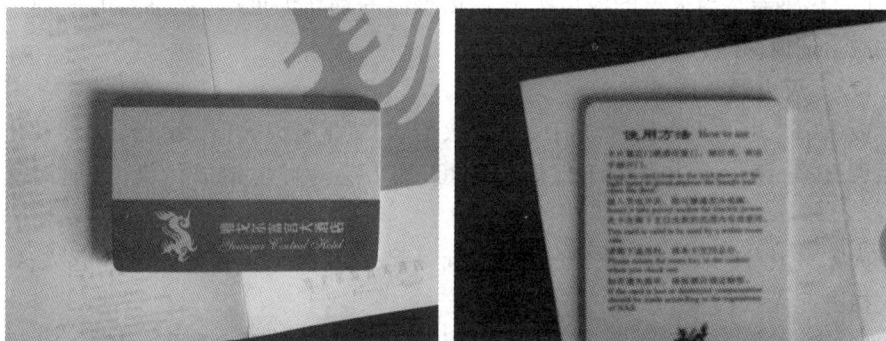

图 6-4　门锁房卡

　　(2)保险箱。供客人存放贵重财物。(图 6-5)
　　(3)窥镜。窥镜安装在房门上端,为广角镜头,便于住客观察房间的外部情况(图 6-6)。

图 6-5　保险箱

图 6-6　窥镜

6.3　消防实训

6.3.1　饭店消防灭火系统的组成

6.3.1.1　报警器

(1)手动报警器。手动报警器一般安装在每层楼的入口处,有楼层服务台的饭店则设在服务台附近的墙面上。当有人发现附近有火灾时,可以立即打开玻璃压盖或打碎玻璃使触点弹出,造成报警。另外,还有一种手压报警器,只要按下按钮,即可报警。

(2)烟感器。饭店常用的烟感器有两种:电离压力计烟感自动报警器和光电管烟感自动报警器。烟感器常用于客房楼层的报警。

(3)热感器。当火灾的温度上升到热感器的动作温度时,热感器的一弹片便自动脱落造成回路,引起报警。

6.3.1.2　灭火器

饭店中常用的灭火器种类有喷水灭火器、二氧化碳灭火器、卤化灭火器及化学药品灭火器(卤化灭火器由于保质期较短,加上会对环境造成污染,已属淘汰产品)。

火灾一般分三类:A 类火灾指木头、纸等起火;B 类火灾指易燃液体起火;C 类火灾指电起火。

(1)喷淋装置。喷淋灭火系统主要用于 A 类火灾。洒水面积一般为 10 平方米左右。总控制室显示板上显示喷洒区域并同时报警。

(2)消防栓。消防栓装置主要是用水来扑灭火灾。一般不能扑救 B 类、C 类火灾。

消防栓一般的使用方法是:

1)打开消防柜,卸下出水口的堵头,安上消防栓接扣,接上消防水带,注意接口要衔接牢固。

2)然后将水带甩开,注意水带不要拧花和打结(拐死弯)。

3)最后拧开闸门,水即往水带输送到火场。

4)使用完毕后,应首先关闸门,然后再把水带分解开,卸下接扣,把堵头装好。

5)消防水带每次使用后要冲洗干净,晒干卷好,定期检查,如发现漏水要及时修好。

(3)便携式灭火器。主要用来扑救 B 类火灾和 C 类火灾,即易燃液体和电力起火。

1)二氧化碳灭火器(图6-7)。二氧化碳灭火器主要用于扑救电气火灾、着火范围不大的油类物质、电石、精密仪器设备、重要文件等起火,但不适于金属钾、钠等物品火灾。

手提式二氧化碳灭火器主要有两种:一种是手动开启式(即鸭嘴式),另一种是螺旋开启式(即手轮式)。手动开启式的灭火器在使用时先拔去保险销,一手握住喷筒把手,对准着火物,另一手把鸭舌往下压,二氧化碳即由喇叭口喷出,不用时将手放松即行关闭。喷射时应将喇叭口对着火源外部,由外向内喷射。螺旋开启式灭火器在使用时先将铅封去掉,一手握住喷筒把手,对准火物,另一手将手轮逆时针方向旋转开启,二氧化碳气体即行喷出。

二氧化碳灭火器使用时,要注意风向,避免逆风使用,以免影响灭火效果。喷筒要在侧面从火源上方往下喷射,喷射方向要保持一定角度,使二氧化碳能迅速覆盖火源。

图 6-7 二氧化碳灭火器

2) 干粉灭火器(图 6-8)。手提式干粉灭火器可用于扑灭大多数类型的火灾,如易燃液体、金属着火、电起火、纸类、纺织品火灾等。在使用时,拔出保险销,一手拿着喷嘴胶管,对准燃烧物体,另一手握住提把,拉起提环,粉雾即喷出。

3) 泡沫灭火器(图 6-9)。主要用来扑灭油类、可燃液体和可燃固体的初起火灾,但是不宜扑灭可溶性液体(如酒精等)的火灾,不可用于电走火的火灾扑救。

使用方法:将灭火器颠倒握牢,使泡沫从外向内射向火源。

图 6-8 干粉灭火器

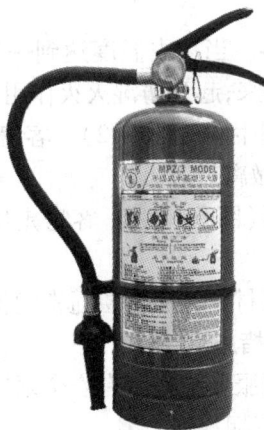

图 6-9 泡沫灭火器

4)"1211"灭火器(图6-10)。可用于扑灭油类、化工原料、易燃液体、精密设备、重要文件及电气着火,但不适于活泼金属、金属氢化物及本身是氧化剂的燃烧物质火灾。在使用时,先拔掉安全销,然后握紧压把开关,压杆就使密封阀开启,"1211"在氮气压力作用下,通过虹吸管由喷嘴射出,当松开压把时,停止喷射。使用时,应垂直操作,不可放平和颠倒使用,喷嘴要对准火焰根部,并向火焰边缘左右扫射,快速向前推进,如有零星火可以点射扑灭。

6.3.2 防火设备与措施

6.3.2.1 配备消防设备器材

饭店客房区域的防火设备主要包括下列内容:

(1)烟感报警器(图6-11)。当房内烟雾达到一定浓度时,烟感器便会自动报警,有利于及时发现火情。

图6-10 "1211"灭火器　　　　图6-11 烟感报警器

(2)花洒器。当房内温度达到一定高度时,花洒器内的水银球受热膨胀而破裂,水即喷洒出来,起到防湿灭火作用。

(3)安全逃生图(图6-12)。客房门背后应贴安全逃生图,用以指示客人在发生火灾时安全撤离疏散。

(4)报警器(图6-13)。客房走廊通道上应装有报警器,发现火情者可立即报警。

(5)灭火器材。客房楼层通常配备消火栓及各种轻便灭火器。

6.3.2.2 防火措施

(1)客房内服务指南附有安全须知,床头柜上放有"请勿在床上吸烟"告示牌,通道及电梯口有烟灰桶。

(2)楼层走廊照明灯具完好,保证安全通道畅通。

(3)所有服务员都要牢记太平门、灭火器与消火栓的位置,并熟练掌握灭火器材的使用方法。

（4）当班服务员要坚守岗位，注意观察，杜绝火灾隐患（如火星、火花），发现问题要及时采取措施并及时报告。

图 6-12　安全逃生图

图 6-13　报警器

（5）禁止客人在房内使用电炉，对长住客人在房间使用自备的电器设备做到心中有数，防止超负荷用电。

（6）服务员应明确在特殊情况下自己的任务及作用。

（7）对服务员进行消防知识的培训。

（8）香烟和火柴是饭店火灾的首要原因之一，员工应该只在指定区域内吸烟，并处理好烟灰和熄灭烟头。

（9）有故障的电器是饭店火灾的常见起因，发现不良情况应及时报告。

（10）楼梯和电梯井底部等地积聚的垃圾易造成火灾，应定期清扫。

6.3.3　火灾的通报

6.3.3.1　饭店内部通报

发生火灾时，饭店有关部门（如防火中心）应立即向消防部门报警，同时，要向客人发出通报，要求客人迅速撤离客房，但考虑到在这种情况下人们特殊的心理状态，因此通报应采用一定的艺术方法和步骤，以免因大恐慌而造成更多的伤亡。一般来说，火灾发生时，最好能够按照以下步骤进行通报：

（1）异常通报。通过安装在客房床头柜上的广播向客人通报紧急事态的发生及疏散方法，这时，防灾中心最好采用预先录制好的磁带用不同的语言播放通报的内容，以免因此时此刻播音员以激动的语气向客人通报"火"灾而引起恐慌。考虑到很多客人并未打开床头柜音响，或因熟睡而无法听到广播，在通过广播进行通报的同时，应由饭店保卫人员对各客房逐个通知。

为了使疏散工作顺利进行，通报应按步骤进行：首先向起火层报警；再向其上一、二级报警；然后通报上面其他楼层；最后通报起火层以下各层。

（2）二次通报。鸣警铃，进行全楼报警。

6.3.3.2　报警

如火情严重，应立即拨打"119"报警。报警时要讲清楚以下事项：

（1）饭店的名称、地址；

（2）什么东西着火；

（3）哪一层楼着火；

（4）报警人的姓名和电话号码。

报警后应派人到门口或路口等候并引导消防车。

6.3.4　火灾发生的原因

（1）由吸烟或烟头引起火灾。据统计，在饭店火灾中，抽烟或烟头引起的火灾发生率占居首位。客人在酗酒后抽烟或抽烟时睡着；客人在禁烟区抽烟；随地乱丢烟头等都极易引起火灾。

（2）电器设施出现故障、客人使用电器不当引起的火灾。电器设备线路连续超时、超限使用引起自燃；客人私拉乱扯电源、随意增设电器，在电器上覆盖易燃物品都会引起火灾。

（3）饭店消防设施配备不到位，消防管理不善。由于饭店对火灾危害认识不足、存在侥幸心理、疏忽大意等原因，饭店消防设施数量不足或者设备老化，导致火灾发生后,不能及时有效地扑救,给饭店和客人造成更大的损失。

(4)饭店施工过程中,作业不慎引起火灾。除了上述原因外,饭店里小孩玩火、厨房用火不当等也都可能引起火灾,酿成悲剧。

6.4　防盗实训

客房内拥有大量的设施设备和各种高档物品,这些财产设备和物品为饭店正常运行、服务及客人享受提供了良好的物质基础。它们每天有员工或客人接触使用,一旦这些财产及物品被盗及滥用都将影响到饭店或客人的利益。因此,防盗工作是饭店安全控制与管理的重要内容。

6.4.1　偷盗的类型

6.4.1.1　**外部偷盗**

社会上的不法分子混进饭店客房进行盗窃,这些人往往装扮成客人的样子,盗取住店客人及饭店的财物。饭店只有依靠加强管理,提高警惕性,才能防止此类型盗窃行为的发生。

6.4.1.2　**内部偷盗**

饭店职工利用工作之便盗取客人及饭店的财物,这种类型的偷盗在整个偷盗事件中占很大比例。由于他们对饭店的内部管理情况、活动规律及地理位置都了如指掌,因此,作案容易得手,一般来说,饭店客房如发生失窃现象应先从内部入手进行侦破查找。

6.4.1.3　**内外勾结**

这种类型的盗窃,一般由饭店内部员工向社会上的同伙提供"情报"及各种方便,由其同伙作案、销赃,这种作案手段较为"高明",给饭店造成较大的威胁。

6.4.1.4　**客人自盗**

这种方式是指一些不法分子以客人的身份入住,然后利用"地利"的方便,伺机行窃。针对此类盗窃行为,饭店方要加强电梯、楼层、客房门窗等公共区域的监控与巡视,同时提醒客人提高警惕,保管好自己的财物。

6.4.2　偷盗行为的防范与控制

6.4.2.1　**员工偷盗行为的防范与控制**

员工在日常的工作及服务过程中直接接触客房各类设备与物品,这些物品可以供个人家庭使用或再次出售,这很容易诱使饭店个别素质不高的员工产生偷盗行为。饭店应采取一系列的确实可行的措施加以预防:

在防范和控制员工偷盗行为时,应考虑的一个基本问题是员工的渎职与道德水准。这就要求在录用员工时严格把好关,进店后经常进行教育并有严格的奖惩措施,应在员工守则中写明并照章严格实施。对有诚实表现的员工进行各种形式的奖励及鼓励;反之,对有不诚实行为的员工视情节轻重进行处理,甚至开除。思想教育和奖惩手段是相辅相成的,只要切实执行,是十分有效的。

另外,还要通过各种措施,尽量限制及缩小员工进行偷盗的机会及可能,如:员工上班都必须穿工作制服,戴号牌,便于安全人员识别;在员工上下班进出口,由安全人员值班,检查及控制员工携带进出的物品等。

6.4.2.2　客人偷盗行为的防范与控制

由于饭店设备物品的高档性、实用性,饭店住店客人也容易产生偷盗行为。虽然客人的素质一般较高,但受喜爱物品诱惑也不乏情不自禁者。由于住宿场所所配备的客用物品如浴巾、浴衣、办公用品、日用品等一般都由专门厂家生产,档次、质量、式样都较好,客房内的装饰物及摆放物(如工艺品、字画、古玩等)也比较昂贵和优美,这些物品具有较高的使用价值、观赏价值和纪念意义而容易成为住店客人盗取的对象。

为防止这些物品被盗而流失,可采取的防范控制措施有:可将这些有可能成为住店客人盗取目标的物品,印上或打上饭店的标志或特殊标记,这能使客人打消偷盗念头;有些使客人引起兴趣,想留作纪念的物品,可供出售,这可在入住须知中说明;客房服务员在打扫房间时,应对房间内的物品认真检查。如发现有物品被偷盗或设备被破坏,应立即报告。

6.4.2.3　外来人员偷盗行为的防范与控制

外来人员的偷盗行为的防范与控制包括三方面人员的防范与控制:

第一,不法分子和嫌疑人员的防范与控制。要加强入口控制,楼层走道控制及其他公共场所的控制,防止外来不良分子窜入作案。

第二,外来公务人员的防范与控制。饭店由于业务往来需要,总有一些外来公务人员进入饭店,这些人员包括外来送货人员、修理人员、业务洽谈人员等。应规定外来人员只能使用员工出入口,并经安全值班人员弄清楚情况后才能放行进入。这些人员在完成任务后,也必须经员工出入口离开。保安人员应注意他们携带出店的物品。楼层内的设置、用具、物品等须带出店外修理的,必须具有饭店经理的签名,经安全值班人员登记后,才能放行。

第三,访客的防范与控制。饭店的客人因业务需要经常接待各类访客,而访客中也常混着不良分子,他们在进入客人房间后,趁客人不备而顺手牵羊,带走客人的贵重物品或客房内的高档装饰品及摆设物;他们也可能未经客人同意,私自使用客房内的付费服务项目,如打长途电话,甚至国际长途等,此外,楼层应尽量避免将有价值的物品(如楼层电话等)放置在公共场所的显眼位置,并应对安放在公共场所的各种设施设备和物品进行登记和有效管理。

6.4.3　偷盗事故的处理

6.4.3.1　报失后的应急措施

（1）客人向值班服务员报失财物后,应马上向上级管理人员汇报情况,并由主管及时向客人了解情况。

（2）须查询的情况:客人丢失物品的名称、特征,客人丢失物品的时间;丢失前,什么时间最后一次看到此物;客人在丢失物品前财物放在什么地方;客人在丢失物品前,去过哪些地方;客人在房间会客情况;客人丢了多少钱(是一部分还是全部);客人在丢失前是否买过什么物品等。

（3）问清楚情况后,安慰客人不要着急,并请其再仔细查找,征求客人意见是否要报案:如果客人不要求报案,只是要求帮助寻找,应该及时把情况汇报给领导,听取领导的处理意见;如果客人要求立即报案,也应给客人提供方便,让客人自己到公安机关(或打电话)报案。

（4）认真听取客人对丢失物品的详细说明并做好记录。

6.4.3.2　报失后的注意事项

（1）客人报失(报案)后,服务员只能听取客人反映的情况,不做任何结论或说一些否定性的语言,以免为今后的调查工作增加困难。

（2）客人报失(报案)后,服务员绝不能到客人房间查找,以免发生不可想象的后果。

（3）客人报失(报案)后,服务员应采取积极协助的态度,及时向领导和公安局有关部门反映情况,并尽量保护好现场。

6.5　其他事故的处理实训

凡是可能导致客人造成伤害的任何不安全因素,都应严格控制和防范,对于下面的一些意外情况也要做出及时妥善的处理。

6.5.1　停电事故的处理

停电事故可能是外部供电系统引起,也可能是饭店内部供电发生故障。停电事故发生的可能性比较大。因此,对于有一定规模的饭店来说,应配备有应急供电装置,能在停电后立即自行启动供电,这是对付停电事故最理想的办法。在没有这种装置的饭店里,客房部应设计一个周全的安全计划来应付停电事故,内容如下:

（1）向客人及职工说明这是停电事故,保证所有职工镇定地留守在各自的岗位上,客人留在各自的客房里。

（2）用手电筒照明公共场所,帮助滞留在走廊及电梯里的客人转移到安全的地方。

(3)在停电期间,注意安全保卫,加强客房走道的巡视,防止有人趁机行窃。

(4)派遣维修人员,组织抢修。

6.5.2 客人遗失物品处理

客人在离店时,有时会把物品遗落在客房里,客房部应遵照一定程序,妥善处理这些物品,履行客人遗留物品处理的职责。

(1)饭店员工发现客人的遗留物品,必须将物品如数交到客房部,如若违反,严肃处理。

(2)服务人员如在客房发现客人遗留的重要物品时,应立即通知客房服务中心和前台收款处,若客人尚未离店,经核对后,将物品归还客人;若客人已离店,客房服务中心设遗留物品登记本,将物品的发现地点、发现时间、名称、数量、质地、颜色、形状以及服务员的姓名等情况详细登记在案,并设柜存放,以待客人认领。

(3)如失主前来认领遗留物品,应认真核实其证件及物品的具体情况,确认无误后,客人须在遗留物品登记本上签名,方可将物品交给客人。

(4)如果客人委托他人带领,一定要查验委托人身份证、委托说明书及其他有效证件,防止冒领。

(5)如果客人希望将物品邮寄给本人时,客房部应予以办理。其邮资费用应根据具体情况来决定是由客人承担还是由饭店承担。

(6)遗留物品保存到饭店规定期限(3个月或半年)仍无人认领时,可按饭店有关规定处理。

6.5.3 客人醉酒的处理

饭店中的醉汉问题屡有发生,而其处理方法因人而异,一般视醉客的情绪而适时疏导,使其安静。有时醉客会大吵大闹或破坏家具,有时会呕吐或不省人事,应按其种类特征,分别按以下程序处理。

(1)服务员马上通知保安部及楼层主管,并保持理智、善变及机警。

(2)必要时须协助保安人员将其制服,以免扰乱其他住客或伤害自己。

(3)通常应安置醉客回房间休息,但仍要注意房内动静,以免家具受到损坏或因吸烟而发生火灾。

(4)若服务员在楼层走廊遇见醉酒客人时,切忌单独扶异性客人入房及帮助客人解衣服,以免醉客醒后有不必要的误会。

(5)通知客户服务经理并记录在案。

6.5.4 客人伤病、死亡处理

如果发现伤病客人,要及时做好简单处理,并立即联系医院救治。事后做好详细记录。

如发现客人在客房内死亡,应立即将客房双锁,通知保安人员保护现场,由保安部门向公安部门报案,由警方前来调查及验尸,判断死因;如警方判断为非正常死亡(自杀、他杀、原因不明的死亡),则应配合警方进行调查死因。事后做详细记录。如客人属自然死亡(病亡),须经公安部门出具证明,由饭店向死者家属发出唁电,并进行后事处理。

6.5.5　食物中毒处理

食物中毒是指客人出现恶心、呕吐、腹痛、腹泻等急性肠胃炎病症的。

(1)预防客人食物中毒现象,饭店应负起主要责任。从采购员到收货员到仓库人员到厨师都要把好卫生关,确保食物卫生安全。

(2)发现食物中毒,应立即通知医生进行紧急救护,餐饮部应对客人所用的食品取样品备检,以确定中毒原因,并通知当地卫生防疫部门。

(3)前厅部和销售部要通知中毒客人的有关单位和家属,并协助做好善后工作。

6.5.6　客人违法处理

客人违法是指客人在住店期间犯有流氓、斗殴、盗窃、嫖娼、赌博、走私、吸毒等违反我国法律的行为。发现违法情况后,保安部值班人员应立即问明当事人的姓名、性别、年龄、身份、房号等以及事情的时间、地点、经过,并立即向值班经理汇报,值班经理接到报告后,应立即派保安主管和警卫人员到现场了解情况,保护和维持现场秩序。对于严重的事件,保安部经理要亲自到现场调查,同时向值班总经理报告。在必要情况下,需要向当地公安部门报告。此时,保安部人员应对违法人员进行合法监控,等待公安人员前来处理。事件处理完毕后,保安部要详细记录备案。

6.5.7　防爆处理

防爆就是指预防人为的爆炸破坏事件。随着国际恐怖分子活动的猖獗,防爆也成为饭店工作内容之一,饭店因此要制定相应的措施预防此类恶性事件的发生。

(1)饭店应明文规定,严禁客人携带易燃、易爆、剧毒、腐蚀性和放射性等危险物品带入楼层,如果发现应及时处理,严重的报告公安部门。

(2)饭店不得存放任何危险品。

(3)饭店应教育员工学习防爆知识,制订防爆方案,进行防爆演习。

(4)对于发生爆炸后的现场,立即组织人员保护现场,并通知公安机关,等待防爆人员前来处理。如果有人员伤亡,应协助医生进行救护。

(5)事故处理完毕后,制作详细的报告并存档。

6.5.8 自然灾害事故的处理

威胁饭店安全的自然灾害有:地震、水灾、飓风、龙卷风、暴风雪等。客房部应制订具体的安全计划,内容包括:

(1)客房部及其各工作岗位在发生自然灾害时的职责和具体任务。

(2)应具备各种应付自然灾害的设备器材,并定期检查,保证其处于完好的状态。

(3)情况需要时的紧急疏散计划。食物中毒预防与处理。

6.5.9 不寻常行为之住客

饭店客人身份、地位、处境、个人兴趣、爱好、习惯各不相同,而客房服务员是饭店中最接近客人之员工,对住客中不寻常之行为应注意了解。

(1)住客不停地饮酒,可能不曾进食,这时服务员应通知楼层主管,楼层主管应通知客户服务经理,客户服务经理应忠告客人。服务员应特别留意这类住客,因为不停饮酒可能会导致生命危险。

(2)住客带朋友回房,服务员应马上通知楼层主管并记录,以防住客日后丢失财物。根据饭店规定,访客必须登记,并于晚11点离开。

(3)住客登记时只注册一人,居住后则带来大量亲友来居住,客房服务员须向楼层主管报告,楼层主管通知客户服务经理加以处理。

(4)住客故意毁坏饭店物品或设备,服务员应马上通知楼层主管转告客户服务经理处理。

(5)客人不断地索取房间用品,即使已补充足够,服务员应告知领班并记录下来。少量用品是可以提供的,若要求量过大,服务员应礼貌拒绝。

(6)住客对房间清洁有特别要求时,服务员除小心整理该房间外还需向楼层主管报告并记录下来。

(7)住客要求服务员下班后作其向导,服务员应礼貌拒绝,并强调这是违反饭店规定的。

(8)住客要求代找小姐,服务员应礼貌拒绝,因为这样既违反饭店规定也触犯国家法律。

【本章小结】

客房是客人在饭店的主要居留地,客人安全重如泰山。饭店和客房部应充分认识到安全工作的重要性,加强安全设施的配备和监管,培养工作人员的安全意识,切实保证客人的人身财产安全,使客人的住店之旅轻松愉快。本章主要介绍了客房安全的意义、客房安全工作的种类、设施设备的配备,特别介绍了安全报警系统和消防灭火系统,以及客房安全的各种管理制度,以引起客房部员工的高度重视。

【重点概念】

客房安全　安全设施　钥匙系统　客房走道控制　安全报警系统　电视监控系统

练习题

1.饭店安全设施系统包括哪些方面?

2.影响客房安全的因素有哪些?

3.客房安全管理的意义是什么?

4.客房部如何做好防火工作?

5.客房部如何做好防盗工作?

6.客人走后,服务员发现房间地毯上有一个被烟头烧的洞,客房部应如何处理?

本章案例

中国饭店行业突发事件应急规范(试行)

□中国旅游饭店业协会

总则

第一条　本规范适用于在中国境内开办的各种类型的饭店,含宾馆、饭店、度假村等。

第二条　本规范所称饭店行业突发事件,是指在饭店所负责区域内,突然发生的对客人、员工和其他相关人员的人身和财产安全,造成或者可能造成严重危害,需要饭店采取应急处置措施予以应对的火灾、自然灾害、饭店建筑物和设备设施、公共卫生和伤亡事故、社会治安,以及公关危机事件等。

第三条　饭店行业突发事件应急管理应贯彻预防为主、预防与应急处置相结合的原则,把应急管理贯穿于饭店管理的全过程,创造安全和谐的饭店环境。

第四条　饭店应成立突发事件应急指挥机构,在突发事件发生时起到协调、统一领导以及快速决策等作用。

第五条 饭店应从实际出发,根据自身的特点,结合本规范制订具体的、符合自身情况的应对危机预案。

第六条 饭店出现超出本规范所列出的类似事件,应依据本规范中的各项原则来处理。

第一篇 预防准备

第一章 预案建立

第七条 饭店应建立健全突发事件应急预案体系。饭店应遵循法律、法规及相关规定的要求,结合本店的实际情况,制定相应的突发事件应急预案,并根据实际需要和形势变化,及时修订应急预案。

第八条 饭店应急预案应针对突发事件的性质、特点和可能造成的危害程度,对突发事件具体细分等级,制定相应的应急管理程序与制度。

第二章 管理机构

第九条 无论是来自业主方任命还是管理公司派遣,饭店总经理都应是饭店突发事件应急管理第一责任人。总经理和相关管理人员需熟悉本饭店应急管理预案的全部内容,具备应急指挥能力。总经理可授权相关管理人员或机构处置应急事件,但需对处置结果承担责任。

第十条 饭店应安排总经理等高级行政管理人员及各主要部门的负责人,组成危机领导小组或类似的组织作为突发事件应急管理指挥机构,并有效规定所有成员的职责。应急管理指挥机构可视情况需要,在必要时组建现场控制中心及媒体信息中心,并安排相应的执行人员来负责推进和落实各项应急处置工作。

第三章 制度体系

第十一条 饭店总经理应切实贯彻国家和上级有关突发事件应急管理的各项法律、法规和要求,保障饭店的营运安全和客人、员工的人身、财产安全;保证饭店应急预案体系健全,操作顺畅有效;落实应急管理责任制并有效监督;妥善处理内部矛盾,对各种安全隐患及时提出整改意见;提高各项技术防范措施的科技含量;为各项预防准备工作争取必要的资金投入。

第十二条 饭店员工应熟悉本岗位的突发事件预防与应急救援职责,掌握相关的应急处置与救援知识,按规定采取预防措施,进行各项操作,服从饭店对突发事件应急处置工作的统一领导、指挥和协调。由本店员工组成的专职或者兼职应急救援队伍在现场执行任务时,应佩戴相应的识别标志,听从现场指挥人员的命令。

第十三条 饭店应定期对所辖区域内容易引发各类突发事件的危险源、危险区域和工作环节进行调查、登记、风险评估,定期检查本店各项安全防范措施的落实情况,掌握并及时处理本店存在的可能引发突发事件的问题,明确提示和要求有关部门、员工及客人采取相应的安全防范措施。

第十四条　饭店应建立健全突发事件应急处置培训制度,对店内负有处置突发事件职责的员工定期进行培训,对本店员工和客人开展应急知识的宣传普及活动和必要的应急演练。

第十五条　危机发生时,各部门和各岗位可视情况需要,立即组织开展力所能及的应急救援和紧急控制措施,并立即向饭店突发事件应急管理指挥机构汇报,由其统一领导应急处置工作。各部门负责人应坚决执行各项指令,并及时提供相关的专业建议。事件发生现场的部门负责人应保证与应急管理指挥机构的有效联络,根据指令在现场带领员工实施各项处置工作,并及时通报现场情况。

第十六条　饭店应明确应急处置工作的组织指挥体系,制定和强化各部门及各岗位应对突发事件的责任制度,确保本店突发事件应急处置的各项规定能得到切实实行。

第十七条　饭店应通过制定相应的应急沟通计划和公共关系处理流程,指定相应的部门与人员,负责在应急管理期间,与员工、客人、上级主管单位、相关政府部门及机构、新闻媒体等的信息沟通事宜。

第四章　物资准备

第十八条　饭店在筹建、重建或装修改造时,应在功能规划上充分考虑预防、处置突发事件的需要,统筹安排应对突发事件所必需的设备和基础设施建设,合理确定应急避难场所。有条件的饭店可以在消防控制中心建立突发事件控制中心,便于所有信息和指令的传递。

第十九条　饭店应为本店的各种交通工具和相关场所配备报警装置和必要的应急救援设备、设施,注明其使用方法,并显著标明安全撤离的通道、路线,保证安全通道、出口的畅通。应以自检和配合上级主管单位与相关政府部门及机构检查相结合的方式,定期检测、维护其报警装置和应急救援设备、设施,使其处于良好状态,确保正常使用。

第二十条　饭店应在消防、电源线路设置、电器设备使用、特种设备使用、危险物品管理、建筑施工等方面严格执行有关安全生产的法律、法规,加强日常维护、保养,保证安全运行。

第二十一条　饭店应在重点要害部位、设施和设备上,设置便于识别的安全警示标志。尤其注意要在客房内的显著位置张贴或放置应急疏散图、客人安全须知等安全提示;在落地式玻璃门、玻璃窗、玻璃墙等设施的显著位置设立警示标志;在店内设置能覆盖饭店所有区域的应急广播系统、特殊区域的应急对话设备等。

第二十二条　饭店应建立健全应急物资储备保障制度,完善重要应急物资的监管、储备、调拨和紧急配送体系。明确应急检查清单的内容,应急联系的相关部门与机构和相关人员的联系方式,以及所需要配备的各种应急物资等。

第二篇　应急反应

第五章　应急程序

第二十三条　饭店应建立突发事件信息收集系统，通过相关制度的制定和程序的实施，要求各部门和所有人员及时、客观、真实地报告突发事件信息，严防迟报、谎报、瞒报、漏报和传播虚假信息等现象的发生。

第二十四条　先遇到或发现突发事件的员工应及时向饭店相关部门及上级领导汇报。汇报内容应基于当时的实际情况，尽可能多地提供各种相关信息，尤其是事件发生的时间、地点、涉及人员、简要经过和可能的原因，对人身、财产、饭店、周边社区可能的影响，需采取的行动和已采取的行动等。部门负责人或值班人员在接到突发事件报告后，如获悉有人员死亡、伤员需救治、设备设施严重受损坏、明显存在安全威胁等情形，应立即向总经理或其授权代表汇报。

第二十五条　总经理或其授权代表在接到突发事件报告后，应尽快赶赴现场进行实地调查，并视情况安排总机或采用其他方式通知饭店应急处置指挥机构的相关人员前来共同调查并参与商讨，及时汇总分析各种信息，对可能造成的影响进行评估，决定是否需上报上级突发事件应急机构、公安机关或消防机关、管理公司及业主公司和对媒体进行披露等。

第二十六条　如饭店发生造成或可能造成严重社会危害的突发事件时，则应按规定立即向上级主管单位和相关政府部门及机构报告。

第六章　应急处置

第二十七条　饭店所采取的突发事件应急处置措施，应与突发事件可能造成危害的性质、程度和范围相适应；在突发事件发生时，客人和员工的安全至上，应首先最大限度地保护客人和员工及其他相关人员生命安全，其次为财产安全，尽量避免或减少损失。

第二十八条　饭店应根据突发事件的性质和可能造成的危害，及时启动应急预案。

第二十九条　应及时向客人和员工发布有关采取特定措施避免或者减轻危害的建议、劝告；组织营救和救治受伤人员，转移死亡人员，视情况需要，转移、疏散并撤离易受突发事件危害的客人、员工，并予以妥善安置和采取其他救助措施；

第三十条　应及时转移客人和饭店的重要财产及客人、员工及饭店的重要资料；

第三十一条　迅速控制危险源，标明危险区域，封锁危险场所，划定警戒区，控制或者限制容易导致危害扩大的生产经营活动以及采取其他保护措施，确保物品和饭店财产的安全；

第三十二条　应实施应急沟通计划和公共关系处理流程，有效处理与客人、员工、上级主管单位、相关政府部门及机构、新闻媒体和社区公众等的信息沟通工作。

第三十三条 如相关政府部门及机构已开始介入突发事件的应急处置与救援工作,饭店应听从统一的指挥和安排,积极主动参加和配合应急救援工作,协助维护正常秩序。

第三十四条 突发事件的威胁和危害得到控制或者消除后,饭店应采取或者继续实施必要措施,防止突发事件的次生、衍生事件或者重新引发社会安全事件。

第三十五条 突发事件应急处置工作结束后,饭店应有效实施对各种救助、补偿、抚慰、安置等善后工作,妥善解决因处置突发事件引发的矛盾和纠纷,尽快恢复正常经营管理秩序。

第三十六条 饭店应对突发事件造成的损失进行评估,对经验教训进行总结,及时查明突发事件的发生经过和原因,总结突发事件应急处置工作的经验教训,制定改进措施。

第三篇 常用预案要点

第七章 火灾

第三十七条 火灾指凡在时间上或空间上失去控制的并对财物和人身造成损害的燃烧现象。在各种灾害中,火灾是最经常、最普遍的威胁人身安全、财产安全的主要灾害之一。

第三十八条 饭店应成立突发事件应急处置中心以及消防控制中心,便于火灾发生时,各种突发事件的统一处理和各个部门的协调安排。任何员工若发现有异常的燃烧味、烟雾或火焰等迹象,应先观察火情,并在第一时间报告饭店消防控制中心。

第三十九条 饭店突发事件应急处置指挥机构应及时全面了解具体情况,决定是否作出向消防机关报警、疏散人员、转移财物等指令。及时组织店内应急救援队到指定的地点集结,合理分配人力,安排灭火组负责控制、扑救火情;抢救组负责抢救重要物资、危险品,疏散组负责疏散现场人员;救护组负责对现场的伤员、残疾、行动不便的客人进行救护、转移。

第四十条 饭店消防控制中心在获知报警信息或发现烟感、温感等报警设施启动时,应立即安排人员赶往现场,甄别火情,组织现场人员扑救初起火灾,并视情况决定是否需按火情级别通知电话总机启动相应的紧急联络程序;同时,还应视情况及时启动灭火设施、应急广播、疏散照明、防火卷帘、防火门、排烟、送风系统,监控报警系统其他报警点。

第四十一条 在火灾发生时,各部门应按照上级命令统一行动,各司其职,各部门员工在负责紧急处理的人员到达之前应尽可能留在现场,并与消防控制中心随时保持联系,以便及时提供具体的火情信息。同时,应尽可能地使用安全、快捷的方法通知火情周边处于危险区域的不知情者,并视情况使用离现场最近的消防器材控制火情。当饭店下达紧急疏散指令后,要保持各通道的畅通,疏散客人及员工到建筑物外指定的安全区域,并及时反馈执行情况。

第四十二条　保安部负责人应迅速到临时指挥部协助指挥,并安排人员组织现场扑救、疏散,报告火势情况,监视火势发展,判断火势蔓延情况,维持店外秩序,保障消防车通道顺畅,加强对饭店所有出入口的监控,阻止无关人员进入饭店。工程部应安排负责人视火情关闭空调、停气、断电、启动应急发电机等,确保消防电梯的正常使用,解救电梯内被困乘客,保证喷淋泵和消火栓泵供水等。确保应急发电机的正常运行,消防水源正常供应和排烟、送风等设备的正常运行。前厅部应通知电话总机确保店内通讯畅通,打印住店客人名单,维持饭店大堂秩序,清除门前障碍。客房部应安排人员迅速清理楼层内障碍物,统计各个楼层的客人人数,对来电询问的客人做好安抚、记录工作。餐饮部应安排人员立即关闭所有厨房明火,安抚就餐客人。人事部应及时通知医务室做好救护伤员的各项准备,迅速统计在店员工人数,安排宿舍管理员组织在宿舍的员工随时待命。财务部应组织外币兑换处及各收银点和各下属办公室的员工收集和保管好现金、账目、重要单据票证等,通知电脑机房做好重要资料的备份、保管工作,做好随时根据指令进行转移的准备。饭店总经理办公室应及时向饭店所有承租店家通报情况,集结饭店所有车辆,随时按要求运送伤员,做好饭店重要档案的整理及转移准备。

第四十三条　火灾后应安排人员拍摄受影响的区域,协助前台部门及财务部门整理一份损失清单上交饭店,以便送至保险公司。在必要检查之后,经总经理同意采取补救措施,将受影响的营业区域恢复成正常状态。按顺序在记录本上记录所有细节,准备好募集证人和相关人员名单,协助在调查中需要援助的人员。

第八章　自然灾害

第四十四条　自然灾害指以自然变异为主因的危害动植物及人类的事件,包括风暴、海啸、台风、龙卷风、水灾、旱灾、冰雪灾害等气候灾害以及地震、山体滑坡和泥石流等地质灾害。

第一节　汛情及极端气候灾害的处置

第四十五条　在汛情或极端气候到来前,饭店应组织人员对防汛器材、防汛设施、避雷装置、污水泵、机房等重点要害部位等进行检查和维护,确保各项设备运转正常;在地下车道口、地势较低的出入口及其他重点要害部位门口准备沙袋;对建筑物顶部、门窗、外围悬挂设施等部位进行检测和维护,并做加固和清理处理。

第四十六条　若获知汛情或极端气候发生,饭店应安排人员赶赴现场核查情况,并视情况决定是否需通知总机及时启动应急联络程序,调集人员进行堵漏、排水工作,对重点要害岗位、库房等区域增加人力及防汛器材和工具,防止次生灾害事件发生,下达转移物资指令,启动应急救援预案。

第四十七条　在应急处置过程中,工程部应视情况决定是否应切断受灾区域的电源,要及时组织人员携带工具到达现场抢险,对严重积水的部位,抽调排水设备进行排水。保安部应根据指令对发生汛情的岗位增派人员执勤,劝阻无关人员进入受影响区域,安排人员在楼层进行巡逻,防止不法人员进行破坏,防止盗窃及恐慌骚乱,维持公共区域的秩序。在室外值班的安全员,应检查饭店外墙的玻璃窗是否关闭,将外围用电和电源关闭,以免造成短路火灾。其他受事故影响的部门要组织人员对客人做好安抚解释工作,根据指令疏导客人离开受影响区域。其他人员随时准备协助医务人员抢救伤者,及时与保险公司进行联络。

第二节　地震的处置

第四十八条　饭店地震应急原则为:长期准备,立足突然;统一指挥,分工负责;快速反应,自救互救。

第四十九条　饭店要根据应急情况,制定疏散方案,确定疏散路线和场地,有组织地对客人及工作人员进行避震疏散。当饭店所在区域人民政府发布临震警报(包括有感地震和破坏性地震)后,即进入临震应急期,饭店应及时组织开展临震应急工作。

第五十条　当饭店所在区域及其邻近地区发生地震,并明显有感时,饭店应及时组织开展有感地震应急处置工作,并根据当地政府和上级部门传达的信息和指令,安排人员做好地震信息的传递和宣传疏导工作,防止地震谣传,稳定客人及工作人员情绪。

第五十一条　当饭店所在区域发生破坏性地震时,饭店应立即组织抗震指挥部。抗震指挥部应即刻进入指挥一线,启动抗震救灾指挥系统,并成立抢险救灾组、医疗救护组、治安保卫组、疏散组、宣传组等工作小组。工作侧重点为组织客人及员工疏散、开展自救互救、预防和消除地震次生灾害。

第九章　饭店建筑物和设备设施

第五十二条　饭店建筑物和设备设施指饭店主要的固定资产,其中饭店建筑物指饭店进行生产经营活动的人造地面固定场所,设备设施指饭店通过购买或拥有等方式为进行经营管理等活动所使用的工具。饭店建筑物和设备设施事故指饭店的建筑物和设备设施在特殊情况下出现的异常从而给饭店经营管理活动造成不利影响的各种事件,主要包括停水、停电、停气、电梯运行故障及监控中心无法运转等。

第三节　停水、停电及停气的处置

第五十三条　若根据各种反馈信息,确认问题是店外原因引发,应安排人员联系设备及水、电、气的供应方,说明饭店目前发生的具体情况,详细询问事故的破坏程度和修复时间,并立即向饭店突发事件应急处置指挥机构报告。在事故恢复后,应组织人员到相关区域巡查,恢复开启设备,维修损坏设备,落实改进措施。

第五十四条　若发现或获知在没有事先通知的情况下,店内发生停水、停电、停气等现象,饭店工程部应立即向相关机房通报情况,安排专业人员携带专用工具到现场察看情况,检查是否在店内还存在其他停水、停电、停气现象。若发现机房设备出现了严重故障,工程部应立即向饭店总经理等高层领导报告,指示相关机房启动应急方案,赶往相关机房现场指挥,要求总机启动应急联络程序。各部门负责人接到报警后,应立即返回岗位,随时准备接受相关命令。

第五十五条　若经仔细了解具体情况后,确信问题在短时间内无法解决时,饭店应安排专人向相关部门求援,并立即启用临时发电机、临时供水车等救援设备。

第五十六条　在应急处置过程中,饭店工程部应视需要,安排相应的专业维修人员分别前往解救电梯内被困乘客;前往配电室启动应急发电机以保障事故照明、消防设施设备等用电;前往事故现场进一步查明原因,留守观察,及时反馈。保安部应重点关注监控系统、消防系统等运转情况,依照指令,在饭店各出入口及相关区域增加人手,加大巡视密度,对事故现场做好警戒工作,控制现场情况,防止发生混乱。前厅部应及时向饭店突发事件应急处置指挥机构提供住店客人资料,并安排人员做好客人解释、安抚,及客人的要求和意见反馈工作,看管好客人的行李,确保店内指挥通讯畅通。餐饮部应要求所有当班服务员及厨师保持冷静,并采取相应的措施稳定各餐厅客人情绪,向客人说明情况争取得到谅解。若客人要求离开,应安排服务员给客人照明道路指引通道,防止造成混乱。餐饮部负责人及厨师长还应根据指令,及时制定对策,改变菜单,提供易于制作的食品。客房部应组织人员在发生停电时,携带手电筒等应急照明装置赶往楼层巡视,为客人进入房间和离店提供照明。在发生停水时,需从库房或其他场所调集矿泉水。当应急送水车到饭店后,及时给客人提供必备的生活用水。采购部应购买柴油等物品以保证应急发电机的使用,联系购买饮用水及食品等,保障应急处置的需要。财务部应组织外币兑换处及各收银点和各下属办公室的员工收集和保管好现金、账目、重要单据票证等,通知电脑机房做好重要资料的备份、保管工作,做好人工处理相关服务的准备。其他各部门应坚守岗位,管理人员应在现场进行督导,及时向饭店突发事件应急处置指挥机构反馈情况,服从统一指挥。

案例　"家贼"难防

某高星级饭店客房内发生了一起特大盗窃案,客房内的手提电脑、手机、现金等大量财物遭窃,公安机关接到报案,迅速派人赶到现场展开侦查。经过一番调查,很快排除了外来人员和客人作案的可能性,疑点集中到饭店客房部吴某身上。经验丰富的公安人员巧妙地与其周旋,终于攻破其心理防线,吴如实交代了在担任客房部服务员期间,发现店内安全管理措施不严,有机可乘,于是就常常利用工作之便,在客房内偷窃客人的物品,一次次得手,从未被发现,胆子也就越来越大了,直到这次案发。这起特大盗窃案,从报案到侦破,虽仅数天的时间,但作案者多次行窃,时间竟长达一年之久,盗窃的财物价值几十万元,给饭店造成的损失无法挽回,却从未被饭店管理者察觉,的确发人深省。

【评析】

饭店是客人的"家外之家",在"家"中,最重要的是要有安全感。

首先,饭店应该为客人营造一种安全的氛围,把安全管理置于重要的地位,制定高效的安全管理规范和措施,以确保客人能拥有一个放心的"家"。该饭店一年中曾多次接到有关失窃的投诉和报案,但由于种种原因,有些没有及时处理、有些不了了之,安全管理的松懈,危害了客人的利益也严重影响了饭店的声誉。

其次,饭店必须制定一套严格、健全的安全管理措施,以防患于未然。如果饭店的安全管理措施严密,吴某便无机可乘,难以窃得如此多的财物。他正是钻了饭店安全管理不严的漏洞,才使得客人和饭店蒙受了如此重大的损失。该饭店的各级经营管理者都应深刻吸取教训。

最后,要加强饭店的内部管理,提高员工素质是防"家贼"的重要环节。为防止内部偷盗现象的发生,饭店在对外招工时,一定要严把"选人"关、"用人"关,将那些流里流气的应招者拒之门外。另外,饭店还应做好员工的思想工作,对员工进行职业道德教育,形成良好的店风、店纪。

附录

附录一 客房部服务与管理常用表格

员工考勤表

年 月

日期 序号	1	2	3	4	5	6	7	8	9	10	11	12	13	14	15	16	17	18	19	20	21	22	23	24	25	26	27	28	29	30	31
1																															
2																															
3																															
4																															
5																															
6																															
7																															
8																															
9																															
10																															
11																															
12																															

备注 R:休息 B:病假 S:事假 K:旷工 A:其他 N:年假 C:产假 T:探亲 H:婚假
J:加班

部门经理: 部门主管: 考勤员:

查 房 表

楼层：   日期：

房号	进房时间	出房时间	查房内容

检查人_____   经理_____

楼层领料单

楼层：　　　　　　　　　　　　　　　　　　　No.

编号	品名	规格型号	单位	申请数量	实发数量	单价	金额

领料人		发料人		领料日期	

备注：一式二联　一、楼层存根　二、内勤存根

×××国际大酒店
Golden Dome International Hotel

<u>地毯清洗报告单</u>

申请单位：_____

申请内容：_____

申请单位主管_____ 填表人_____ 填表时间_____

接单人_____ 接单时间_____

处理结果_____

_____

_____

_____

工作人：_____ 完成时间：_____

验收签字：_____

备注：一式三联

楼层领班交接班本

日期		出勤	领班—	A—	B—	病事假—
本班次离店房号						
本班次预抵房号						
本班次到店房号						
本班次 VIP 房号						
本班次工作内容及特殊服务事项记录						
交下班次记录		总钥匙交接	时 间			
			交班人			
			接班人			
交班前房间状况统计						

员工请假报告单

姓名:	部门:		填写日期:
假别:	起止日期:自 年 月 日至 年 月 日止		
事由及申请天数:			
所在部门审批意见:		饭店领导审批意见:	
备注			

审批权限说明:

1. 请假三天以内,由部门经理批准;

2. 请假超过三天(不含)至十五天由主管总监批准;

3. 部门经理助理以上人员请假由总经理或主管总监批准;

4. 探亲假经部门签署意见后,报主管总监批准,交人事培训部备案,假期满后应及时到人事培训部销假(方能报销路费)。

备注:以上可根据情况更改,一式三联。

楼层访客登记单

来访者姓名		性别		工作单位		
联系电话				地　　址		
身份证号码及其他有效证件				访何人		房号
公司名称				是否预约		来访人数
事由						
					年　月　日	
来访时间				离开时间		
服务员姓名				备注		

一联:客人　二联:楼层　三联:存根

客人遗留物品登记表

房号		姓名		上交时间		发现时间	
遗留物名称				发现地点			
备注:							
经办人				交物人			
客人领取签名				领取时间			

一式三联:一、客人保留　二、楼层保存　三、存根

客务部楼层房间状况日报表

日期：   制表：

项目 楼层	出勤	住客	走客	空房	维修	迷你吧收入
十一层						
十二层						
十三层						
十四层						
十五层						
十六层						
十七层						
十八层						
十九层						
二十层						
二十一层						
二十二层						
二十三层						
二十四层						
二十五层						

一式四联：一联存根　二联客务经理　三联内勤　四联客房中心

211

客人损坏物品赔偿表
REPORT OF DAMAGES

×××国际大酒店　　Golden Dome International Hotel

编号：　　　　　　　　　　　　　　　　　　　　日期：
NO.　　　　　　　　　　　　　　　　　　　　　DATE

房号 Room No.		国籍 NATIONALITY		姓名 NAME	
品名 ITEM		数量 QTY		单位 UNIT	
原因 REASON					
修理费用 REPAIRING COSTS		赔偿费用 PAID FOR THE DAMAGE			

制表
PREP ARED BY _____

批准
APPROVED BY _____

第一联:存根　　第二联:财务　　第三联:客人　　第四联:楼层

×××××国际大酒店
MU DAN JING GOLDEN DOME INTERNATIONAL HOTEL
维修报告单

No.

申请单位_____　维修地点_____

维修内容_____

_____

要求完成时间_____

申请单位主管_____　填表人_____　填表时间_____

接单人_____　接单时间_____

损坏时间_____

修理结果_____

修理人_____　完成时间_____　实用工时_____

使用单位验收签字_____

第一联:存根　　第二联:工程部　　第三联:维修人　　第四联:楼层

客房部楼层物品领用汇总表

No.   日期:

品名	数量	单价	金额	备注

制表:

注:一式三联

领 料 单

编号	品名	规格型号	单位	申请数量	实发数量	单价	金额	
								日期
								领料部门
								领料部门负责人
								收料人
								发料人

一式四联：一、存根　二、甲方保管　三、乙方保管　四、收货人

营业收入日报表(代缴款单)

部门：　　　　　　当班时间：　　　　　　　　　　　　　　　　日期：　年　月　日

收入项目	当日营业额	收入项目	当日营业额	分项	收入分类	份数	金额
前台结账		食品			寓客挂账		
预收订金		酒水		转	外客挂账		
迷你吧		啤酒		账	内部转账		
洗衣		饮料		收			
游泳池		水果		入			
健身房		烟草			小计		

续表

收入项目	当日营业额	收入项目	当日营业额	分项	收入分类	份数	金额
台球		场租			人民币		
鲜花		包餐费			外汇支票		
彩扩		设备租费			人民币支票		
桑拿浴		服务费		现金收入	外汇信用卡		
理发		鲜花			人民币信用卡		
按摩		开瓶费					
长途电话							
电传					小计		
传真					合计		
复印							
打字				当日客人数 人			
车队		司机 现金内		当日使用单据编号			
		餐费 客账内		No. 至 No.			
		交际费 食品		No. 至 No.			
		酒水		No. 至 No.			
				No. 至 No.			
长短款		长短款		作废纸数			
合计		合计					

审核: 　　　　　　　　　　　　　　总收款:

一式三联:白色交款凭单　绿色送夜审审核　蓝色存根

×××国际大酒店
Golden Dome International Hotel
叫早服务单
WAKE UP CALL LIST

日期
DATE

序号 No.	团名或房号 GROUP NAME OR ROOM No.	叫早时间 TIME	预订号 ACCT	领队 ESCORT	陪同 GUIDE	签字 SIGN

客房房间状况表

日期：　　　　　　　时间：　　　　　　　　　　　　　　　制表人：

楼层				楼层			
房号	房态	房号	房态	房号	房态	房号	房态
01		13		01		13	
02		14		02		14	
03		15		03		15	
04		16		04		16	
05		17		05		17	
06		18		06		18	
07				07			
08				08			
09				09			
10				10			
11				11			
12				12			

I——住客房　V——空房　X——维修房

客房清扫报表

客房服务员　　　　　　楼层　　　　　　　　　　日期

房号＼项目	房态	客人	设备	客房清洁时间	注意
				—	
				—	
				—	
				—	
				—	
				—	
				—	
				—	
				—	
				—	
				—	
				—	
				—	
				—	
				—	
				—	

房态：

V:空房　　O:走客房　　R:预抵房　　LONG:长住房　　DND:请勿打扰　I:住客房

X:维修房　H:保留房　　VIP:贵宾　　G/I:客人在房间　　EXBD:加床

×××国际大酒店
MU DAN JING GOLDEN DOME INTERNATIONAL HOTEL
酒店纪念品价目表

　　如果阁下想购买以下酒店用品作为纪念品,酒店客房部可以为您安排。如果阁下愿意在离店时购买留作为纪念,我们将把这些费用计到您的账单上,在阁下离店时一并支付。欲咨询详情,请拨××与酒店联系。

　　The following items are available at the Housekeeping for sale. If you would like to but as the souvenir, we can arrange to change the price to your room account. Please call our Housekeeping at Ext ×× for further details.

物品 Description	单价 Price in RMB	物品 Description	单价 Price in RMB
床单 bed sheet	50.00	被子 quilt	150.00
被套 quilt case	100.00	浴巾 bath towel	50.00
面巾 facial towel	20.00	地巾 foot towel	30.00
衣架 hanger	10.00	服务夹 directory of cover	60.00
体重秤 scale	80.00	钥匙卡 key card	200.00

注:墙纸、地毯、家具等大件物品烟烫损坏,均按最低付费100元以上赔偿。

楼层服务员交接班本

日期		姓名		班次	
工作事项：					
交接内容：					
备注：					
交班人		接班人		钥匙交接	

客房中心交接班本

日期		姓名		班次	
工作事项：					
交接内容：					
备注：					
交班人		接班人			

PA 交接班本

日期		姓名		班次	
工作事项：					
交接内容：					
备注：					
交班人		接班人			

PA 月份消耗品报表

年　月　日

品名	单位	数量	单价	金额	备注
高泡地毯清洁剂	桶				
低泡地毯清洁剂	桶				
玻璃清洁剂	桶				
地毯去渍剂	桶				
浴室清洁剂	桶				
空气清新剂	桶				
金属擦亮剂	桶				
不锈钢光亮剂	桶				
牵尘液	桶				
洁厕灵	桶				
高级卫生纸	个				

续表

品名	单位	数量	单价	金额	备注
洗手浮露	桶				
去污粉	盒				
大卷纸	个				
洁厕块	个				
尘推罩	个				
除臭球	盒				
高级地板上光蜡	桶				
免磨面蜡	桶				
喷磨保养蜡	桶				
牙刷	盒				
香皂(大)	盒				
木梳	把				
合计					

月份鲜花、水果购进、消耗报表

年　月　日

名称	单位	购进			消耗			备注
		数量	单价	金额	数量	单价	金额	
玫瑰	枝							
康乃馨	枝							
剑兰	枝							
满天星	枝							
排草	枝							
山西草	枝							
针叶	枝							
百合	枝							

续表

名称	单位	购进			消耗			备注
		数量	单价	金额	数量	单价	金额	
兰花	枝							
山草	枝							
非洲菊	枝							
红掌	枝							
勿忘我	枝							
花泥	箱							
包装纸	张							
丝带纸	卷							
透明胶纸	卷							
新奇士	斤							
蛇果	斤							
苹果(普通)	斤							
梨	斤							
合计								

附录二　客房巡检项目记录表

部位：　　　　楼　　　房（区）　　　　　　　　　　年　月　日

项目	编号	类别	标准要求	结论			备注
				结果	检修	更新	
门锁（含IC卡）	1	把手	转动灵活无松动,定位精确				
	2	锁体	表面光洁无变形,操作灵活,必要时加油				
	3	电气	电量充足,指示正确,触点无磨损				
门（含壁柜门）	4	油漆	漆膜均匀无脱落、掉现象,必要时紧固加油				
	5	门轴	合页牢固,转动无噪音,必要时紧固加油				
	6	导轨	固定平直牢靠,轴承加油				
	7	门顶开关	绝缘安全,定位准确				
	8	辅助	猫眼、门吸、铰链牢靠无松动				
阀类	9	阀芯	配合严密无泄漏				
	10	阀柄	缺少补充				
	11	拨气道阀	开启状态				
	12	混合阀门	过滤器清洁,手感良好,控制灵敏,无泄漏				

续表

项目	编号	类别	标准要求	结论			备注
				结果	检修	更新	
家具及附件	13	床轮	转向灵活,固定牢固无松脱				
	14	拉手	固定牢靠,补充完善				
	15	抽屉	抽拉灵活无卡死、无杂音				
	16	油漆	漆膜均匀无脱落				
	17	整体	组合牢固,无晃动				
	18	电视转盘	灵活稳固,必要时滚珠加油				
	19	把手	洁净无锈				
	20	地秤	使用灵敏准确,外观无掉漆锈变形现象				
	21	表面	光洁无划痕				
窗户	22	边缝	密封胶均匀,无脱落				
	23	尼龙粘扣	固定均匀不起皱				
	24	窗帘	导轨牢固,推拉灵活无卡死				
	25	窗台	平整无裂缝,油漆均匀无脱落				
	26	胶条	粘接牢固,无脱胶起现象,排水孔畅通				
	27	窗玻璃	胶缝均匀无孔洞,镀膜均匀无划痕				
配套设施	28	下水	畅通,无残留物,检查过滤器				
	29	坐便	冲水控制良好,无渗漏水				
	30	天花	无变色、脱皮、裂缝现象				
	31	壁纸	无脱胶、污染、突起、撕裂现象				
	32	壁(顶)纸	接缝严密,无变形,无掉皮,无污渍				
	33	平面镜	镀膜无脱落起泡现象,影像无变形				
	34	晾衣绳	固定牢靠,抽拉灵活,归位良好				
	35	雨帘(杆)	帘无破损脱钩,杆固定牢靠无变形				
	36	手纸盒	护板洁净无变形,顶轴灵活				

续表

项目	编号	类别	标准要求	结论			备注
				结果	检修	更新	
配套设施	37	送回风口	风均匀,无变形,叶片调节灵活,无噪音				
	38	地毯	接缝严密,无烫伤、鼓包、皱褶现象				
	39	消防喷淋	安装水平,无泄漏,周围无污染,干净无尘				
备注:							

客户巡检项目记录表

部位: 楼　房(区)　　　　　　　年　月　日

项目	编号	类别	标准要求	结论			备注
				结果	检修	更新	
	40	房间空气开关	接线牢靠,无发热打火冒烟迹象				
	41	开关	控制灵活,绝缘安全,接触良好				
	42	插座	接触牢靠,无打火发热现象				
	43	剃须插座	220/110V 转换电压正常				
	44	日光节能灯	光线柔和,运行无噪音,无异常气味				
	45	房灯	灯筒卡接平整无脱落				
	46	床头灯	调光平滑无闪动,灯罩固定不松动				
	47	落地(台)灯	插头接线无破损,开关(调光)良好,绝缘达标				
	48	接线	所有压接线牢固无松动,无发热冒烟现象,绝缘良好				
	49	床头接线板	检查插头座是否插接牢靠,固定底板稳固;内部接线规范,无过热冒烟现象,绝缘良好				
	50	吹风机	风量转换开关良好,运行平稳无异常噪音,定时器准确				

续表

项目	编号	类别	标准要求	结论			备注
				结果	检修	更新	
	51	电开水器	温控灵敏正常,无打火冒烟现象,底座干燥无积水				
	52	冰箱	制冷良好,运行平稳无噪音				
	53	风机盘管	电动阀、控制器良好,阀门灵活无泄漏,运行平稳无杂音,检查更换垫子,清洁过滤器,检查疏通凝水盘				
	54	电视机	图像声音良好,功能键正常,无异常气味,遥控器操作良好,电量充足				
	55	电话机	按键灵活无卡死,通话振铃正常无杂音,插头牢靠,接触良好				
	56	保险柜	电池电量充足,密码控制操作准确				
	57	床头柜	旋钮齐全,控制准确,操作旋钮手感良好				
	58	管道井门	平整无变形,锁具控制良好,合页紧固牢靠,闭门器动作良好,门把手良好				
	59	管道井	阀门良好无泄漏,减压阀正常无共振,压力表数准确,保温材料无脱落,管道无泄漏、锈蚀				
	60	环廊空调	运转良好无振动噪音,无冷凝水滴漏,控制准确良好				
	61	消火栓	箱体完整无锈蚀,无泄漏				
	62	消防喷淋	固定牢靠无锈蚀、无漏水现象				
	63	电梯厅门	厅门洁净无划痕,轨道槽无异物,密封胶均匀无脱落				
	64	楼层显示	清晰直观,无缺笔少画现象,显示准确				
	65	风(入)孔	结合完整,无变形,无污渍				
	66						

备注:

附录三　客房部英语培训

客房用品及相关词汇

curtain　窗帘

clothes—hanger　衣架

pillow　枕头

pillow case　枕袋

quilt　被子

Blanket　毛毯

Extra bed　加床

hard mattress　硬床垫

soft mattress　软床垫

laundry list　洗衣单

laundry bag　洗衣袋

sewing kit　针线包

towel　毛巾

shampoo　洗发水

conditioner　护发素

toothbrush　牙刷

toothpaste　牙膏

soap　香皂

tissues　面巾纸

toilet paper　卫生纸

comb　梳子

bath tub　浴缸

bath towel　浴巾

face towel　小方巾

bath mat　地巾

shower cap　浴帽

bath robe　浴袍

hairdryer　吹风机

tap　水龙头

coffee table　茶几

bed-head　床头

electric kettle　电热水壶

chips　薯片

slippers　拖鞋

folder　文具盒

writing paper　信纸

envelope　信封

wardrobe　衣柜

mirror　镜子

vanity/dressing table　梳妆台

drawer　抽屉

bed cover　床罩

sheet　床单

luggage　行李

do not disturb　请勿打扰

light bulb　电灯泡

breakfast card　早餐卡

ashtray　烟灰缸

matches　火柴

tea　茶

coffee　咖啡

shoes board　鞋拔子

iron　熨斗

ironing board　熨衣板

floor lamp　落地灯

table light　台灯

adapter　插头

extension code　接线板

transformer　变压器

chair　椅子

trolley　工作车

mineral water　矿泉水

door knob　门把手

muts　果仁

switch board　控制板

safety box　保险箱

bedside table　床头柜

door bell　门铃

living room　客厅

king size bed　双人床

TV remote control　电视遥控器

rubbish bin　垃圾桶

flash light　手电筒

key hole　取电器

wall lamp　壁灯

bed room　卧室

twin beds　单人床

imperial guide　京城御鉴

data line　数据线

peep hole　门镜猫眼

lamp shade　灯杆

quilt cover　被罩

mo smoking card　请勿吸烟卡

bed skirting　床裙

fax form　传真纸

scissors　剪刀

shoe basket　鞋筐

door stopper　门堵

ceiling　天花板

toilet bowl　马桶

alarm clock　闹钟

wall picture　挂画

ball pen　圆珠笔

shoe shine mitt/paper　擦鞋布

razor /shaver　剃须刀

candy bottle　糖果盅

safety chain　安全链

bathroom scale　体重秤

tray　托盘

telephone　电话

mini bar　小酒吧

cotton ball　棉球

shower head　喷头

tissue paper box　面布纸盒

note pad　变迁

carpet　便签

door handle　门把手

sanitary bag　卫生袋

coaster　杯垫

air-conditioner　空调

refrigerator　冰箱

plant　植物

rubber mat　防滑垫

hook　挂衣钩

vase　花瓶

shower cap　浴帽

shower curtains　浴帘

wash Basin　面盆

bed pad　白拍

bed head board　床头板

shopping bag　购物袋
sheer curtain　纱帘
key insert　取电器
lock　门锁
sill　窗台
pot　冷水壶
soap dish　皂碟

clothes brush　衣刷
towel rail　毛巾架
wall paper　墙纸
arm chair　扶手椅
cup　茶杯
mug　口杯

附录四　某五星级酒店客房部岗位职责

岗位职责
JOB DESCRIPTION

岗位名称 Job Title：客房部经理	
上　　司 Reports To：总经理、驻点经理（常务副总经理）、副总经理	
直属下级 Sub：客房部副经理、客房部秘书及下级主管	
批　　准 Approved by：	部　　门 Department：
日　　期 Date：	文件编号 Document ID：
修　　改 Revised by：	修改日期 Revised Date：
责任人 Name：	责任人签字 Signature：

岗位职责 DUTIES&RESPONSIBILITY：

1. 参与总经理对客房部经营管理方面方针政策与计划的制定工作并负责组织实施,向总经理负责。

2. 负责督促、指导客房部的员工严格遵守饭店和部门的各项规章制度、严格按照岗位工作流程和服务标准实施服务,以确保能够取得最佳的工作效果,保持客房部管理、服务及卫生等工作的最佳状态。

3. 督促、指导、检查客房部的楼层主管、房务中心主管、洗衣房主管、布件物料主管、公共区域（PA）领班等管理人员执行岗位责任制和落实各项方针、政策与计划的情况,并定期向总经理提出干部任免和员工奖惩方面的意见与建议。

4. 负责检查贵宾房、迎送贵宾、探望患病的宾客和长住宾客,并负责接受宾客的投诉,努力消除可能产生的不良影响,在宾客中树立饭店的良好形象。

5. 每天一次巡视抽查客房等本部门负责管理的区域并做好有关记录,注意收集宾客的各项意见与要求,以便及时发现问题,不断改进工作,提高服务水准。

6. 负责协调客房部各项工作,与各相关部门经理搞好工作沟通与配合,并注意加强与饭店业同行之间的联系与交流。

7. 负责督促、检查客房部管理区域内的安全防火工作,加强有关培训,确保部门内每位员工对消防应急措施的熟悉了解,积极配合安保部保持所有消防通道畅通无阻,消防器具完好无缺,保证宾客生命和客房财产的安全。

8. 监督、检查、控制客房部各种物品、用品的消耗以及各种设备设施的使用情况,宾客遗留物品的处理情况,以及各类报表的管理和档案资料的存储工作,并负责按照完成本部门的年度预算。

9. 协助工程部做好客房部各类设备设施的维修保养工作,积极参与客房的改建、扩建工作。

关心部门内员工的思想、生活和业务水平的提高,不断提高部门内员工的素质,鼓励员工发挥工作。

10. 主动性与积极性,积极参加各级各类培训,注意发现并提拔有潜质的员工。

岗位职责
JOB DESCRIPTION

岗位名称 Job Title:客房部副经理	
上　　司 Reports To:客房部经理	
直属下级 Sub:房务中心主管、楼层主管、公共区域主管、洗衣房主管、布件房主管	
批　　准 Approved by:	部　　门 Department:
日　　期 Date:	文件编号 Document ID:
修　　改 Revised by:	修改日期 Revised Date:
责 任 人 Name:	责任人签字 Signature:

岗位职责 DUTIES&RESPONSIBILITY:

1. 具体负责客房部内部的组织、调度工作。

2. 负责监督、检查客房部员工按照各项工作流程及服务标准实施服务的情况。

3. 每天二次巡查客房部各岗位的工作情况,并及时做好有关记录。

4. 妥善处理宾客的各类意见与投诉。

5. 负责客房部的成本控制工作,确保日常耗用不超过预算。

6. 负责对客房部各岗位督导进行培训、考核。

7. 每半月向部门经理汇报一次工作,若遇重要事情应及时汇报。

8. 关心员工的思想、生活和业务水平的提高,及时向部门经理推荐有潜质的员工。

9. 发挥工作主动性与积极性,完成上级交办的其他任务。

岗位职责
JOB DESCRIPTION

岗位名称 Job Title：房务中心主管	
上　　司 Reports To：客房部经理、客房部副经理	
直属下级 Sub：房务中心文员	
批　　准 Approved by：	部　　门 Department：
日　　期 Date：	文件编号 Document ID：
修　　改 Revised by：	修改日期 Revised Date：
责 任 人 Name：	责任人签字 Signature：

岗位职责 DUTIES&RESPONSIBILITY：

1.直接向客房部经理负责,承担房务中心的管理责任。

2.督导领班的日常工作,定期进行岗位业务培训,向客房部经理提出人员任免方面的意见与建议。

3.负责客房部固定资产的管理工作,制订客房设备设施的维修,更新及客房用品的添置计划。

4.及时与相关部门沟通、协调,共同做好宾客接待工作。

5.负责处理宾客提出的客房服务方面的投诉与要求,仔细调查投诉事情,并及时采取措施加以改进。

6.负责按时完成房务中心年度预算的指定工作。

7.关心房务中心员工的思想、生活和业务水平的提高,督促其严格遵守饭店和部门的各项规章制度。

8.积极参加各级、各类培训、搞好员工之间的团结与合作。

9.发挥主动性与积极性,完成上班交办的其他任务。

岗位职责
JOB DESCRIPTION

岗位名称 Job Title:楼层主管	
上　　司 Reports To:客房部经理、客房部副经理	
直属下级 Sub:公共区域领班 房务中心服务员	
批　　准 Approved by:	部　　门 Department:
日　　期 Date:	文件编号 Document ID:
修　　改 Revised by:	修改日期 Revised Date:
责 任 人 Name:	责任人签字 Signature:

岗位职责 DUTIES&RESPONSIBILITY：

1. 每天检查楼层员工的"签到簿"并及时掌握客情房态,合理安排与调配楼层服务员的工作。

2. 督导楼层领班的日常工作,定期进行岗位业务培训,向客房部经理提出人员任免方面的意见与建议。

3. 负责在宾客到达饭店前,检查客房楼层各项准备工作的完成情况;在宾客结账离店前,把好客房的检查工作关,若发现宾客遗留物品,应督促员工交回失主或及时上交。

4. 每天巡视检查各楼层服务员的工作,并注意做好有关记录。

5. 负责处理宾客提出的要求和投诉,仔细调查投诉事实,及时予以妥善解决,并应举一反三,采取有效措施,不断改进楼层的服务工作,尽量避免同投诉再次发生。

6. 负责按时做好年度楼层各项预算及楼层设备的维修、保养、更新和添置客房用品计划的制订工作,有效地做好楼层设备设施的保养工作,确保各类用具的使用安全,对所有楼层设备设施的维修,保养与更新做好书面记录,并参与客房改建计划的研讨工作,监督做好每月一次的楼层用品盘点工作。

7. 组织配合医务室,及时做好客房的杀虫灭害工作。

8. 负责做好楼层服务员,特别是新进员工的岗位业务培训工作,督促检查楼层服务员按照工作流程与服务标准实施服务的情况。

9. 关心楼层服务员的思想、生活与业务水平的提高,表扬先进,批评和惩处违纪行为,努力调动一切积极因素,并注意搞好员工之间的团结与合作。

10. 组织协调楼层内部的各项工作,并注意做好与其他相关部门及岗位的配合与协作。

11. 主持楼层领班例会和楼层员工例会,认真完成工作记录。

12. 发挥工作主动性与积极性,完成上级交办的其他任务。

岗位职责
JOB DESCRIPTION

岗位名称 Job Title：楼层服务员	
上　　司 Reports To：楼层领班	
直属下级 Sub：	
批　　准 Approved by：	部　　门 Department：
日　　期 Date：	文件编号 Document ID：
修　　改 Revised by：	修改日期 Revised Date：
责 任 人 Name：	责任人签字 Signature：

岗位职责 DUTIES&RESPONSIBILITY：

1.按照工作流程和服务标准，每天清扫、整理客房，检查走廊，补充客用物品，认真填写"工作情况单"。

2.若在清扫客房时发现客房设备设施的故障或损坏情况，应立即电话通知房务中心。

3.保持楼面的安静和周围环境的安全，发现可疑的人、事应立即报告领班。

4.协助洗衣房客衣收发室，餐饮部客房用餐服务员做好客房内容衣、餐具和餐车等的收取工作。

5.每天检查、清洁冰箱，做好"饮料账单"及饮料的收取与添补工作。

6.及时将投诉报告领班。

7.遵守饭店和部门的各项规章制度，积极参加培训，搞好员工之间的团结与合作。

8.发挥工作主动性与积极性。

岗位职责
JOB DESCRIPTION

岗位名称 Job Title：公共区域领班	
上　　　司 Reports To：客房部主管	
直属下级 Sub：公共区域清洁员	
批　　准 Approved by：	部　　门 Department：
日　　期 Date：	文件编号 Document ID：
修　　改 Revised by：	修改日期 Revised Date：
责 任 人 Name：	责任人签字 Signature：

岗位职责 DUTIES&RESPONSIBILITY：

1. 参与制订饭店各项清洁卫生工作计划，并与公共区域绿化班组搞好协调配合工作。

2. 负责安排、调配公共区域清洁员工的工作，搞好岗位业务培训工作。

3. 每天负责做好公共区域的清洁卫生巡视工作，随时检查公共区域清洁员的工作表现，检查有关设备设施的完好情况，检查公共区域清洁卫生工作的质量，发现问题应立即设法解决或及时与相关部门联系解决，同时应迅速向上级报告，并做好有关书面记录。

4. 每天负责做好清洁用品、用具、用剂的发放、回收工作，指导公共区域清洁员正确、安全地使用消毒防腐药剂，药品及有关器具。

5. 将员工在公共区域内拾到并上交的物品，做好书面记录后立即送交房务中心。

6. 遇紧急、重要任务时，应迅速做好安排布置工作并督促员工高质量完成。

7. 督导员工遵守饭店和部门的各项规章制度，关心他们的思想、生活与业务水平的提高，搞好员工之间的团结与合作。

8. 发挥工作主动性与积极性，完成上级交办的其他任务。

岗位职责
JOB DESCRIPTION

岗位名称 Job Title：绿化工		
上　　司 Reports To：公共区域主管		
直属下级 Sub：		
批　　准 Approved by：	部　　门 Department：	
日　　期 Date：	文件编号 Document ID：	
修　　改 Revised by：	修改日期 Revised Date：	
责 任 人 Name：	责任人签字 Signature：	

岗位职责 DUTIES&RESPONSIBILITY：

1.按照公共区域主管工作要求,做好花木的布置和更换工作。

2.负责饭店绿色植物的松土、剪接、浇水、施肥等栽培及灭虫工作。

3.负责饭店内各营业场所的插花工作。

4.保管好园艺用品、用具和用剂。

5.遵守饭店与部门的各项制度,积极参加岗位业务培训,搞好员工之间的团结与合作。

6.发挥工作主动性与积极性,完成上级交办的其他任务。

岗位职责
JOB DESCRIPTION

岗位名称 Job Title：收送领班	
上　　司 Reports To：洗衣房主管	
直属下级 Sub：收送员	
批　　准 Approved by：	部　　门 Department：
日　　期 Date：	文件编号 Document ID：
修　　改 Revised by：	修改日期 Revised Date：
责 任 人 Name：	责任人签字 Signature：

岗位职责 DUTIES&RESPONSIBILITY：

1.负责客衣、员工制服和各类布件的收发、质量检查及管理等工作。

2.负责及时处理客衣收送环节中发生的各种问题，遇有重大而又难于处理的问题，应及时报告洗衣房主管。

3.制订班组工作计划，负责安排本班组的各项工作，教育员工树立良好的服务意识。

4.督导员工正确使用各种设备设施及用具，按时、保质、保量地完成各项服务工作。

5.每天下班前，负责检查管辖范围内设备设施的情况以及洗衣房各工作场所的环境卫生。

6.督导员工遵守饭店和部门的各项规章制度，关心他们的思想、生活与业务水平的提高，负责班组员工的岗位业务培训工作。

7.发挥工作主动性与积极性，完成上级交办的其他任务。

岗位职责
JOB DESCRIPTION

岗位名称 Job Title:洗衣房员工	
上　　司 Reports To:洗衣房领班	
直属下级 Sub：收送员	
批　　准 Approved by：	部　　门 Department：
日　　期 Date：	文件编号 Document ID：
修　　改 Revised by：	修改日期 Revised Date：
责 任 人 Name：	责任人签字 Signature：

岗位职责 DUTIES&RESPONSIBILITY：

1.认真清点、分类,整理收洗的各类客衣、员工制服与各类布件,发现问题应及时报告洗烫领班,并做好有关记录。

2.操作前认真做好各类电器和机器等设备设施的检查工作,配置好各类洗涤剂。

3.严格按照各类洗涤工作流程和注意事项进行干、湿洗涤,洗涤后的衣物应认真自查自量后及时交给领班。

4.下班前,做好切断水、汽、电源,清洁保养机器设备,洗涤用品物归原处和场所的清洁卫生工作。

5.自觉遵守饭店和部门的各项规章制度,积极参加岗位业务培训。

6.发挥工作主动性与积极性,搞好员工之间的团结与合作,完成上级交办的其他任务。

岗位职责
JOB DESCRIPTION

岗位名称 Job Title：布草房主管			
上　　　司 Reports To：客房部经理、客房部副经理			
直属下级 Sub：布草房领班			
批　　　准 Approved by：		部　　　门 Department：	
日　　　期 Date：		文件编号 Document ID：	
修　　　改 Revised by：		修改日期 Revised Date：	
责 任 人 Name：	责任人签字 Signature：		

岗位职责 DUTIES&RESPONSIBILITY：

1. 负责制订布件房年度预算、每月工作计划，控制饭店的净衣、纺织品等的进、出及缝补数量，督导布件房员工自觉遵守"以脏换洁，以一调一"的服务工作原则。

2. 负责布件房员工的日常工作安排和巡视抽查工作，力争做到尽量合理地调度人力与物力，以达到最佳的工作状态。

3. 参与制定饭店员工制服的盘存工作；制作"洗涤报表"，汇总布件破损情况。

4. 根据布件及员工制服的使用期限，制定相应的购置计划。

5. 虚心听取相关部门的意见，及时向部门经理反馈有关信息，并提出意见与建议。

6. 负责布件房员工的岗位业务培训与考核工作，关心他们的思想、生活与业务水平的提高，奖勤罚懒，搞好员工之间的团结与合作。

7. 写好工作日记，发挥工作主动性与积极性，完成上级交办的其他任务。

岗位职责
JOB DESCRIPTION

岗位名称 Job Title：布草房领班			
上　　司 Reports To：布草房主管			
直属下级 Sub：布草房服务员、缝纫工			
批　　准 Approved by：		部　　门 Department：	
日　　期 Date：		文件编号 Document ID：	
修　　改 Revised by：		修改日期 Revised Date：	
责 任 人 Name：		责任人签字 Signature：	

岗位职责 DUTIES&RESPONSIBILITY：

1. 具体负责布件的回收、整理、储存和发放工作。

2. 参与制订布件更换计划。

3. 负责班组内员工的工作安排、协调和岗位业务的培训工作。

4. 督促布件房员工严格按照工作流程和服务标准实施操作,随时抽查布件服务质量,并认真做好有关记录。

5. 保持与相关部门的工作联系,发现问题及时向上级报告,以便及时解决。

6. 督促布件房员工严格遵守饭店与部门内的各项规章制度,关心他们的思想、生活与业务水平的提高,搞好员工之间的团结与合作。

7. 发挥工作主动性与积极性,完成上级交办的其他任务。

岗位职责
JOB DESCRIPTION

岗位名称 Job Title：缝纫工	
上　　司 Reports To：布草房领班	
直属下级 Sub：	
批　　准 Approved by：	部　　门 Department：
日　　期 Date：	文件编号 Document ID：
修　　改 Revised by：	修改日期 Revised Date：
责 任 人 Name：	责任人签字 Signature：

岗位职责 DUTIES&RESPONSIBILITY：

1. 认真做好员工制服和各类布件的修补、改制、缝纫工作。

2. 工作开始前应仔细检查设备设施、用具的情况，对需要缝纫、修补的员工制服和各类布件应进行分类登记。

3. 认真检查成品质量，每日填写"工作单"。

4. 缝补时应根据不同织物特点，选用不同规格的缝纫针线，并注意确保质量与厉行节约，发现不合格处须及时返工。

5. 保证纽扣等修补必需品的备量，需要补充时须及时填写有关单据交领班。

6. 配合楼层为宾客提供小修小补服务项目。

7. 每月按时制订缝纫修补计划交领班。

8. 每天下班前将保养好的机件、用具和物品归复原位，并做好工作场所的清洁卫生工作。

9. 自觉遵守饭店和部门的各项规章制度，积极参加岗位业务培训，搞好员工之间的团结与合作。

岗位职责
JOB DESCRIPTION

岗位名称 Job Title：客房部秘书	
上　　司 Reports To：客房部经理、客房部副经理	
直属下级 Sub：	
批　　准 Approved by：	部　　门 Department：
日　　期 Date：	文件编号 Document ID：
修　　改 Revised by：	修改日期 Revised Date：
责 任 人 Name：	责任人签字 Signature：

岗位职责 DUTIES&RESPONSIBILITY：

1. 负责部门内各类文件、公函、报表、资料的编写、修改、存档和部门内各种报刊的订阅、分发工作。

2. 负责保管部门内行政公章和介绍信，礼貌接听电话，并做好有关电话记录。

3. 负责召集并准时参加部门经理主持的工作例会，做好会议记录；按照部门经理指示要求，及时了解、汇总部门工作会议有关决定的落实情况，并及时反馈给部门经理。

4. 及时复核部门内各岗位上交的奖惩报告与评分计奖表，上交部门经理审批。

5. 负责开具员工"调休单"，定期汇总统计员工的考勤，交部门副经理审核签字后报送人事培训部。

6. 定期统计部门员工的流动率和人数，注明离店原因，并以表格形式上报部门经理。

7. 负责制订办公和劳防用品使用计划，并按计划领取、保管和发放。

8. 按照部门副经理的指示，向新进员工讲解饭店和部门的各项规章制度。

9. 认真做好同行业，外单位和部门内员工来访的接待工作。

10. 自觉遵守饭店与部门的各项规章制度，积极参加各级各类培训，按时完成部门工作日记和部门每月大事记。

11. 发挥工作主动性与积极性，完成上级交办的其他任务。

岗位职责
JOB DESCRIPTION

岗位名称 Job Title：洗衣房主管	
上　　司 Reports To：客房部经理、客房部副经理	
直属下级 Sub：	
批　　准 Approved by：	部　　门 Department：
日　　期 Date：	文件编号 Document ID：
修　　改 Revised by：	修改日期 Revised Date：
责 任 人 Name：	责任人签字 Signature：

岗位职责 DUTIES&RESPONSIBILITY：

1. 负责制订洗衣房年度费用预算和工作计划,合理安排洗衣房的人力、物力,努力降低成本,减少费用,提高经济效益。

2. 每天巡视洗衣房各工作区域,督导领班、员工认真完成本职工作,保证洗衣房工作严格按照操作流程和服务标准,高质量按时完成。

3. 负责洗衣房设备设施使用、维修、保养等管理工作,发现故障应及时向工程部报修。

4. 负责接受并仔细调查所有对洗衣房服务质量等方面的投诉,负责处理洗熨、收发差错和损坏赔偿等事宜,发现客衣质量方面的差错及索赔等问题,必须立即报告客房部经理。

5. 与楼层主管、餐厅经理紧密配合,及时满足宾客的衣物洗涤要求,并负责解决服务过程中其他可能发生的衣物洗涤问题。

6. 负责做好各类业务统计和报告工作,认真完成工作日记。

7. 负责搞好洗衣房的消防安全工作,确保员工人身和饭店财产的安全。

8. 负责每天检查洗衣房员工的出勤情况,督促他们严格执行饭店、部门的各项规章制度。

9. 关心员工的思想、生活和业务水平的提高,负责员工的业务技术培训工作,以不断提高洗衣房员工的各方面素质。

10. 发挥工作主动性与积极性,完成上级交办的其他任务。

岗位职责
JOB DESCRIPTION

岗位名称 Job Title：洗熨领班	
上　　司 Reports To：洗衣房主管	
直属下级 Sub：	
批　　准 Approved by：	部　　门 Department：
日　　期 Date：	文件编号 Document ID：
修　　改 Revised by：	修改日期 Revised Date：
责 任 人 Name：	责任人签字 Signature：

岗位职责 DUTIES&RESPONSIBILITY：

1.负责安排好洗熨员工的工作,协调好各工种之间的关系。

2.负责洗熨质量检查工作,认真办理交接手续。

3.下班前,做好"生产日报表"的记录工作,并及时送交洗衣房主管。

4.定期向洗衣房主管报告洗涤用品的耗用量,按时做好各类用品报表,并负责领取各类工作用品。

5.督导员工保质、保量、按时地完成洗熨工作。

6.每天下班前,认真检查所有洗熨设备设施的使用和工作场所的安全与卫生情况。

7.督导洗熨员工严格遵守饭店与部门的各项规章制度,主动关心员工的思想、生活和业务水平的提高,负责做好员工的岗位业务培训工作。

8.发挥工作主动性与积极性,搞好员工之间的团结与合作,完成上级交办的其他任务。

岗位职责
JOB DESCRIPTION

岗位名称 Job Title：收送员			
上　　司 Reports To：收送领班			
直属下级 Sub：			
批　　准 Approved by：		部　　门 Department：	
日　　期 Date：		文件编号 Document ID：	
修　　改 Revised by：		修改日期 Revised Date：	
责任人 Name：		责任人签字 Signature：	

岗位职责 DUTIES&RESPONSIBILITY：

1. 定时上楼层收、送客衣，并做好有关交接记录。

2. 接到楼层服务员电话，应立即上楼层收取客衣，并注意点清数量，检查有无破损。

3. 整理收取到的客衣并打上识别编码。

4. 负责将已编号的客衣交收发领班，并注明交衣时间。

5. 客衣洗熨结束后，应认真检查质量，核对件数，确定无误后按要求包装，并按时分送给宾客或请楼层服务员签收、代送。

6. 收取员工制服和各类布件时应认真审核，做好分类计数工作，并在布件房填制的"送洗单"上签收。

7. 洗净的员工制服和各类布件必须经检查合格后，方可与布件房交接。

8. 每天下班前，应将工作用品物归原处，认真做好工作场所的远景卫生工作。

9. 自觉遵守饭店和部门的各项规章制度，积极参加岗位业务培训。

岗位职责
JOB DESCRIPTION

岗位名称 Job Title：房务中心服务员		
上　　司 Reports To：客房部主管,楼层领班		
直属下级 Sub：		
批　　准 Approved by：		部　　门 Department：
日　　期 Date：		文件编号 Document ID：
修　　改 Revised by：		修改日期 Revised Date：
责 任 人 Name：	责任人签字 Signature：	

岗位职责 DUTIES&RESPONSIBILITY：

1.及时准确地做好向宾客提供物品借用和其他特殊需求的服务。

2.坚持三班工作,二十四小时不脱人,热情礼貌地接听好每一位住店宾客打来的电话并及时处理。

3.负责住店宾客遗落物的接收登记,保管等工作,并配合保安部做好善后处理事宜。

4.遇宾客离店结账,应及时督促楼层服务员进客房清点小酒吧的客用情况,迅速把清点、核算的结果通报给总台收银员。

5.做好客房低值易耗品、布件及日常消耗品的管理、申购、入库、发放和登记、保管、报损等工作。

6.遇到住店宾客损坏客房用品时,应及时查清事实,做好记录与核算,提出赔偿的意见,送请大堂经理处理。

7.传送特殊客房用品到楼面。

岗位职责
JOB DESCRIPTION

岗位名称 Job Title：布件房服务员	
上　　司 Reports To：洗衣房领班	
直属下级 Sub：	
批　　准 Approved by：	部　　门 Department：
日　　期 Date：	文件编号 Document ID：
修　　改 Revised by：	修改日期 Revised Date：
责 任 人 Name：	责任人签字 Signature：

岗位职责 DUTIES&RESPONSIBILITY：

1. 早班(6:30—15:00)

(1)班前打扫室内、柜台卫生。

(2)收发制服时检查衣服内是否有遗留物品,登记各部门件数。

(3)处理重办遗留事宜。

(4)对 12 时前洗熨干净的制服进行分类。

(5)按各部门制服挂放位置进行排号。

(6)检查处理破损,需缝补的衣服。

2. 中班(11:00—20:00)

(1)对早班排好的衣服写牌编号。

(2)将衣服进行分类配套。

(3)检查衣服数量是否齐全。

(4)按规定有顺序地将配套好的衣服挂好。

(5)检查重点人员衣服的质量。

(6)下班前打扫整理室内环境卫生。

3. 运送

(1)清理运衣车内的杂物。

(2)按水洗,干洗分类装车。

(3)按规定时间及时向洗涤部运送洗熨的衣服。

(4)与洗涤部收送员一起清点所洗熨衣物的数量,并签收。

(5)把不用的单排挂衣车和衣架送回洗涤部。

(6)按照布件申请表(追补申请)送发布件。

(7)送发布件时间为 9:00—20:00。

(8)及时收回布件车,并送回洗涤部。

岗位职责
JOB DESCRIPTION

岗位名称 Job Title：熨烫工	
上　　司 Reports To：洗熨领班	
直属下级 Sub：	
批　　准 Approved by：	部　　门 Department：
日　　期 Date：	文件编号 Document ID：
修　　改 Revised by：	修改日期 Revised Date：
责 任 人 Name：	责任人签字 Signature：

岗位职责 DUTIES&RESPONSIBILITY：

1. 接到需要熨烫的衣物应立即清点数量并检查质量，发现未洗净的应退回洗涤组返工，并做好有关记录。

2. 操作开始之前，必须认真检查熨烫设备设施与用具，操作时必须严格按照工作流程和服务标准，保质、保量，按时完成熨烫工作。

3. 熨烫过的衣物须及时交领班验收。

4. 下班前，应关掉电源，保养好设备设施与用具，将物品放归原处，并注意做好场地的清洁卫生工作。

5. 自觉遵守宾馆与部门的各项规章制度，积极参加岗位业务培训。

岗位职责
JOB DESCRIPTION

岗位名称 Job Title：公共区域清洁员	
上　　司 Reports To：公共区域领班	
直属下级 Sub：	
批　　准 Approved by：	部　　门 Department：
日　　期 Date：	文件编号 Document ID：
修　　改 Revised by：	修改日期 Revised Date：
责 任 人 Name：	责任人签字 Signature：

岗位职责 DUTIES&RESPONSIBILITY：

1. 每天准时按工作流程和服务标准完成分管区域范围内的卫生清扫工作。

2. 对公共区域内的卫生间、废物箱，要做好每天清扫，定期喷洒药水，按要求添置卫生药品，做好无污垢、无臭味、无虫害。

3. 及时清除各部门的垃圾废品，并按规定倒入指定处。

4. 每天自查清扫用的设备设施，发现故障应立即向领班报告。

5. 将拾遗物品如实上交领班，并在"记录簿"上签名。

6. 自觉遵守饭店与部门的各项规章制度，积极参加岗位业务培训，搞好员工之间的团结与合作。

7. 发挥工作主动性与积极性，完成上级交办的其他业务。

岗位职责
JOB DESCRIPTION

岗位名称 Job Title：楼层领班	
上　　司 Reports To：客房部主管	
直属下级 Sub：	
批　　准 Approved by：	部　　门 Department：
日　　期 Date：	文件编号 Document ID：
修　　改 Revised by：	修改日期 Revised Date：
责 任 人 Name：	责任人签字 Signature：

岗位职责 DUTIES&RESPONSIBILITY：

1. 负责检查楼层服务员的仪容仪表和精神状态,安排、督导他们的工作,开好每天的楼层服务例会。

2. 为确保客房楼层的服务质量,每天应仔细检查客房的清扫质量及客房内各种设备设施的运转情况,如发现故障或损坏情况,应及时报告房务中心,并在"工作检查表"和"工作交接表"上注明。

3. 妥善处理宾客和内部员工的投诉,定期征求宾客、特别是长住宾客对客房楼层服务的意见,不断提高服务质量,努力满足宾客的要求。

4. 随时掌握客房房态情况,负责当天管理范围内楼层服务员的组织与调配工作,经检查后的 OK 房应及时报告房务中心。

5. 定期提出本楼层的设备设施维修,更新及各种服务用品的添置计划,负责做好客房服务用品的管理工作,保持小仓库和工作间的卫生,做好物品堆放整齐合理,服务用品的领用与消耗控制得当。

6. 关心楼层服务员的思想,生活与业务水平的提高,督促其遵守饭店与部门的各项规章制度,搞好员工之间的团结与合作。

7. 发挥工作主动性与积极性,完成上级交办的其他任务。

岗位职责
JOB DESCRIPTION

岗位名称 Job Title：公共区域主管		
上　　　司 Reports To：客房部副经理		
直属下级 Sub：		
批　　　准 Approved by：	部　　　门 Department：	
日　　　期 Date：	文件编号 Document ID：	
修　　　改 Revised by：	修改日期 Revised Date：	
责 任 人 Name：	责任人签字 Signature：	

岗位职责 DUTIES&RESPONSIBILITY：

1. 督导员工认真搞好饭店公共区域的清洁卫生和绿化布置工作，VIP 宾客抵达前，应亲临第一线做好准备工作。

2. 负责公共区域员工的人员调配和工作安排，每月指定清扫用具，绿化用品等的购置计划，严格控制物品消耗、购置和费用率，负责做好年度各项预算工作。

3. 负责督促员工正确、安全使用各类机器设备、药剂，发现问题应及时与工程部维修人员取得联系，做好日常设备设施的清洁保养工作。

4. 每天巡视公共区域，抽查卫生和绿化工作情况，并认真做好有关记录，发现问题，应及时整改，以便不断提高工作质量，同时应实施合理有效的奖惩制度。

5. 督导领班落实岗位责任制，向客房部副经理提出关于公共区域领班任免事宜的意见与建议。

6. 负责员工的业务培训和考核工作，督导员工安全操作，及时消除事故隐患。

7. 主持公共区域领班会议，关心员工的思想、生活与业务水平的提高，搞好员工之间的团结与合作。

8. 及时与医务室联系，相互配合做好公共区域的灭虫除害工作。

9. 认真写好工作日记，发挥工作主动性与积极性。

附录五　客房实训技能测试卷

技能测试试卷一

本卷总分:100 分　　考试时间:100 分钟

学号:＿＿＿＿＿　班级:＿＿＿＿＿　姓名:＿＿＿＿＿

题号	一	二	三	四	总分
得分					

一、中式铺床(共 1 题,共 30 分)

考核要求

(1)操作程序:调整床铺、铺床单、套被套、整理枕头。

(2)符合操作要求和质量标准。

(3)3 分钟内按程序和质量标准完成一张床铺的整理。

(4)动作熟练、准确。

(5)注意仪表规范。

二、制订 VIP 接待方案(共 1 题,共 27 分)

考核要求:

模拟 VIP 接待前,部门制订接待方案并在班前会上部署任务。

(1)制订方案具体,内容包括房间布置和接待任务部署;

(2)讲解内容清楚、易懂,重点突出;

(3)语言规范,有感染力;

(4)注意仪容、仪表。

三、一位年轻女子投诉,深夜 12:00 有一男士打电话邀请她出去吃夜宵,她感到十分害怕,怎么办?(共 1 题,共 27 分)

考核要求:

(1)语言婉转,态度诚恳;

(2)处理方法圆满;

（3）在 5 分钟之内完成操作。

四、接待英语会话（共 8 题，共 16 分）

考核要求

（1）Sorry to have kept you waiting so long.

（2）Have a good journey！

（3）Welcome to our hotel again！

（4）May I show you to your room？

（5）请您多提宝贵意见。

（6）有什么事需要我做，请打电话 623。

（7）希望您在我们饭店生活愉快。

（8）欢迎您下次再来！

技能测试试卷二

本卷总分:100 分   考试时间:100 分钟

学号:＿＿＿＿＿＿ 班级:＿＿＿＿＿＿ 姓名:＿＿＿＿＿＿

题号	一	二	三	四	总分
得分					

一、会谈座位的安排(共 1 题,共 30 分)

考核要求:

(1)根据活动内容的不同,布置成不同形式;

(2)掌握会议布置主题原则,配置相关设备用品;

(3)在 30 分钟之内完成操作。

二、服务员发现房间地毯上有客人丢掷的烟头烫洞,怎么办?(共 1 题,共 27 分)

考核要求:

(1)语言婉转,态度诚恳;

(2)处理方法圆满;

(3)在 5 分钟之内完成操作。

三、接待英语会话(共 8 题,每题 2 分,共 16 分)

(1)I am always at your service.

(2)Do you have anything to be cleaned?

(3)May I come in?

(4)Come in,please.

(5)请稍等。

(6)对不起,打扰您了,我可以打扫一下房间吗?

(7)客房服务,我可以进来吗?

(8)对不起,让您久等了。

四、讲授客房晚间整理的内容和要求(共 1 题,共 27 分)

考核要求:

(1)教案书写规范,重点、难点明确;

(2)语音清楚,语言简练,重点突出,板书整齐;

(3)在 20 分钟之内完成操作。

技能测试试卷三

本卷总分:100 分　　考试时间:100 分钟

学号:_____　班级:_____　姓名:_____

题号	一	二	三	四	总分
得分					

一、签字仪式的安排(共 1 题,共 30 分)

考核要求:

(1)根据活动内容的不同,布置成不同形式;

(2)掌握会议布置主题原则,配置相关设备用品;

(3)在 30 分钟之内完成操作。

二、地毯除果汁渍(共 1 题,共 27 分)

考核要求:

(1)先除去尚未被地毯吸收的液体,用干布将污染处吸干;

(2)用清除剂擦污迹,再用清水擦洗,并将水渍吸干;

(3)把除迹部分用专用干布盖住,待干;

(4)最后用刷子将地毯绒毛刷松。

三、接待英语会话(共 8 题,共 16 分)

(1)Welcome to come here again,Good-bye!

(2)Please follow me and come this way.

(3)My hair is a mess! Where is the hairdresser?

(4)It is right on the second floor. It's open from 9 a. m until 10 p. m.

(5)我可以给您介绍一下房间吗?

(6)请您多提宝贵意见。

(7)对不起,打扰了,我现在可以打扫您的房间吗?

(8)希望您在我们饭店生活愉快。

四、家具打蜡示范(共 1 题,共 27 分)

考核要求:

(1)演示正确;

(2)讲解内容清楚、易懂,重点突出;

(3)指导方法科学、合理;

(4)语言规范,有感染力;

(5)板书工整,且要注意仪容仪表。

技能测试试卷四

本卷总分:100 分　　考试时间:100 分钟

学号:＿＿＿＿＿＿　班级:＿＿＿＿＿＿　姓名:＿＿＿＿＿＿

题号	一	二	三	四	总分		
得分							

一、签字仪式的安排(共 1 题,共 30 分)

考核要求:

(1)根据活动内容的不同,布置成不同形式;

(2)掌握会议布置主题原则,配置相关设备用品;

(3)在 30 分钟之内完成操作。

二、西式铺床(共 1 题,共 27 分)

考核要求:

(1)操作程序:调整床铺、铺床单、套被套、整理枕头。

(2)符合操作要求和质量标准。

(3)3 分钟半内按程序和质量标准完成一张床铺的整理。

(4)动作熟练、准确。

(5)注意仪表规范。

三、接待英语会话(共 8 题,共 16 分)

(1)Sorry to have kept you waiting so long.

(2)Have a good journey!

(3)Welcome to our hotel again!

(4)May I show you to your room?

(5)请您多提宝贵意见。

(6)在您离开房间之前,有什么事需要我做吗?

(7)希望您在我们饭店生活愉快。

(8)欢迎您下次再来!

四、讲授客房小酒吧的控制方法(共 1 题,共 27 分)

考核要求:

(1)教案书写规范,重点、难点明确;

(2)语音清楚,语言简练,重点突出,板书整齐;

(3)在 20 分钟之内完成操作。

技能测试试卷五

本卷总分:100 分　　考试时间:100 分钟

学号:＿＿＿＿＿　班级:＿＿＿＿＿　姓名:＿＿＿＿＿

题号	一	二	三	四	总分	
得分						

一、会见座位的安排(共1题,共30分)

考核要求:

(1)根据活动内容的不同,布置成不同形式;

(2)掌握会议布置主题原则,配置相关设备用品;

(3)在 30 分钟之内完成操作。

二、晚间客房整理(共1题,共27分)

考核要求:

(1)正确掌握程序和操作规程;

(2)操作动作熟练、规范;

(3)在 10 分钟之内完成卧室和卫生间的整理操作。

三、接待英语会话(共8题,共16分)

(1)I am always at your service.

(2)Do you have anything to be cleaned?

(3)May I come in?

(4)Come in,please.

(5)请稍等。

(6)如您有什么需要请打电话623。

(7)服务指南、请即时打扫、冰箱、浴缸、卫生纸

(8)欢迎您下次再来我们饭店!

四、讲授卫生间清洁程序(共1题,共27分)

(1)教案书写规范,重点、难点明确;

(2)语音清楚,语言简练,重点突出,板书整齐;

(3)内容正确。包括开门、开灯、撤客用品、清洁三缸、擦拭、补充客用品、清洁地面、离开卫生间等内容。

(4)在 10 分钟之内完成操作。

技能测试试卷六

本卷总分:100 分　　考试时间:100 分钟

学号:＿＿＿＿＿＿＿　班级:＿＿＿＿＿＿＿　　　姓名:＿＿＿＿＿＿＿

题号	一	二	三	四	总分		
得分							

一、编制 40 人豪华老年旅游团下榻四星级饭店住宿 3 日的接待服务方案(共 1 题,共 30 分)

考核要求:

(1)符合命题要求;

(2)方案科学、合理;

(3)内容正确、全面、具体;

(4)体现单位特色;

(5)文字通顺,用词准确;

(6)在 30 分钟内完成操作。

二、西式铺床(共 1 题,共 27 分)

考核要求:

(1)操作程序:调整床铺、铺床单、套被套、整理枕头。

(2)符合操作要求和质量标准。

(3)3 分钟半内按程序和质量标准完成一张床铺的整理。

(4)动作熟练、准确。

(5)注意仪表规范。

三、接待英语会话(共 8 题,共 16 分)

(1)I am always at your service.

(2)Do you have anything to be cleaned?

(3)May I come in?

(4)Come in,please.

(5)请稍等。

(6)对不起,打扰您了,我打扫一下房间好吗?

(7)好的,请进来。

(8)我马上要出去,稍等一会儿打扫。

四、客人投诉房间灯光太暗,怎么办? (共 1 题,共 27 分)

考核要求:

（1）语言婉转,态度诚恳；
（2）处理方法圆满；
（3）在5分钟之内完成操作。

技能测试试卷七

本卷总分:100 分　　考试时间:100 分钟

学号:＿＿＿＿＿＿　班级:＿＿＿＿＿＿　姓名:＿＿＿＿＿＿

题号	一	二	三	四	总分		
得分							

一、编制 40 人豪华老年旅游团下榻四星级饭店住宿 3 日的接待服务方案(共 1 题,共 30 分)

考核要求:

(1)符合命题要求;

(2)方案科学、合理;

(3)内容正确、全面、具体;

(4)体现单位特色;

(5)文字通顺,用词准确;

(6)在 30 分钟内完成操作。

二、中式铺床(共 1 题,共 27 分)

考核要求:

(1)操作程序:调整床铺、铺床单、套被套、整理枕头。

(2)符合操作要求和质量标准。

(3)3 分钟内按程序和质量标准完成一张床铺的整理。

(4)动作熟练、准确。

(5)注意仪表规范。

三、接待英语会话(共 8 题,共 16 分)

考核要求:

(1)I am always at your service.

(2)Do you have anything to be cleaned?

(3)May I come in?

(4)Come in,please.

(5)请稍等。

(6)对不起,打扰您了,我打扫一下房间好吗?

(7)好的,请进来。

(8)译成英语:服务指南、请即时打扫、冰箱、浴缸、卫生纸

四、一位台胞告知：晚上有电话打进房间，死缠硬磨要其合作借出台胞证，怎么办？（共 1 题，共 27 分）

考核要求：

（1）语言婉转，态度诚恳；

（2）处理方法圆满；

（3）在 5 分钟之内完成操作。

技能测试试卷八

本卷总分:100 分　　考试时间:100 分钟

学号:_____　班级:_____　姓名:_____

题号	一	二	三	四	总分		
得分							

一、卫生间清理(共 1 题,共 30 分)

考核要求:

(1)正确掌握操作规程;

(2)操作动作熟练、规范;

(3)在 10 分钟之内完成操作。

二、会议茶水服务(共 1 题,共 27 分)

考核要求:

(1)仪容仪表规范;

(2)行为举止优雅;

(3)站在正确的位置为客人斟倒茶水;

(4)斟茶时的方法准确,动作轻盈;

(5)在 3 分钟之内完成操作。

三、接待英语会话(共 8 题,共 16 分)

考核要求:

(1)Welcome to come here again,Good-bye!

(2)Leave your laundry in the laundry in the laundry bag behind the bathroom door.

(3)My hair is a mess! Where is the hairdresser?

(4)It is right on the second floor. It′s open from 9 a. m until 10 p. m.

(5)我可以给您介绍房间吗?

(6)请您多提宝贵意见。

(7)很高兴为您服务。

(8)希望您在我们饭店生活愉快。

四、吸尘器保养示范(共 1 题,共 27 分)

考核要求:

(1)演示正确;

(2)讲解内容清楚、易懂,重点突出;

（3）指导方法科学、合理；

（4）语言规范，有感染力；

（5）板书工整，且要注意仪容仪表。

技能测试试卷九

本卷总分:100 分　　　考试时间:100 分钟

学号:＿＿＿＿＿　　班级:＿＿＿＿＿　　姓名:＿＿＿＿＿

题号	一	二	三	四	总分		
得分							

一、卫生间清理(共 1 题,共 30 分)

考核要求:

(1)正确掌握操作规程;

(2)操作动作熟练、规范;

(3)在 10 分钟之内完成操作。

二、客人突发癫痫病(共 1 题,共 27 分)

考核要求:

(1)头脑冷静,处理果断;

(2)细心观察、耐心照顾;

(3)掌握和熟知有关制度和规定,并灵活运用;

(4)在 3 分钟之内完成操作。

三、接待英语会话(共 4 题,每题 4 分,共 16 分)

考核要求:

(1)将给出的 5 个汉语词汇译成英语:

服务指南、请即时打扫、冰箱、浴缸、卫生纸

(2)将给出的 5 个英语词汇译成汉语。

mini bar baby sitting service double room green tea refrigerator

(3)依考评员的不同要求分别说出一句欢迎语、致谢语、致歉语、道别语、祝福语。

(4)One moment, madam. I'll bring them to you right away.

四、讲授客房小酒吧的控制方法(共 1 题,共 27 分)

考核要求:

(1)教案书写规范,重点、难点明确;

(2)语音清楚,语言简练,重点突出,板书整齐;

(3)在 20 分钟之内完成操作。

技能测试试卷十

本卷总分:100 分　　　考试时间:100 分钟

学号:＿＿＿＿＿＿　班级:＿＿＿＿＿＿　姓名:＿＿＿＿＿＿

题号	一	二	三	四	总分	
得分						

一、签字仪式的安排(共 1 题,共 30 分)

考核要求:

(1)根据活动内容的不同,布置成不同形式;

(2)掌握会议布置主题原则,配置相关设备用品;

(3)在 30 分钟之内完成操作。

二、客人突发癫痫病(共 1 题,共 27 分)

考核要求:

(1)头脑冷静,处理果断;

(2)细心观察、耐心照顾;

(3)掌握和熟知有关制度和规定,并灵活运用;

(4)在 3 分钟之内完成操作。

三、接待英语会话(共 8 题,共 16 分)

考核要求:

(1)Welcome to come here again,Good-bye!

(2)Please follow me and come this way.

(3)My hair is a mess! Where is the hairdresser?

(4)It is right on the second floor. It´s open from 9 a. m until 10 p. m.

(5)请等一下,夫人,我马上就来。

(6)请您多提宝贵意见。

(7)在您离开房间之前,有什么事需要我做吗?

(8)希望您在我们饭店生活愉快。

四、中式铺床(共 1 题,共 27 分)

考核要求:

(1)操作程序:调整床铺、铺床单、套被套、整理枕头。

(2)符合操作要求和质量标准。

(3)3 分钟内按程序和质量标准完成一张床铺的整理。

(4)动作熟练、准确。

(5)注意仪表规范。

附录六　客房服务员国家职业标准

1　职业概况

1.1　职业名称

客房服务员

1.2　职业定义

在饭店、宾馆、旅游客船等场所清洁和整理客房,并提供宾客迎送、住宿等服务的人员。

1.3　职业等级

本职业共设三个等级,分别为:初级(国家职业资格五级)、中级(国家职业资格四级)、高级(国家职业资格三级)。

1.4　职业环境

室内,常温。

1.5　职业能力特征

具有良好的语言表达能力;能获取、理解外界信息,进行分析、判断并快速做出反应;有一定的计算能力;有良好的工作协调性,能迅速、准确、灵活地完成各项服务操作。

1.6　基本文化程度

初中毕业。

1.7　培训要求

1.7.1　培训期限

全日制职业学校教育,根据其培养目标和教学计划确定。晋级培训期限:初级不少于 70 个标准学时;中级不少于 80 个标准学时;高级不少于 100 个标准学时。

1.7.2　培训教师

培训初级客房服务员的教师应具有本职业中级以上职业资格证书;培训中、高级客房服务员的教师应具有本职业高级职业资格证书或本专业中级以上专业技术职务任职资格,同时具有 2 年以上的培训教学经验。

1.7.3　培训场地设备

教室、服务台(配备电脑)、标准客房(或模拟标准客房)以及相关教具设备。

1.8　鉴定要求

1.8.1　适用对象

从事或准备从事本职业的人员。

1.8.2　申报条件

初级(具备以下条件之一者)

(1)经本职业初级正规培训达到规定标准学时数,并取得毕(结)业证书。

(2)在本职业连续见习工作 2 年以上。

中级(具备以下条件之一者):

(1)取得本职业初级职业资格证书后,连续从事本职业工作 2 年以上,经本职业中级正规培训达到规定标准学时数,并取得毕(结)业证书。

(2)取得本职业初级职业资格证书后,连续从事本职业工作 3 年以上。

(3)连续从事本职业工作 5 年以上。

(4)取得经劳动保障行政部门审核认定的,以中级技能为培养目标的中等以上职业学校本职业(专业)毕业证书。

高级(具备以下条件之一者):

(1)取得本职业中级职业资格证书后,连续从事本职业工作 2 年以上,经本职业高级正规培训达规定标准学时数,并取得毕(结)业证书。

(2)取得本职业中级职业资格证书后,连续从事本职业工作 3 年以上。

(3)取得高级技工学校或经劳动保障行政部门审核认定的,以高级技能为培养目标的高级职业学校本职业(专业)毕业证书。

1.8.3　鉴定方式

分为理论知识考试和技能操作考核。理论知识考试采用闭卷考试方式,技能操作考核采用现场实际操作方式。理论知识开始和技能操作考核均实行百分制,成绩皆达 60 分以上者为合格。

1.8.4　考评人员与考生配比

理论知识考试考评人员与考生配比为 1:15,每个标准教室不少于 2 名考评人员;技能操作考核考评员与考生配比为 1:10,且不少于 3 名考评员。

1.8.5　鉴定时间

各等级理论考试时间;初级不超过 100 min,中,高级不超过 120 min;技能操作考核时间:初级不超过 30 min,中,高级不超过 40 min。

1.8.6　鉴定场所设备

场所:

(1)标准教室。

(2)标准客房或模拟标准客房。

(3)会议室。

设备:

(4)笔记本。

(5)吸尘器。

(6)清洁消毒器具。

(7)楼层服务台。

(8)会议室用具。

2　基本要求

2.1　职业道德

2.1.1　职业道德基本知识

2.1.2　职业守则

(1)热情友好,宾客至上。

(2)真诚公道,信誉第一。

(3)文明礼貌,优质服务。

(4)以客为尊,一视同仁。

(5)团结协作,顾全大局。

(6)遵纪守法,廉洁奉公。

(7)钻研业务,提高技能。

2.2　基础知识

2.2.1　计量知识

(1)法定计量单位及其换算知识。

（2）行业用计价单位的使用知识。

（3）清洁用化学剂。

1）百分比配制。

2）份数比配制。

2.2.2　清洁设备知识

（1）一般清洁器具的使用知识。

（2）清洁设备的使用知识。

1）吸尘器。

2）洗地毯机。

3）吸水机。

4）洗地机。

5）高压喷水机。

6）打蜡机。

（3）常用清洁剂的种类和使用知识。

1）酸性清洁剂。

2）中性清洁剂。

3）碱性清洁剂。

4）上光剂。

5）溶剂。

2.2.3　客房知识

（1）客房种类。

1）单人间。

2）大床间。

3）双人间。

4）三人间。

5）套间。

6）特殊客房。

（2）床种类。

1）基本类型。

2）特殊类型。

（3）功能空间的设备使用和维护知识。

1）睡眠空间设备。

2）盥洗空间设备。

3）起居空间设备。

4）书写和梳妆空间设备。

5）贮存空间设备。

（4）客房用品知识。

1）房间用品。

2）卫生间用品。

（5）地面种类。

1）硬质地面。

2）地毯。

3）胶地面（树脂地面）。

4）其他地面。

（6）墙面材料知识。

1）花岗岩，大理石。

2）贴墙纸。

3）软墙面。

4）木质墙面。

5）涂料墙面。

2.2.4 相关法律法规知识

（1）劳动法的相关知识。

（2）消费者权益保护法的相关知识。

（3）《治安管理处罚法》的相关知识。

（4）旅馆业治安管理办法的相关知识。

（5）旅游安全管理暂行办法的相关知识。

（6）旅游涉外人员守则的相关知识。

（7）消防条例的相关知识。

（8）有关旅馆安全的地方法规。

3 工作要求

本标准对初级、中级、高级的要求依次递进，高级别包括低级别的要求。

3.1 初级

职业功能	工作要求	技能要求	相关知识
一、迎客标准	（一）了解客情	1. 能掌握客人的基本情况 2. 能了解客人的基本要求	1. 我国兄弟民族的习惯,民俗 2. 主要客源国的概况 3. 旅游心理常识
	（二）检查客房	1. 能检查客房的清洁情况 2. 能检查客房的电器与设备的运转情况 3. 能检查客房用品的配备及摆放要求	1. 客房清洁程序及标准 2. 电器与设备操作知识 3. 客房用品配备及摆放标准
二、应接服务	（一）迎候宾客	1. 能做好个人仪表,仪容准备 2. 能热情主动地接待宾客 3. 能正确使用接待礼貌用语	接待服务常识及相应的礼节礼貌
	（三）茶水服务	1. 能根据宾客的爱好习惯,提供相应饮料 2. 能掌握茶叶,咖啡的泡沏方法	1. 饮料服务规范 2. 常用饮料常识
	（四）介绍情况	1. 能向宾客介绍饭店服务项目 2. 能介绍客房设备的使用方法（会做示范）	1. 中、西餐风味特色 2. 客房、娱乐等服务项目的内容 3. 客房设施使用常识

续表

职业功能	工作要求	技能要求	相关知识
三、对客服务	(一)清洁客房与卫生间	1.能做好清洁客房的准备工作 2.能检查客房设备是否完好 3.能按标准整理床铺,并除尘 4.能清洁卫生间并进行消毒 5.能进行茶具消毒 6.能按要求进行地毯吸尘 7.能按标准补充客房用品 8.能正确使用清洁设备	1.清洁工具,清洁剂的名称,作用和特征 2.电器及清洁设备的使用保养知识 3.家具保养知识 4."做床"标准及操作程序 5.吸尘程序与地毯保养常识 6.卫生间的清洁,消毒要点 7.茶具消毒要点 8.一次性用品管理常识 9.用品摆放标准 10.卫生防疫常识
	(二)晚间整理	1.能按要求进行"开床"整理 2.能按顺序清理垃圾 3.能按标准进行卫生间的清洁 4.能正确铺放防滑垫 5.能按要求拉上窗帘	1."夜床"的规格要求 2."夜间服务"程序 3.卫生间小清洁标准
	(三)楼层安全	1.能检查并发现客房内各种不安全因素 2.能按规定做好钥匙管理 3.能做好访客的接待工作 4.能做好客人的保密工作 5.能正确得使用手动灭火器 6.当火灾发生时,能及时报警,并协助疏散客人 7.能按规定处理"DND"(请勿打扰)牌 8.能按规定处理宾客的失物	1.客房安全规定 2.客房钥匙管理规章制度 3.楼层消防常识 4.访客接待须知 5.失物处理规定
	(四)提供饮料服务	1.能适时补充饮料 2.能正确核对"饮料签单" 3.能配合餐饮部门做好房客用餐工作 4.能核对饮品有效期	1.饮料补充规定 2.饮料结账方式 3.房客用餐服务规程

续表

职业功能	工作要求	技能要求	相关知识
	（五）借用物品服务	1. 能向客人介绍租借物品的使用方法 2. 能向客人介绍租借物品的管理规定	1. 出借物品的名称、用途、性能及出借程序 2. 赔偿规定
四、送客服务	（一）宾客行前准备	1. 能及时掌握离店客人的情况 2. 能明确并落实客人嘱咐的代办事项 3. 能正确进行"叫醒服务" 4 能了解客人是否结账	1. 宾客行前准备工作的内容 2. 代办事项须知
	（二）送别客人	1. 能协助行李员搬运行李	服务告别用语
	（三）善后工作	1. 客人离店后能对房内物品及时进行检查与清点 2. 能正确处理设备及物品被损事项 3. 能按规定处理客人遗留物品 4. 能及时将查房情况通告相关部门	1. 失物招领程序 2. 饭店对宾客损坏客房用品的赔偿规定

3.2 中级

职业功能	工作内容	技能要求	相关知识
一、迎客准备	（一）了解客情	1. 能用计算机查询客房信息 2. 能按宾客的等级安排接待规格	饭店计算机管理系统一般操作方法
	（二）检查客房	1. 能向客人正确介绍客房设备的各项性能 2. 能布置各种类型的客房	1. 保修程序 2. 客房类型及布置要求

续表

职业功能	工作要求	技能要求	相关知识
二、应接服务	(一)迎候宾客	能用英语介绍客房服务的内容	1. 饭店常用接待用语 2. 中外礼仪,习俗常识
	(二)介绍情况	1. 能向客人介绍客房所有设备的使用方法 2. 能向客人介绍饭店各项服务以及特点	饭店各部门的服务设施与功能
三、对客服务	(一)清洁客房与卫生间	1. 能发现初级客房服务员在工作中存在的问题,并给予指导 2. 能清洁贵宾房	贵宾房清洁要求
	(二)清洁楼层公共区域和进行计划卫生	1. 能实施"大清洁"计划 2. 能正确使用清洁剂 3. 能定期对清洁设备进行保养	1. 清洁设备的维护保养常识 2. 各类清洁剂的成分,性能 3. "大清洁"计划的范围,内容及程序
	(三)特殊情况处理	能掌握住店生病客人及醉酒客人的基本情况,并给予适当的照顾,帮助	1. 护理常识 2. 客人个人资料
	(四)代办客人洗衣及擦鞋服务	1. 能介绍洗衣服务项目,收费事项 2. 能正确核对洗衣单 3. 能根据客人需要提供擦鞋服务	1. 洗衣单填写要求 2. 皮革保养知识
四、会议服务	会议布置与服务	1. 能根据宾客要求,布置、安排不同类型的会议室,安排服务人员 2. 能准备所需文具、用品 3. 能提供饮品服务 4. 能使用视听设备	1. 会议室布置规范 2. 会议礼仪常识 3. 会议服务常识 4. 视听设备使用基础知识

续表

职业功能	工作要求	技能要求	相关知识
五、客房用品管理	（一）楼层库房的管理	1. 能进行楼层库房物品的保管 2. 能正确掌握客房的储备量 3. 能正确使用登记表	1. 一次性用品的名称与数量配备 2. 一次性用品的收发制度 3. 有关表格填写常识
	（二）控制客用品	1. 按客房等级发放一次性用品 2. 按饭店规定，计算客房每日、每月、每季客用品的使用量 3. 能进行盘点	盘店知识
	（三）布草管理	1. 能掌握楼层布草间的基本储存量 2. 能进行布草的盘点工作 3. 能根据使用情况，适时提出更换处理旧布草的意见 4. 能正确填写报损单	1. 布草质量的要素与规格 2. 楼层布草房管理基本要求 3. 楼层布草配备标准 4. 布草的收发制度

3.3 高级

职业功能	工作内容	技能要求	相关知识
一、迎客服务	制订服务方案	1. 能正确制订人员计划及物品准备计划 2. 能根据需要对各种用品的配置及摆放提出设计意见 3. 能协调客房服务员工作	1. 楼层（或公共区域）设备的使用、保养知识 2. 成本控制基础知识 3. 工作定额标准

续表

职业功能	工作要求	技能要求	相关知识
二、对客服务	(一)清洁客房	1.能控制并实行清洁、整理客房的程序与标准 2.能正确实施检查客房清洁的程序与标准 3.能设计各类客房的布置方案 4.能制定客房清洁与检查的各种表格 5.能掌握客房清洁设备的性能与使用方法	1.饭店星级划分常识 2.本饭店客房类型 3.常见地面、墙面材料的性能与保养方法
	(二)接待贵宾	1.能根据贵宾的级别制订接待方案 2.能协调员工为贵宾服务 3.能独立处理贵宾接待中存在的问题,并采取相应的解决方法	1.贵客服务的两种模式 2.贵宾等级与服务共性的要求 3.贵宾服务接待标准 4.贵宾服务礼仪规范
三、沟通与协调	(一)协调与其他部门的关系	1.能正确协调与其他部门的关系 2.能妥善处理客人的疑难问题	1.各部门的运转程序 2.部门间的协调原则
	(二)协调与宾客的关系		
四、客房管理	(一)客房用品管理	1.能根据客房用品运转情况确定储存量 2.能及时提供客房用品申购要求 3.能检查客房用品的质量,保证客房标准	1.客用品成本与计算方法 2.对一般客用品的品质要求和对星级的客用品品质要求 3.动态控制能力
	(二)员工培训	1.能承担专业理论培训 2.能承担专业技能培训	客房部员工业务培训知识

4 比重表

项目		初级（%）	中级（%）	高级（%）
基本要求	职业道德	5	5	5
	基础知识	20	20	20
相关知识	迎客准备	15	15	5
	应接服务	20	15	—
	对客服务	25	15	15
	送客服务	15	—	—
	会议服务	—	15	—
	沟通与协调	—	—	20
	客房用品管理	—	15	20
	客房管理	—	—	15
合计		100	100	100

4.2 技能操作

项目		初级（%）	中级（%）	高级（%）
技能要求	迎客准备	20	15	15
	应接服务	25	15	—
	对客服务	30	25	20
	送客服务	25	—	—
	会议服务	—	20	—
	沟通与协调	—	—	15
	客房用品管理	—	25	20
	客房管理	—	—	30
合计		100	100	100

附录七　星级饭店客房客用品质量与配备要求

（国家旅游局 1996–07–11 批准 1997–01–01 实施）

前　言

　　为确保星级饭店客房客用品的数量配备和质量水平与饭店星级相适应,进一步提高星级饭店服务质量而制定本标准。

　　本标准以 GB/T14308—1993《旅游涉外饭店星级的划分及评定》为依据,对客房客用品的要求进行了细化和个别调整补充,同时按照饭店的星级又分档次提出了客房客用品的数量和质量基本要求。本标准作为旅游涉外饭店星级评定与复核的配套标准,是星级饭店应当达到的最低要求。

　　本标准的技术内容,主要针对星级饭店具有代表性的标准间(普通双人间)客用品提出。星级饭店中其他类型的客房(如总统套间、豪华套间、单人间、三人间等)的客用品可参照本标准执行。

　　本标准的附录 A 是标准的附录。

　　本标准由全国旅游涉外饭店星级评定委员会提出。

　　本标准由全国旅游标准化技术委员会归口并负责解释。

　　本标准负责起草单位:上海社会科学院旅游研究中心。

　　本标准参加起草单位:广州亨咏旅游制品有限公司、宁波天马旅游用品有限公司、上海庄臣有限公司、广东新西方酒店用品有限公司、南通纺织装饰品公司。本标准主要起草人:王大悟、刘京平、胡巍、毕吕贵、翁国伟、汪慰曾、王纬。

中华人民共和国旅游行业标准

星级饭店客房客用品质量与配备要求

LB/T 003—1996

Quality & quantity requisition of guestroom supplies
and amenities in star-rated hotel

1 范围

本标准提出了星级饭店客房客用品的品种、数量、规格、包装、标志和技术指标。

本标准适用于我国各档次、类别的星级饭店。尚未评定星级的旅游涉外饭店可参照本标准执行。

2 引用标准

见附录 A(标准的附录)。

3 定义

本标准采用下列定义。

3.1 星级饭店 star-rated hotel

经旅游行政管理部门依照 GB/T 14308 进行评定,获得星级的旅游涉外饭店。

3.2 客房客用品 guestroom supplies and amenities

客房中配备的,与宾客生活、安全密切相关的各种日用品和提示用品。其中日用品的基本特征是一次性、一客一用或一天一换。

4 一、二星级饭店的配备要求

4.1 毛巾

4.1.1 浴巾
每房二条。

4.1.2 面巾
每房二条。

4.1.3 地巾
每房一条。

4.2 软垫

每床一个。

4.3 床上用品

4.3.1 床单
每床二条。

4.3.2 枕芯
每床二个。

4.3.3 枕套
每床二个。

4.3.4 毛毯
每床一条。

4.3.5 床罩
每床一条。

4.3.6 备用薄棉被(或备用毛毯)
每床宜备一条。
注:视地区而定。

4.3.7 衬垫
每床可备一条。

4.4 卫生用品

4.4.1 香皂
每房不少于二块,每块净重不低于 18 g。

4.4.2　浴液、洗发液

每房二套,每件净重不低于 20 g。

4.4.3　牙刷

每房二把。

4.4.4　牙膏

每房二支,每支净重不低于6g。

4.4.5　漱口杯

每房二个。

4.4.6　浴帽

每房二个。

4.4.7　卫生纸

每房一卷。

4.4.8　卫生袋

每房一个。

4.4.9　拖鞋

每房二双。

4.4.10　污物桶

每房一个,放于卫生间内。

4.4.11　梳子

每房宜备二把。

4.4.12　浴帘

每房一条。

4.4.13　洗衣袋

二星级每房二个。

4.5　文具用品

4.5.1　文具夹(架)

每房一套。

4.5.2　信封

每房普通信封、航空信封各不少于二个。

4.5.3　信纸、便笺

每房各不少于三张。

4.5.4　圆珠笔

每房一支。

4.6　服务提示用品

4.6.1　服务指南、电话使用说明、住宿须知
每房各一份。

4.6.2　电视节目表、价目表、宾客意见表、防火指南
每房各一份。

4.6.3　提示牌、挂牌
应分别有"请勿打扰"、"请打扫房间"、"请勿在床上吸烟"的说明或标识。

4.6.4　洗衣单
二星级每房备二份。

4.7　饮品、饮具

4.7.1　茶叶
每房可备袋装茶四小袋,也可用容器盛装。

4.7.2　茶杯(热水杯)
每房二个。

4.7.3　暖水瓶
每房不少于一个。

4.7.4　凉水瓶、凉水杯
每房可备一套。
注:视地区而定。

4.8　其他

4.8.1　衣架
每房不少于八个。

4.8.2　烟灰缸
每房二个。

4.8.3　火柴
每房二盒。

4.8.4　擦鞋用具
以擦鞋纸为主,每房二份。

4.8.5　纸篓
每房一个,放于卧室内。

4.8.6　针线包
每房一套。

5 三星级饭店的配备要求

5.1 毛巾

5.1.1 浴巾
每房二条。

5.1.2 面巾
每房二条。

5.1.3 地巾
每房一条。

5.1.4 方巾
每房二条。

5.2 软垫
每床一个。

5.3 床上用品

5.3.1 床单
每床不少于二条。

5.3.2 枕芯
每床二个。

5.3.3 枕套
每床二个。

5.3.4 毛毯
每床一条。

5.3.5 床罩
每床一条。

5.3.6 备用薄棉被(或备用毛毯)
每床备一条。
注:视地区而定。

5.3.7 衬垫
每床一条。

5.4　卫生用品

5.4.1　香皂

每房不少于二块,每块净重不低于 25 g,其中至少一块不低于 35 g。

5.4.2　浴液、洗发液、护发素

每房二套,每件净重不低于 25 g。

5.4.3　牙刷

每房二把。

5.4.4　牙膏

每房二支,每支净重不低于 8 g。

5.4.5　漱口杯

每房二个。

5.4.6　浴帽

每房二个。

5.4.7　卫生纸

每房一卷。

5.4.8　卫生袋

每房一个。

5.4.9　拖鞋

每房二双。

5.4.10　污物桶

每房一个,放于卫生间内。

5.4.11　梳子

每房二把。

5.4.12　浴帘

每房一条。

5.4.13　防滑垫(若已采取其他防滑措施可不备)

每房一块。

5.4.14　洗衣袋

每房二个。

5.4.15　面巾纸

每房可备一盒。

5.5　文具用品

5.5.1　文具夹(架)

每房一套。

5.5.2　信封、明信片

每房普通信封、航空信封和国际信封各不少于二个。明信片二张。

5.5.3　信纸、便笺、传真纸

每房信纸、便笺各不少于三张,传真纸宜备二张。

5.5.4　圆珠笔

每房不少于一支。

5.5.5　铅笔

每房宜备一支,与便笺夹配套。

5.5.6　便笺夹

每房一套。

5.6　服务提示用品

5.6.1　服务指南、电话使用说明、住宿须知、送餐菜单

每房各一份。

5.6.2　电视节目表、价目表、宾客意见表、防火指南

每房各一份。

5.6.3　提示牌、挂牌

应分别有"请勿打扰"、"请打扫房间"、"请勿在床上吸烟"、"送餐服务"的说明或标识。

5.6.4　洗衣单、酒水单

每房备洗衣单二份,酒水单一份。

5.7　饮品、饮具

5.7.1　茶叶

每房备二种茶叶,每种不少于二小袋,也可用容器盛放。

5.7.2　茶杯(热水杯)

每房二个。

5.7.3　暖水瓶

每房不少于一个。

5.7.4　凉水瓶、凉水杯

每房备一套。
注:视地区而定。

5.7.5　小酒吧

烈性酒不少于三种,软饮料不少于五种。

5.7.6　酒杯

每房不少于二个,配调酒棒。

5.8 其他

5.8.1 衣架

每房西服架四个、裤架四个、裙架四个。

5.8.2 烟灰缸

每房不少于二个。

5.8.3 火柴

每房不少于二盒。

5.8.4 擦鞋用具

以亮鞋器为主,每房二件。

5.8.5 纸篓

每房一个,放于卧室内。

5.8.6 针线包

每房一套。

5.8.7 杯垫

小酒吧必备,其他场合,酌情使用。

5.8.8 礼品袋

每房备二个。

5.8.9 标贴

每房可备二张。

5.8.10 晚安卡

每房一卡。

6 四、五星级饭店的配备要求

6.1 毛巾

6.1.1 浴巾

每房二条。

6.1.2 面巾

每房二条。

6.1.3 地巾

每房一条。

6.1.4 方巾

每房不少于二条。

6.1.5　浴衣

每床一件。

6.2　软垫

每床一个。

6.3　床上用品

6.3.1　床单

每床不少于二条。

6.3.2　枕芯

每床不少于二个。

6.3.3　枕套

每床不少于二个。

6.3.4　毛毯

每床一条。

6.3.5　床罩

每床一条。

6.3.6　备用薄棉被(或备用毛毯)

每床备一条。

注:视地区而定。

6.3.7　衬垫

每床一条。

6.4　卫生用品

6.4.1　香皂

每房不少于二块,备皂碟,每块净重不低于 30 g,其中至少一块净重不低于 45 g。

6.4.2　浴液、洗发液、护发素、润肤露

每房二套,每件净重不低于 35 g。

6.4.3　牙刷

每房二把。

6.4.4　牙膏

每房二支,每支净重不低于 10 g。

6.4.5　漱口杯

每房二个。

6.4.6　浴帽

每房二个。

6.4.7　卫生纸

每房二卷。

6.4.8　卫生袋

每房一个。

6.4.9　拖鞋

每房二双。

6.4.10　污物桶

每房一个,放于卫生间内。

6.4.11　梳子

每房二把。

6.4.12　浴帘

每房一条。

6.4.13　防滑垫(若采取其他防滑措施可不放)

每房一块。

6.4.14　洗衣袋

每房二个。

6.4.15　面巾纸

每房一盒。

6.4.16　剃须刀

每房可备二把。可配备须膏。

6.4.17　指甲锉

每房可备一把。

6.4.18　棉花球、棉签

每房宜备一套。

6.4.19　浴盐(泡沫剂、苏打盐)

五星级可配备。

6.5　文具用品

6.5.1　文具夹(架)

每房一套。

6.5.2　信封、明信片

每房普通信封、航空信封和国际信封各不少于二个,明信片二张。

6.5.3 信纸、便笺、传真纸

每房信纸、便笺各不少于四张,传真纸不少于二张。

6.5.4 圆珠笔

每房不少于一支。

6.5.5 铅笔

每房宜备一支,与便笺夹配套。

6.5.6 便笺夹

每房一个。

6.6 服务提示用品

6.6.1 服务指南、电话使用说明、住宿须知、送餐菜单

每房各一份。

6.6.2 电视节目表、价目表、宾客意见表、防火指南

每房各一份。

6.6.3 提示牌、挂牌

每房备"请勿打扰"、"请打扫房间"、"请勿在床上吸烟"、"送餐服务"各一份,正反两面内容宜一致。

6.6.4 洗衣单、酒水单

每房备洗衣单二份,酒水单一份。

6.7 饮品、饮具

6.7.1 茶叶

每房备两种茶叶,每种不少于二小袋,也可用容器盛放。

6.7.2 茶杯(热水杯)

每房二个。

6.7.3 暖水瓶

每房不少于一个。

6.7.4 凉水瓶、凉水杯

每房一套。

注:视地区和客源需要而定。

6.7.5 小酒吧

烈性酒不少于五种,软饮料不少于八种。

6.7.6 酒杯

不同类型的酒杯每房不少于四个,配调酒棒、吸管和餐巾纸。

6.7.7　咖啡

五星级宜备咖啡二小盒及相应的调配物,也可用容器盛放。

6.7.8　冰桶

每房一个,配冰夹。

6.7.9　电热水壶

五星级宜备。

6.8　其他

6.8.1　衣架

优质木制品为主,每房西服架、裤架、裙架各不少于四个。五星级另可配备少量缎面衣架或落地衣架。

6.8.2　烟灰缸

每房不少于二个。

6.8.3　火柴

每房不少于二盒。

6.8.4　擦鞋用具

以亮鞋器为主,每房二件,宜配鞋拔和擦鞋筐。

6.8.5　纸篓

每房一个,放于卧室内。

6.8.6　针线包

每房一套。

6.8.7　杯垫

每杯配备一个。

6.8.8　礼品袋

每房配备二个。

6.8.9　标贴(或标牌)

每房不少于二个。

6.8.10　晚安卡

每床一卡

7　基本质量要求

7.1　毛巾

全棉,白色为主,素色以不褪色为准,无色花,无色差,手感柔软,吸水性能好,无污渍,无明显破损性疵点。符合 FZ/T 62006 的规定。普通毛巾纱支:地经纱 21s/2,毛经纱 21s/s,纬纱 21s;优质毛巾纱支:地经纱 32s/2,毛经纱 32s/2,纬纱 32s。

注:21s＝29tex,32s＝18tex。

7.1.1　浴巾

a)一、二星级规格:不小于 1 200 mm×600 mm,重量不低于 400 g。

b)三星级规格:不小于 1 300 mm×700 mm,重量不低于 500 g。

c)四、五星级规格:不小于 1 400 mm×800 mm,重量不低于 600 g。

7.1.2　面巾

a)一、二星级规格:不小于 550 mm×300 mm,重量不低于 110 g。

b)三星级规格:不小于 600 mm×300 mm,重量不低于 120 g。

c)四、五星级规格:不小于 700 mm×350 mm,重量不低于 140 g。

7.1.3　地巾

a)一、二星级规格:不小于 650 mm×350 mm,重量不低于 280 g。

b)三星级规格:不小于 700 mm×400 mm,重量不低于 320 g。

c)四、五星级规格:不小于 750 mm×450 mm,重量不低于 350 g。

7.1.4　方巾

a)三星级规格:不小于 300 mm×300 mm,重量不低于 45 g。

b)四、五星级规格:不小于 320 mm×320 mm,重量不低于 55 g。

7.1.5　浴衣

棉制品或丝绸制品。柔软舒适,保暖。

7.2　软垫

平整,弹性适宜,无污损。

7.2.1　一、二星级

规格:不小于 1 900 mm×900 mm。

7.2.2　三星级

规格:不小于 2 000 mm×1 000 mm。

7.2.3　四、五星级

规格:不小于 2 000 mm×1 100 mm。

7.3　床上用品

7.3.1　床单

全棉,白色为主,布面光洁,透气性能良好,无疵点,无污渍。应符合 FZ/T 62007 的规定。

  a)一、二星级:纱支不低于20s,经纬密度不低于6060,长度和宽度宜大于软垫600 mm。

  b)三星级:纱支20s以上,经纬密度不低于6060,长度和宽度宜大于软垫700 mm。

  c)四、五星级:纱支不低于32s,经纬密度不低于6080,长度和宽度宜大于软垫700 mm。

  注:20s=29tex,32s=18tex。6060=236/236,6080=236/318.5。

7.3.2　枕芯

松软舒适,有弹性,无异味。

  a)一、二星级:规格不小于650 mm×350 mm。

  b)三星级:规格不小于700 mm×400 mm。

  c)四、五星级:规格不小于750 mm×450 mm。

7.3.3　枕套

全棉,白色为主,布面光洁,无明显疵点,无污损,规格与枕芯相配。

  a)一、二星级:纱支不低于20s,经纬密度不低于6060。

  b)三星级:纱支20s以上,经纬密度6060以上。

  c)四、五星级:纱支不低于32s,经纬密度不低于6080。

7.3.4　毛毯

素色为主,手感柔软,保暖性能良好,经过阻燃、防蛀处理,无污损。规格尺寸与床单相配。应符合FZ 61001的规定。

  a)一、二星级:毛混纺或纯毛制品。

  b)三星级:纯毛制品为主。

  c)四、五星级:精纺纯毛制品。

7.3.5　床罩

外观整洁,线型均匀,边缝整齐,无断线,不起毛球,无污损,不褪色,经过阻燃处理,夹层可使用定型棉或中空棉。

  a)一、二星级:装饰布面料为主。

  b)三星级:优质装饰布面料为主。

  c)四、五星级:高档面料,以优质装饰布或丝绸面料为主。

7.3.6　备用薄棉被(或备用毛毯)

优质被芯,柔软舒适,保暖性能好,无污损。

7.3.7　衬垫

吸水性能好,能有效防止污染物质的渗透,能与软垫固定吻合,可使用定型棉或中空棉。

  a)一、二星级:规格不小于1 900 mm×900 mm。

b）三星级：规格不小于 2 000 mm×1 000 mm。

c）四、五星级：规格不小于 2 000 mm×1 100 mm。

7.4　卫生用品

7.4.1　香皂

香味纯正，组织均匀，色泽一致，图案、字迹清晰，无粉末颗粒，无软化腐败现象，保质期内。应符合 GB 8113 的规定。

a）一、二星级：简易包装。

b）三星级：精致包装，印有中英文店名及店标，或用精致皂盒盛放。

c）四、五星级：豪华包装，印有中英文店名及店标，或用豪华皂盒盛放。

7.4.2　浴液、洗发液、护发素、润肤露

黏度适中，无异味，包装完好，不溢漏，印有中英文店名及店标，保质期内。应符合 GB 11432、ZBY 42003、GB 11431 的规定。

a）一、二星级：简易包装或简易容器盛放。

b）三星级：精致包装或精致容器盛放。

c）四、五星级：豪华包装或豪华容器盛放。

7.4.3　牙刷

刷毛以尼龙丝为主，不得使用对人体有害的材料，如聚丙丝。刷毛洁净柔软、齐整，毛束空满适宜；刷头、刷柄光滑，手感舒适，有一定的抗弯性能。标志清晰，密封包装，印有中英文店名及店标。其他技术指标应符合 QB 1659 的规定。

a）一、二星级：简易包装。

b）三星级：优质牙刷，精致包装。

c）四、五星级：优质牙刷，豪华包装。

注：三星级（含三星级）以上的饭店不宜使用装配式牙刷。

7.4.4　牙膏

香味纯正，膏体湿润、均匀、细腻，色泽一致，使用的香精、色素必须符合 GB 8372 及其他有关规定。图案、文字清晰，无挤压变形，无渗漏污损。保质期内。

7.4.5　漱口杯

玻璃制品或陶瓷制品，形体美观端正，杯口圆润，内壁平整。每日清洗消毒。

7.4.6　浴帽

以塑料薄膜制品为主，洁净，无破损，帽檐松紧适宜，耐热性好，不渗水。

a）一、二星级：简易包装。

b）三星级：纸盒包装为主，宜印有中英文店名及店标。

c）四、五星级：精致盒装，印有中英文店名及店标。

7.4.7　卫生纸

白色，纸质柔软，纤维均匀，吸水性能良好，无杂质，无破损，采用 ZBY 39001 中

的 A 级和 A 级以上的卫生纸。

7.4.8　卫生袋

不透明塑料制品或防水纸制品,洁净,不易破损,标志清晰。

7.4.9　拖鞋

穿着舒适,行走方便,具有较好的防滑性能,至少印有店标。

a)一、二星级:一次性简易拖鞋,有一定的牢度。

b)三星级:以纺织品为主,视原材料质地,一日一换或一客一换。

c)四、五星级:高级优质拖鞋,一客一用。

7.4.10　污物桶

用于放置垃圾杂物,污物不泄漏,材料应有阻燃性能。

7.4.11　梳子

梳身完整、平滑,厚薄均匀,齿头光滑,不宜过尖。梳柄印有中英文店名及店标。

a)一、二星级:简易包装。

b)三星级:精致密封包装。

c)四、五星级:豪华包装。五星级可分粗、细梳齿。五星级宜使用木质梳子。

7.4.12　浴帘

以塑料薄膜或伞面绸为主,无污损,无霉斑。

7.4.13　防滑垫

橡胶制品为主,摩擦力大,防滑性能良好。

7.4.14　洗衣袋

塑料制品或棉麻制品为主,洁净,无破损,印有中英文店名及店标。

7.4.15　面巾纸

白色为主,纸质轻柔,取用方便,采用 ZBY 32032 中的 A 等品。

7.4.16　剃须刀

刃口锋快平整,剃刮舒适、安全,密封包装,印有中英文店名及店标。

7.4.17　指甲锉

砂面均匀,颗粒细腻,无脱砂现象,有套或套封。

7.4.18　棉花球、棉签

棉花经过消毒处理,棉头包裹紧密,密封包装。

7.4.19　浴盐(泡沫剂、苏打盐)

香味淡雅,含矿物质,发泡丰富。

7.5　文具用品

7.5.1　文具夹(架)

完好无损,物品显示醒目,取放方便,印有中英文店名及店标。

a)一、二星级:普通材料。

b)三星级:优质材料。

c)四、五星级:高级材料。

7.5.2 信封、明信片

信封应符合 GB/T 1416 的规定。印有店标及中英文店名、地址、邮政编码、电话号码、传真号码。明信片宜有旅游宣传促销意义。

7.5.3 信纸、便笺

纸质均匀,切边整齐,不洇渗墨迹,印有店标及中英文店名、地址、邮政编码、电话号码、传真号码。

a)一、二星级:纸质不低于 50 g 纸。

b)三星级:纸质不低于 60 g 纸。

c)四、五星级:纸质不低于 70 g 纸。

7.5.4 圆珠笔

书写流畅,不漏油,笔杆印有店名及店标。

7.5.5 铅笔

石墨铅笔,笔芯以 HB 为宜,卷削后供宾客使用。

7.5.6 便笺夹

完好无损,平整,使用方便,可印有中英文店名及店标。

7.6 服务提示用品

7.6.1 服务指南、电话使用说明、住宿须知、送餐菜单

印刷美观,指示明了,内容准确,中英文对照。五星级宜备城市地图。

7.6.2 电视节目表、价目表、宾客意见表、防火指南

栏目编排清楚完整,中英文对照。

7.6.3 提示牌、挂牌

印刷精美,字迹醒目,说明清晰,悬挂方便,中英文对照。

7.6.4 洗衣单、酒水单

无碳复写,栏目清晰,内容准确,明码标价,中英文对照。

7.7 饮品、饮具

7.7.1 茶叶

干燥洁净,无异味,须有包装或容器盛放,标明茶叶品类。

7.7.2 茶杯(热水杯)

以玻璃制品和陶瓷制品为主,形体美观,杯口圆润,内壁平滑。

7.7.3 暖水瓶

公称容量不少于 1.6 L,应符合 GB 11416 中的优等品的质量规定。

296

注:标题名称与 GB/T14308 一致。

7.7.4 凉水瓶、凉水杯
凉水瓶须有盖,无水垢,内存饮用水。凉水杯按 7.7.2。

7.7.5 小酒吧
酒和饮料封口完好,软饮料须在保质期内。

7.7.6 酒杯
玻璃制品为主,杯口圆滑,内壁平滑,应与不同的酒类相配。

7.7.7 咖啡
以速溶咖啡为主,干燥洁净,包装完好。

7.7.8 冰桶
洁净,取用方便,保温性能良好。

7.7.9 电热水壶
绝缘性能良好,公称容量不宜大于 1.7L,须配备使用说明。应符合 JB 4189 的规定。

注:标题名称与 GB/T 14308 一致。

7.8 其他

7.8.1 衣架
塑料制品或木制品为主,无毛刺,光滑。

7.8.2 烟灰缸
安全型。非吸烟楼层不放置。

7.8.3 火柴
采用 GB/T 393 中的 MG-A 型木梗火柴,以优质纸盒或木盒为主,印有中英文店名及店标。火柴梗支、药头平均长度和火柴盒尺寸由饭店自行决定。非吸烟楼层不配备。

7.8.4 擦鞋用具
含亮鞋器、擦鞋皮、擦鞋布、擦鞋纸等,使用后起到鞋面光亮洁净的效果。

7.8.5 纸篓
存放非液体性杂物。

7.8.6 针线包
配有线、纽扣、缝衣针、搭配合理,封口包装。

7.8.7 杯垫
精致、美观,应起到隔热作用,可印有店标。

7.8.8 礼品袋
塑料制品或优质纸制品为主,无破损,印有中英文店名及店标。

7.8.9　标贴(或标牌)

标贴为不干胶制品,标牌为纸制品或塑料制品。精致美观,富有艺术性,可印有店标。

7.8.10　晚安卡

印制精致,字迹醒目,中英文对照。

附录 A:(标准的附录)

引用标准

下列标准所包含的条文,通过在本标准中引用而构成为本标准的条文。本标准出版时,所示版本均为有效。所有标准都会被修订,使用本标准的各方应探讨使用下列标准最新版本的可能性。

GB/T 393—1994　日用安全火柴

GB/T 1416—1993　信封

GB 8113—1987　香皂

GB 8372—1987　牙膏

GB 11416—1989　日用保温容器

GB 11431—1989　润肤乳液

GB 11432—1989　洗发液

GB/T 14308—1993　旅游涉外饭店星级的划分及评定

FZ 61001—1991　纯毛、毛混纺毛毯

FZ/T 62006—1993　毛巾

FZ/T 62007—1994　床单

JB 4189—1986　电水壶

QB 1659—1992　牙刷

ZBY 32032—1990　纸巾纸

ZBY 39001—1988　绉纹卫生纸

ZBY 42003—1989　护发素

参考文献

[1] 劳动和社会保障部中国就业培训技术指导中心.2004.客房服务员(国家职业资格培训教程).北京:中国劳动社会保障出版社.

[2] 赵忠奇.2008.前厅及客房服务与管理.北京:冶金工业出版社.

[3] 田雅琳.2014.前厅与客房管理.北京:机械工业出版社.

[4] 徐文宛,贺湘辉.2011.酒店客房管理实务.3版.广州:广东经济出版社.

[5] 汝勇健.2010 客房管理实训.北京:旅游教育出版社.

[6] 魏洁文.2008.客房服务与管理实训教程.北京:科学出版社.

[7] 于英丽.2006.前厅客房服务技能实训教程.大连:东北财经大学出版社.

[8] 费寅.2008.前厅客房服务与管理实训教程.北京:中国财经出版社.

[9] 陆文捷.2008.客房服务.上海:上海人民出版社.

[10] 叶红.2007.客房实训.北京:北京大学出版社.

[11] 杜建华.2012.酒店客房服务技能实训.北京:北京交通大学出版社.